Le Livre des Jeunes Filles

Avec la collaboration de Carole Hardouin
Recherche iconographique : Natalie Saint-Martin
Conception graphique et réalisation : Rampazzo & Associés
Mise en pages : Laurence Le Piouff

Édition du Club France Loisirs, Paris
avec l'autorisation des Éditions de La Martinière

Le Livre des Jeunes Filles

Sous la direction de :
Béatrice Decroix

Texte :
Elisabeth Jacquet

Illustrations :
Annie-France Giroud
Martin Matje

FRANCE LOISIRS
123, boulevard de Grenelle, Paris

Sommaire

*« Nous naissons pour ainsi dire deux fois :
l'une pour exister, l'autre pour vivre. »*

Jean-Jacques Rousseau

Être une femme pour les filles, être un homme pour les garçons, devenir pour chacun un être humain à part entière, un être qui a trouvé sa propre définition, sa liberté, qui a su se dégager des influences pour tracer son propre chemin, trouver en quoi consiste, si ce n'est son bonheur, du moins son bien-être, telle est la question qui se pose à l'adolescence, la question que nous pose notre propre existence.

Fixée, délimitée par la société, l'adolescence trouve pourtant ses prolongations en chacun de nous. On sait quand elle commence (elle commence avec la puberté), mais on ne sait pas quand elle finit (elle peut durer, psychologiquement, bien longtemps après que le corps s'est formé). Pour certains elle s'achève à vingt ou vingt-cinq ans, pour d'autres à trente, pour d'autres plus tard encore !

Pour vous, être une femme, se sentir bien en tant que femme dans le monde, est la question qui commence à se poser aujourd'hui. C'est une question qui se prolongera tout au long de votre vie, simplement parce que c'est la « question de la vie ». C'est avec elle que vous apprendrez à vivre, à aimer, à travailler même, à devenir vraiment « adulte ».

L'adolescence, c'est ce moment où vous comprenez que cette question sera vôtre, qu'il faudra vous en occuper, qu'il faudra vous occuper de vous pour devenir ce que vous avez envie d'être, et que cela, personne d'autre ne le fera à votre place.

Cet étrange sentiment de solitude qui vous envahit maintenant, vous comprendrez aussi qu'il est naturel, propre à chacun. Il n'est pas tragique, il permet aussi d'aller vers les autres, de communiquer avec eux, de les aimer, de recevoir et de leur donner des conseils, de l'aide — une petite aide de temps en temps, une grande aide parfois.

Conseils, on le voudrait, aide on l'espère, ce livre est écrit pour parler avec vous des choses qui vous préoccupent et marquent votre entrée dans une vie « autonome ».

Le **Corps**

Il bouge, il change, il se transforme, il vous surprend. Pour la majorité d'entre vous, il vous agace, il vous obsède : c'est normal.

Habituée longtemps à un corps de petite fille, vous devez désormais vous faire à ces formes nouvelles, ce poids nouveau, ces sensations étrangères qui accompagnent toutes ces modifications.

Ce n'est pas simple, ce n'est pas dramatique non plus, c'est seulement sérieux : d'une certaine manière, c'est maintenant que vous commencez à faire connaissance avec vous-même.

Pour beaucoup, la rencontre est décevante : vous ne vous plaisez pas, vous ne ressemblez pas à cette image de femme idéale que devant tant d'incertitude vous avez formée dans votre tête.

Entre la difficulté de devenir une femme et le souvenir d'avoir été une petite fille, vous demeurez dans une insatisfaction chronique qui s'accompagne de l'angoissante question : suis-je normale ? C'est-à-dire « comme les autres ».

L'adolescence, c'est cette période durant laquelle on se demande tout le temps et à tout bout de champ si on est normale : normale par rapport au développement de notre corps ; puis, on le verra dans les chapitres suivants, normale quant à nos peurs, nos désirs, nos pulsions...

Les seins

Pour l'instant, on se regarde, on se scrute, on s'épie, on se détaille, on se compare, on aimerait se trouver jolie, mais la plupart du temps on se découvre des tas de défauts épouvantables, on en pleurerait.
Pour arranger les choses, précisons qu'il y a toujours dans les parages ces filles parfaites (que « vous » trouvez parfaites) et qui semblent exister uniquement pour vous énerver : rassurez-vous, ce n'est qu'un mirage.
D'abord, on est toujours « la parfaite » de quelqu'un ; ensuite, même la plus-que-parfaite a elle aussi ses petits tourments cachés. Dites-vous bien que les choses sont relatives. Vous devez comprendre que vous n'êtes pas moins bien lotie qu'une autre, et que si vous n'avez ni le poids, ni la taille, ni les seins, ni le nez ni les oreilles que vous auriez voulu avoir (ce qui arrive forcément !) eh bien il faudra faire sans, et faire avec ce que vous êtes (ce qui est déjà beaucoup !).
Alors, vous découvrirez lentement que votre corps est beau. Tout simplement parce qu'il est vivant, qu'il exprime ce que vous êtes et que chacune dans votre genre vous êtes unique et précieuse. Oui, oui, oui !
Avant, il y a les doutes, les interrogations, les « J'en ai marre ! T'as vu comment j'suis ?»
Justement, là, maintenant, comment êtes-vous ?

Les seins

Vous en avez rêvé longtemps. Il y avait les seins de maman, le beau décolleté des actrices de cinéma ; vous mettiez des chaussettes sous vos pull-overs, le soutien-gorge vous semblait l'attribut magique de la féminité, l'objet convoité. Vous faisiez des essayages en cachette, mais désespérément, il flottait. C'était hier...
Après, vous avez éprouvé une certaine fierté : avec votre premier soutien-gorge, vous entriez pour la première fois dans le commerce des femmes. C'était avec votre mère, avec votre sœur, avec une copine, c'est désormais un souvenir.
Aujourd'hui vos seins sont là, vous les regardez de face, de trois quarts, de profil : est-ce qu'ils me plaisent ? Et s'ils ne me plaisaient pas ? Est-ce que je les mets en valeur, est-ce que je les dissimule ?
Une chose est sûre : vous devez apprendre à les aimer.

• UN SEIN, QU'EST-CE QUE C'EST ?

C'est un organe constitué d'une glande mammaire, de graisse et d'un tissu de soutien. Sous l'influence des hormones, la glande mammaire sécrète du lait à certains moments de la vie (après la naissance d'un bébé). La graisse donne au sein une part de son volume, le tissu de soutien lui confère sa forme et son maintien.

Les seins

ANATOMIE DU SEIN

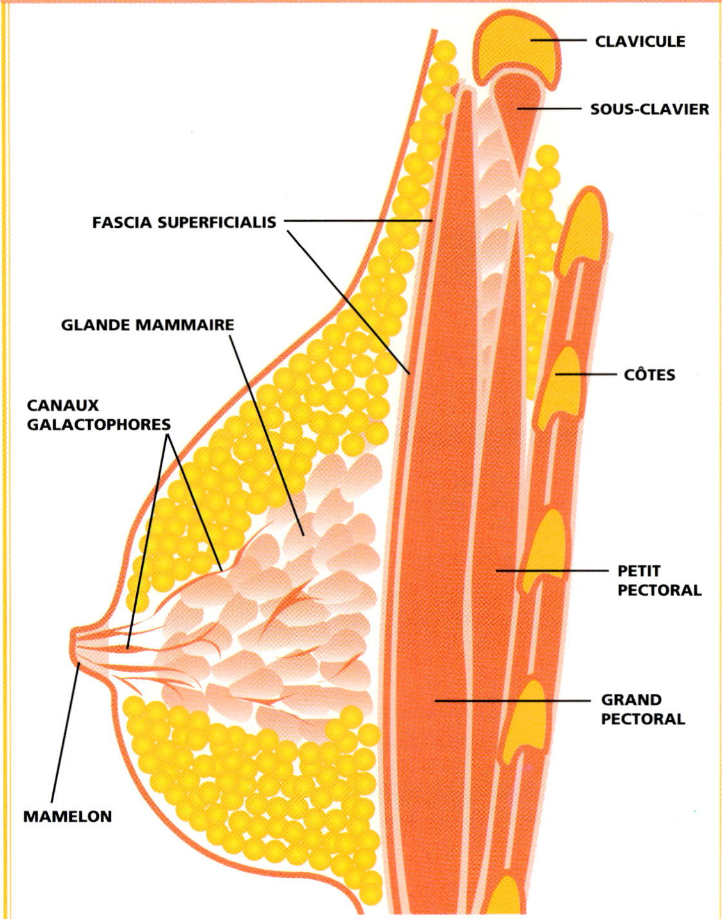

L'apparition des seins est progressive. Ils commencent à pousser à la puberté, mais atteignent leur taille définitive plusieurs années plus tard.

La croissance des seins peut être un peu douloureuse, accompagnée de temps en temps de petits tiraillements, comparables à ceux qui précèdent les règles.

Sous l'influence des sécrétions hormonales, qui varient au cours de la vie, de l'élasticité et du tonus des tissus, les seins évoluent tout au long de l'existence : on n'a pas les mêmes seins à vingt ans qu'à trente ans, à trente ans qu'à quarante.

En tout cas, il vaut mieux, dès que leur taille le requiert, porter un soutien-gorge.

La poitrine est un organe fragile, et si l'on veut conserver de jolis seins le plus longtemps possible mieux vaut ne pas les maltraiter : porter un soutien-gorge donc dès que c'est nécessaire, et aussi chaque fois que l'on fait du sport. Le mieux est d'aller dans une boutique de lingerie plutôt que dans un grand magasin. Là, une vendeuse s'occupera exclusivement de vous, elle vous indiquera votre tour de poitrine exact, elle saura vous conseiller, vous écouter, vous pourrez prendre votre temps. C'est tout de même plus agréable que de vous épuiser à courir de rayonnage en rayonnage pour chercher à l'aveuglette ce qui vous convient.

Si, généralement, l'apparition des seins est vécue comme un soulagement (ouf! on devient enfin une femme), elle peut s'accompagner aussi d'un certain nombre de problèmes : principaux facteurs du changement de votre silhouette, vos seins peuvent vous paraître gênants, encombrants, difficiles à assumer sous le regard des autres. C'est l'élément visible de l'état de femme, et vous n'avez peut-être pas encore envie d'être une femme.

Vous trouvez des astuces pour les dissimuler le plus possible (vive les grands pulls informes!), et vous vous tenez soigneusement voûtée, un peu repliée sur vous-même.

Sachez que ce n'est pas la meilleure solution : ce n'est pas parce que vous serez bossue que vous n'aurez pas de poitrine! Au contraire: non seulement vous serez bossue, mais en plus vous aurez la poitrine tombante.

Donc, mesdemoiselles, reprenez-vous : tenez-vous droites (in-dis-pen-sa-ble!), et apprenez doucement à considérer votre poitrine et à lui offrir la place qu'elle mérite!

Bon. Vous allez donc regarder votre poitrine. Évidemment, elle ne vous semblera pas idéale. Évidemment, vous serez mécontentes, inquiètes. Voilà ce que vous allez vous dire :

• J'AI DES SEINS TROP GROS !

« La preuve, tout le monde le remarque ». Les garçons vous apostrophent par des formules que vous détestez. On a toutes entendu ces « il y a du monde au balcon » ou ces « attention, voilà les grandes dimensions ! », et c'est vrai que ce n'est pas très drôle.

Rassurez-vous, c'est parce qu'ils sont intimidés. La vérité, c'est que vous avez l'air d'une femme et que vous leur faites peur.

Dans quelques années, vous verrez, ils auront changé d'avis et adoreront vos « avantages » autant qu'ils auront pu, d'une certaine manière, les « craindre ». En attendant, pensez à vous.

À SAVOIR

Vous pouvez également avoir un réel problème **d'hypertrophie mammaire** (développement trop important de la poitrine) : dans ces cas-là, il faut consulter votre médecin. C'est à lui d'en juger. Il vous indiquera quoi faire et prendra les mesures qui vous conviennent.

Les seins

Vous avez une habitude à prendre avec votre corps. Peut-être vos seins vous paraissent-ils trop gros, tout simplement parce qu'avant vous n'en aviez pas. Ils évoquent trop rapidement un corps de femme dont vous ne savez pas encore quoi faire. Il y a dans votre tête tellement de questions sans réponses ! Ils vous semblent alors une excroissance indécente. Au lieu de les mettre en valeur, vous ne pensez qu'à les cacher. C'est normal, vous n'êtes pas encore habituée à eux. Il faut apprendre à les aimer. Dans quelque temps, vous en sourirez, et vous vivrez comme un don du ciel ce qui vous a semblé être pendant des années une véritable plaie.
En attendant, commencez par vous tenir droite (c'est le genre de choses qu'on va beaucoup répéter), et pensez que vous êtes fière d'eux.
Ne les écrasez pas sous des soutiens-gorge trop petits, ça ne ferait que les abîmer. Au contraire, bichonnez-les : choisissez de jolis soutiens-gorge qui les maintiennent

Les seins

parfaitement. Les bonnes poitrines supportent très bien les soutiens-gorge à armature. Vérifiez dans ces conditions que la structure entoure bien l'extérieur du sein et n'appuie pas sur la glande mammaire. Si vous avez des doutes, demandez conseil à la vendeuse. Avec une poitrine bien soutenue, vous sentirez mieux les contours de votre silhouette et elle s'en trouvera flattée.
Ce n'est pas non plus la peine de vous habiller en noir ou comme si vous viviez au pôle Nord. Pourquoi se déguiser en pot à tabac quand on a la chance d'avoir des formes ? Offrez-vous un peu de liberté. Risquez des décolletés raisonnables. On fait suffisamment de jolis tee-shirts, gilets, petits pulls, chemisiers, pour ne pas porter sans arrêt l'éternel grand pull ras du cou rapiécé trois fois qui appartenait à votre père, grand frère ou grand-père.
Enfin, au lieu de vous énerver après vos seins, accordez-leur du répit, regardez autour de vous et pensez à toutes celles qui aimeraient être à votre place !

● Vos seins sont là, vous les regardez de face, de trois quarts, de profil : est-ce qu'ils me plaisent ? Et s'ils ne me plaisaient pas ? Est-ce que je les mets en valeur, est-ce que je les dissimule ?

Les seins

• MES SEINS SONT TROP PETITS !

« C'est la Beauce ! » lancent les garçons de votre entourage, ou bien vous êtes l'éternelle « planche à pain ».

Vous rêviez d'une belle poitrine plantureuse, et vous vous retrouvez avec des seins que vous jugez insuffisants. Vous comparez votre poitrine avec celle de vos copines, et vous la trouvez ridiculement petite.

Vous identifiez vos seins à une certaine image que vous vous êtes forgée de la féminité et vous trouvez que vous n'arrivez pas au quart du tiers de cette image : vous vous trompez.

Votre féminité n'est pas proportionnelle à votre tour de poitrine. La joliesse des seins ne se mesure pas à leur taille.

Premièrement, vos seins ne sont peut-être pas si petits que ça : c'est dans le regard que vous portez sur eux qu'ils le sont. Détournez-vous alors de toutes vos idées reçues, et apprenez à les juger objectivement.

Deuxièmement, si vos seins sont petits, ils illustreront alors parfaitement le vieil adage qui dit que ce qui est petit est joli. Réjouissez-vous au lieu de vous lamenter : les petits seins se tiennent bien, vous pouvez leur choisir de jolis soutiens-gorge fantaisie : à vous les balconnets fleuris, les coordonnés qui ne vont pas au-delà du bonnet C, les maillots de bain et les bodys qu'on peut choisir en vitesse parce que, justement, il n'y a pas de problème de taille.

Les petits seins sont légers, et avec eux vous pouvez vous amuser. Profitez-en, et sachez que les femmes dont vous enviez le tour de poitrine n'ont pas toutes ces facilités, tous les avantages que vous avez, cette insouciance dans la coquetterie.

Vous apprendrez aussi, au fur et à mesure, que la sensualité des seins ne dépend pas non plus de leur dimension : telle jeune star que l'on ne nommera pas fut sollicitée pour vanter, sur des photos publicitaires, une marque de soutien-gorge. Elle fut étiquetée alors comme étant une femme à la poitrine idéale. Les hommes ne juraient plus que par ses seins : « Ah ! les seins de... »

Or, quand on se penchait vraiment sur les photos, que remarquait-on ? Qu'elle avait en réalité une petite poitrine, bien loin des « obus » que chacun lui attribuait ! À quoi cette réputation était-elle donc due, vous demanderez-vous ? Tout simplement à l'allure avec laquelle elle portait ses seins, à l'ensemble de son attitude, à une sûreté d'elle-même qui la rendait tellement sensuelle qu'on pouvait croire qu'elle avait des seins exceptionnels. (Petite leçon à méditer.)

Les poils

Souvenez-vous : l'été, à la plage, vous regardiez avec envie ce léger renflement que vous pouviez distinguer, avec vos yeux scrutateurs de petite fille, sous le maillot de bain mouillé des femmes ; signe de la féminité, promesse d'une vie nouvelle, faite de plaisirs nouveaux.
Aujourd'hui, vos poils ont poussé, ça vous a peut-être fait un effet bizarre au début, mais maintenant vous y êtes habituée. Ce n'est pourtant pas encore ça qui a changé votre vie, et vous pouvez même vous poser là-dessus des questions auxquelles vous ne vous attendiez pas.
Encore une fois, il n'y a pas de poils pubiens « standard ». Chaque femme a un pubis différent, une répartition différente des poils.
Au début, on peut souffrir de ne pas avoir les « mêmes poils que les autres ».
Certaines filles trouvent qu'elles n'ont pas assez de poils; d'autres trouvent qu'elles en ont trop. Il faut attendre la fin de la puberté pour que les poils pubiens revêtent l'aspect d'un triangle plus ou moins régulier et pour que s'estompent, si tel est le cas, les quelques petits complexes relatifs à cette partie de votre corps.
En même temps que les poils pubiens se développe, souvent un peu plus tard, ce qu'on appelle la « pilosité axillaire »

Les poils

Dorothée avait une pilosité tardive. elle avait donc opéré un tranfert sur certaines cactacées.

(les poils sous les bras). Celle-ci fait aussi l'objet de soins constants, selon les goûts et les habitudes de toilette de chacune. Généralement, il est convenu que c'est plus élégant de s'épiler sous les bras, surtout l'été (*voir chapitre Hygiène et beauté*), mais certaines femmes répugnent à le faire, et préfèrent rester « naturelles ». Il en va de même pour les poils sur les jambes, qui se développent aussi au moment de la puberté.

S'épiler ou non reste une affaire de goût, et aussi une marque propre à la culture d'une société : dans certains pays (en Asie, par exemple), les femmes s'épilent rarement et n'éprouvent aucun complexe à arborer leurs jambes couvertes de duvet, ce qui paraît, à beaucoup d'entre nous, une abomination.

Il peut arriver, après la puberté, que se développe une hyperpilosité : il s'agit là d'un problème hormonal qui nécessite l'intervention d'un médecin. Les cas sont rares, et c'est souvent héréditaire.

Les pertes blanches

Elles apparaissent à la puberté. Sous l'effet des hormones, le vagin commence à produire des sécrétions, ce qui est tout à fait normal. Ces sécrétions peuvent être plus importantes quand on prend la pilule ou à certains moments du cycle en dehors de la pilule.

Les pertes blanches, ce n'est pas sale, c'est naturel, et il ne faut surtout pas vous laver l'intérieur du vagin. Vous devez seulement vous inquiéter quand les pertes

blanches changent d'aspect, de couleur ou qu'elles sont associées à d'autres signes : douleurs, démangeaisons, mauvaises odeurs.
N'hésitez pas à en parler à votre médecin si vous avez l'impression que vos pertes sont anormales : un simple examen gynécologique suffit à le vérifier.

Les règles

Elles apparaissent entre onze ans et seize ans, cela dépend de l'évolution physiologique de chacune. Elles surviennent en tout cas en fin de puberté. Votre corps peut continuer cependant à se modifier après la venue des règles.
Une chose est sûre : pour toutes les filles, l'arrivée des règles est un événement. Elle marque l'entrée dans une nouvelle vie, une vie de femme désormais rythmée par des cycles, au cours desquels votre corps va bouger, subir des fluctuations, éprouver des sensations nouvelles auxquelles vous finirez par vous attacher.
À travers le rythme des cycles, si vous êtes un peu attentives, vous découvrirez l'importance et la force d'un lien privilégié qui vous unit au temps, à la vie, un lien spécifiquement féminin.
Ce corps qui bouge, se modifie régulièrement, c'est aussi celui qui, plus tard, pourra fabriquer un enfant.
Même si parfois ça pince, ça gonfle, ça tiraille, c'est lourd, c'est gênant, ce n'est pas drôle, votre corps est riche, il est formidablement vivant, il se signale à votre attention.
Accepter ces manifestations diverses, apprendre à les aimer, c'est accepter d'être une femme.
On croit souvent que dès qu'on a ses règles, ça y est, tout va rentrer dans l'ordre. Il n'en est pas toujours ainsi. On peut avoir des ratés. Un moteur encore jeune a du mal à bien tourner, c'est ce qui explique certains soubresauts qui entravent la bonne marche de l'organisme.

• MES RÈGLES SONT IRRÉGULIÈRES

D'abord, il faut savoir que tout le système hormonal est soumis à l'influence du système nerveux. C'est un équilibre fragile qui peut être rompu dès qu'on a des contrariétés, quand on est angoissée ou stressée.
Au début, les cycles sont souvent irréguliers. Vous pouvez avoir vos règles une fois, puis ne plus les avoir pendant 1, 2 ou 3 mois.
À condition que vous n'ayez eu aucun rapport sexuel non protégé, auquel cas il est impossible que vous soyez

Les règles

LE CYCLE MENSTRUEL

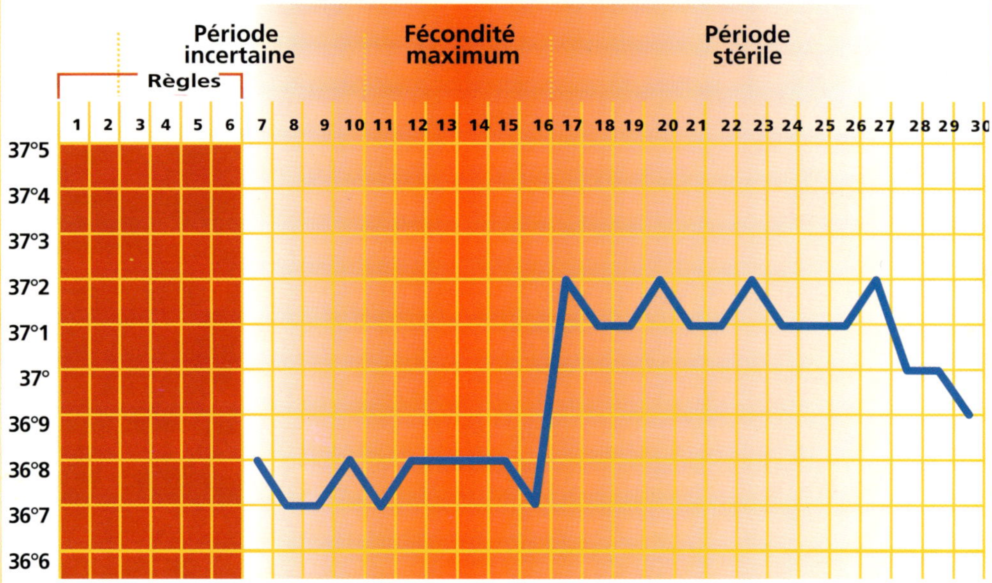

- Pour connaître la période d'ovulation, prenez votre température pendant tout le cycle.
Vous remarquerez qu'il y a une période de température basse et une période de température haute. C'est ce décalage qui permet de repérer le moment où a lieu l'ovulation.
Les jours où les rapports sexuels peuvent être fécondant sont alors :
  - le jour de l'ovulation
  - les 4 ou 5 jours qui précèdent cette l'ovulation

Mais attention il peut exister des irrégularités d'un cycle à l'autre. N'utilisez pas la température comme méthode contraceptive.

enceinte, cette irrégularité des règles ne présente aucun caractère de gravité.
La mise en place du système hormonal est une vaste opération, et c'est normal qu'il règne au début une certaine anarchie. Il faudra peut-être plusieurs années pour que vos règles deviennent régulières.
Vous pouvez ainsi avoir vos règles une fois au 25e jour, une autre fois au 31e, ça n'a aucune importance. Le seul inconvénient, c'est que vous pouvez être surprise, c'est tout.

• JE N'AI PAS MES RÈGLES

Les règles ne sont pas liées à l'âge, mais à votre développement physiologique.
Vous pouvez commencer votre puberté plus tard que les autres, à treize ans au lieu de onze, à quinze ans au lieu de treize. Dans ce cas-là, il est normal que vous n'ayez pas encore vos règles. Rassurez-vous, quand votre corps sera prêt, elles arriveront normalement.

LES RÈGLES : PETIT COURS DE SCIENCES NATURELLES

1. Qu'est-ce que les règles ?
Tout au long de votre vie et jusqu'à la ménopause (arrêt définitif des règles), vos hormones continuent à faire leur travail.
Ainsi, régulièrement, sous l'effet des œstrogènes (hormones qui participent également à l'augmentation du volume des seins avant les règles), votre muqueuse utérine se développe et s'épaissit. En fin de cycle, sous l'effet de ces mêmes hormones, la muqueuse saigne, le sang est éliminé par le vagin : ce sont les règles (ou « menstrues »), qui ne sont rien d'autre que l'élimination des débris de la muqueuse utérine.

2. Qu'est-ce que le cycle menstruel ?
On appelle « cycle menstruel » la période contenue entre le premier jour des règles et celui de l'apparition des règles suivantes.
Un cycle dure en moyenne 28 jours, mais on peut avoir un cycle plus court (23-24 jours) ou plus long (jusqu'à 35 jours).
La durée des règles est de 5 jours, mais, là encore, c'est une moyenne. Elle varie selon les femmes.
Chez certaines, les règles durent 2 jours, chez d'autres 8.

Un cycle de 28 jours se décompose ainsi :
- **Du 1er au 5e jour :** l'utérus saigne, le cycle démarre. Ce sont les « règles » ;
- **Du 6e au 13e jour :** un ovule commence à mûrir dans l'un des deux ovaires. La muqueuse utérine se met à épaissir ;
- **Au 14e jour :** l'ovule, arrivé à maturité, est expulsé de l'ovaire. C'est l'« ovulation » (la femme peut alors, à ce moment-là, avoir un bébé). L'ovule va ensuite dans la trompe de Fallope ;
- **Du 15e au 28e jour :** la muqueuse utérine continue à s'épaissir, l'ovule arrive dans la trompe. Si l'ovule est fécondé par un spermatozoïde, une grossesse commence (*voir chapitre Grossesse*). S'il n'est pas fécondé, il se désintègre, la muqueuse utérine recommence à saigner : ce sont les règles et le début d'un nouveau cycle.

3. Qu'est-ce que l'ovulation ?
L'ovulation est l'expulsion de l'ovule dans la trompe de Fallope. C'est la période pendant laquelle une fécondation peut se produire. Dans un cycle régulier de 28 jours, elle a lieu au 14e jour. Mais dans un cycle irrégulier, elle peut survenir à n'importe quel moment, d'où la nécessité d'adopter quand il le faut une contraception tout au long du cycle. L'ovulation s'accompagne de la présence d'une glaire cervicale✘ qu'on peut parfois observer.

4. Qu'est-ce que la fécondation ?
La fécondation est l'union du spermatozoïde et de l'ovule, qui formeront un œuf, puis un embryon, puis un fœtus et enfin un bébé (*voir chapitre Grossesse*).
La plupart du temps, les premiers cycles menstruels ne sont pas accompagnés d'une ovulation. Tant qu'il n'y a pas d'ovulation, il n'y a aucune possibilité de fécondation, donc aucune possibilité d'être enceinte.
Cela dit, attention ! Il est impossible de déterminer la date de votre première ovulation. Il est donc indispensable de vous protéger dès que vous avez votre premier rapport sexuel (*voir chapitre Contraception*).

À SAVOIR

✘**Glaire cervicale :** substance sécrétée par le col de l'utérus dans les quelques jours qui précèdent l'ovulation. La glaire cervicale joue un rôle très important dans la fécondation. Entre autres, elle favorise la remontée des spermatozoïdes dans l'utérus.

Si, en revanche, vous avez toute votre physiologie adulte (seins, système pileux bien développé) et que vous n'avez toujours pas vos règles (« aménorrhée »), vous devez consulter un médecin. Il procédera à des dosages hormonaux et déterminera la cause de ce retard.
Encore une fois, ne vous alarmez pas : nous ne sommes pas des machines, et la maturation sexuelle peut emprunter des détours qui nous échappent.
Dans tous les cas, même si c'est difficile, évitez de vous comparer aux autres: chacun suit son propre rythme ; ce qui compte, c'est que vous ayez confiance en votre corps.

• LES DOULEURS DES RÈGLES, LE SYNDROME PRÉMENSTRUEL

Chaque femme a sa façon à elle de ressentir les choses, et les douleurs qui accompagnent les règles varient d'une personne à l'autre.
L'une dira qu'elle ne ressent rien de particulier, qu'elle n'a mal nulle part; une autre affirmera qu'elle souffre tant ces jours-là qu'elle est obligée de rester couchée.
Indépendamment des tempéraments, les douleurs qui accompagnent les règles et qui les précèdent («syndrome prémenstruel») sont classiques.

Ces jours-là, on peut avoir :

• Mal au ventre

Toujours les fameuses hormones. Sous leur impulsion, notre ventre se contracte. Ça peut aller du léger tiraillement à la véritable douleur. Si vous estimez que la douleur est intolérable, vous devez consulter votre médecin. Il vous prescrira des médicaments qui pourront l'atténuer.

• Mal aux seins

Quelques jours avant les règles, toujours sous l'effet des hormones, les seins peuvent gonfler, se tendre, vous gêner. Ils peuvent devenir douloureux au point que vous ne puissiez plus vous allonger sur le ventre. Là aussi, l'intensité de la douleur dépend des femmes. Si celle-ci vous est insupportable, consultez votre médecin. Il existe des pommades qui atténuent la sensation de tension ; la prescription d'une pilule (indépendamment de la contraception) vient à bout de ce genre de troubles.

• Mal à la tête

L'arrivée des règles peut s'accompagner de migraines, c'est fréquent. Évitez, dans ces cas-là, d'avoir recours à de l'aspirine, qui fluidifie le sang et entraîne donc

ORGANE GÉNITAL DE LA FEMME

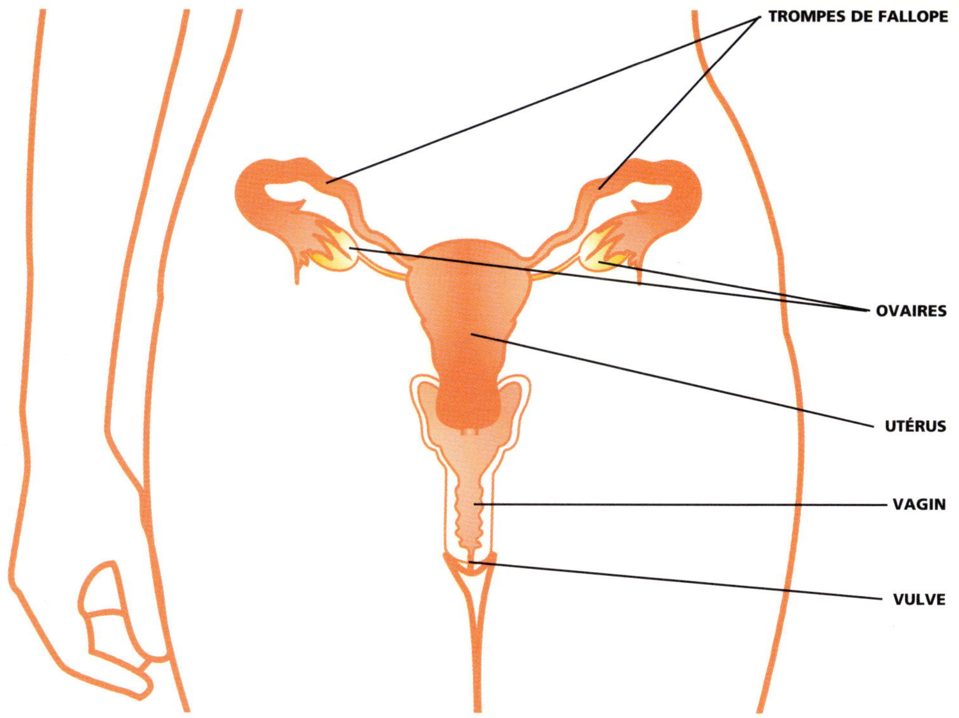

d'importants saignements. Préférez-lui des analgésiques qui ne contiennent pas d'aspirine. En tout état de cause, demandez conseil à votre pharmacien.

Ces jours-là, on peut aussi se sentir fatiguée, irritable, déprimée. Si vous voyez soudain la vie en noir alors qu'hier tout allait très bien ; si vous avez envie de pleurer parce qu'il pleut ; si vous avez l'impression qu'on vous insulte alors qu'on vous demande le sel ; si vous vous retenez de hurler parce qu'on ne vous a pas laissé de Coca dans le réfrigérateur ; si vous vous sentez affreuse à vie, abonnée à la médiocrité ; si vous vous croyez abandonnée parce qu'« il » vous a téléphoné à 19 h 15 au lieu de 19 h 10 ne vous inquiétez pas : ce sont encore les hormones qui vous jouent des tours. Les petites déprimes font aussi partie de ce qu'on appelle le syndrome prémenstruel.

Cela dit, ne vous écoutez pas trop : il n'y a rien de plus énervant que les filles qui jouent aux filles qui ont leurs règles (« Ah ! là, là ! Je ne sais pas ce que j'ai, mais moi, vraiment, quand j'ai mes règles... ! »)

Les règles

Attachées à toute une symbolique (le cycle lunaire, le sang nourricier), les règles ont autrefois nourri beaucoup de superstitions. Le temps n'est pas si loin où l'on considérait encore qu'une femme ayant ses règles faisait tourner la mayonnaise ou dépérir sur son simple passage les plantes du jardin.

Aujourd'hui, les premières règles ne sont plus, dans notre culture occidentale, qu'une étape intime dans l'histoire individuelle de chaque femme. Elles font pourtant encore, dans d'autres cultures ou selon certaines religions, l'objet de rituels précis, généralement à deux reprises : lors de la venue des premières règles et dans la vie de femme mariée.

Chez les Apaches Chiricahuas, les premières règles des jeunes filles suscitent les plus fastueuses cérémonies de la société. Les préparatifs durent plus d'un an. Comment, direz-vous, peut-on prévoir autant à l'avance qu'une jeune fille aura ses règles ? C'est très simple : les vieilles femmes du village repèrent, à partir de la croissance de leurs seins, les jeunes filles qui, à leur avis, seront réglées l'année suivante. Les parents, généralement pauvres, recrutent alors par tout le village les âmes charitables qui les aideront, par leurs biens et leurs efforts, à préparer la fête, ce qui fait l'objet de moult négociations !

Ailleurs, lorsqu'une mère kurtatchie découvre que « le flux de sa fille est apparu », elle annonce la bonne nouvelle à sa famille et à ses meilleures amies. Tous reprennent en chœur : « Nous allons manger le gros cochon et nous allons danser ! » Durant une petite semaine, la jeune fille est enfermée avec ses amies dans la maison de sa mère ; elles jeûnent, observent des tabous et se peignent le visage en rouge et blanc. Les proches parents jeû-

nent aussi, et même tout le village si la famille est riche. Le quatrième ou le cinquième jour, toutes les femmes du village entament une danse, annonçant : « Demain nous mangerons un gros cochon, il sera coupé en morceaux. » Après la fête, les invités se partagent la nourriture et la rapportent chez eux.

La jeune fille est libérée. Elle boit un breuvage spécial pour ne plus avoir de règles avant son mariage (qui intervient souvent dans les jours suivants !).

Dans l'île d'Andaman, dans le golfe du Bengale, au large de l'Inde, les parents pleurent la première fois sur la jeune fille qui a ses règles. Puis celle-ci va se baigner dans la mer. Elle demeure ensuite trois jours enveloppée dans des feuilles d'arbres, bras et jambes repliés, vingt-quatre heures sans parler ni dormir.

À partir de ce moment-là, on l'appelle d'un nouveau nom jusqu'à l'avènement de son premier enfant. Les règles rythment aussi, dans certaines cultures ou religions, la vie de femme mariée.

Ainsi chez les Ulithys ou les Ifaluks, habitants des atolls de Micronésie, une femme qui a ses règles s'en va habiter dans la « hutte menstruelle ». Disposée différemment dans le paysage de toutes les autres huttes du village, cette habitation est visible de tous. Tout le monde est donc au courant de la vie intime des femmes du village ! Plus près de nous, il est écrit dans la Bible (Lévitique, 15-19) : « Lorsqu'une femme éprouve le flux (son flux, c'est le sang qui s'échappe de son corps), elle restera sept jours dans son isolement. »

Dans le judaïsme orthodoxe contemporain, le couple s'abstient de relations sexuelles pendant toute cette partie du cycle et considère que cet éloignement périodique est bénéfique à l'équilibre.

● Les règles font, dans d'autres cultures ou selon certaines religions, l'objet de rituels précis, généralement à deux reprises : lors de leur venue et dans la vie de femme mariée.

● Source : *The Politics of Reproductive Ritual*, Karen Ericksen Paige, University of California, 1981.

Les règles

Sans compter que vous cautionnez alors les idées reçues et les propos désobligeants du genre, dès qu'on est de mauvaise humeur, « T'as tes règles ou quoi ? »
Certaines trouvent que c'est une excellente excuse pour sécher la gym ou la piscine, mais en principe, sauf douleurs exceptionnelles, et sans aller jusqu'à choisir justement ce jour-là pour tenter le record du monde du 100 mètres haies, il est possible de continuer à mener une vie tout à fait normale.
On peut bouger pendant les règles, danser ou nager (avec un tampon, voir ci-dessous). On peut aussi faire l'amour pendant les règles (*voir chapitre Relations sexuelles*).

• SERVIETTES OU TAMPONS ?

Nos grand-mères n'avaient pas d'alternative : elles plaçaient au fond de leur culotte une serviette-éponge pliée sur une bande de coton, rattachée devant et derrière par une épingle de nourrice à une ceinture autour de leur taille. Ces serviettes se lavaient à l'eau froide, car il n'était pas question de les jeter à la poubelle. Vous imaginez à quel point c'était commode ! Nous, nous avons l'embarras du choix. Les industriels ont mis à notre disposition

des serviettes ou des tampons jetables, discrets, de toutes les tailles : mini, normale, super, maxi…
C'est donc à vous de choisir, selon vos goûts et vos préférences du moment.

Les serviettes
Pour beaucoup, elles sont plus rassurantes que les tampons. La serviette se fixe par une bande adhésive au fond de la culotte. Elle est douce, confortable et, accompagnée d'une enveloppe en plastique, elle se jette facilement à la poubelle. Il existe des serviettes plus ou moins épaisses selon l'abondance de vos règles.
Il vaut mieux choisir pour la nuit une serviette épaisse qui puisse tenir sept à huit heures.
Le progrès fait bien les choses : il existe aujourd'hui dans le commerce des serviettes ultra-minces et hyper-absorbantes. Évidemment, quand on met une serviette, on a un peu l'impression d'avoir une couche entre les jambes. Et puis on est persuadé, que ça se voit... On se trompe.
Faites le test, mettez une serviette et enfilez un jean ou un caleçon, puis demandez à une sœur ou à une copine si elle ne remarque rien, là (c'est le genre de choses que nous fai-

sons toutes). On constate qu'elle ne voit rien du tout. Et même si on se penche en avant (pour les perfectionnistes) !

Les tampons

En 1931, le Dr Earl Hass dépose, aux États-Unis, le brevet du premier tampon, qu'il baptise Tampax (condensé de « tampon » et de « vaginalpack »). Il sera fabriqué, commercialisé et vendu à l'étranger dès 1936.

Plébiscité pour son côté pratique, ce petit cylindre révolutionnera petit à petit la vie des femmes.

Avec un tampon, on peut se mettre en maillot de bain, nager et, comme le disent les publicités, « vivre en toute liberté ».

La première question qui vous vient à l'esprit est de savoir si vous pouvez mettre un tampon alors que vous êtes encore vierge. La réponse est qu'en tout cas, vous pouvez toutes essayer, à condition d'utiliser des tampons mini, spécialement conçus pour les jeunes filles, et de ne jamais forcer : mettre un tampon ne doit pas faire mal.

Les tampons sont vendus avec leur mode d'emploi. Si vous avez la moindre inquiétude ou le moindre doute, parlez-en à qui de droit : votre mère, votre grande sœur, votre gynécologue, une copine.

La première fois, essayez de mettre votre tampon toute seule ou avec une amie pour vous donner du courage. Choisissez un moment où vous êtes détendue, suivez attentivement les indications de la notice, essayez tranquillement dans la position qui vous convient. Si ça fait mal, si vous sentez une résistance, ne forcez pas. Prenez votre temps, réessayez.

Utilisez de préférence un tampon avec applicateur : au début, c'est plus facile à mettre. N'hésitez pas à bien enfoncer le tampon au fond de votre vagin. Ne craignez rien : contrairement à ce que vous pouvez parfois imaginer, il ne risque ni de s'égarer ni de remonter dans l'utérus ! N'essayez pas de mettre un tampon en dehors de vos règles, votre vagin serait trop sec et ça risquerait de vous irriter.

Si vraiment vous n'y arrivez pas, si vous sentez que vous avez peur, n'insistez pas. Optez pour la serviette et gardez le tampon pour plus tard. Ou bien demandez à votre gynécologue de vous apprendre à le mettre en place.

Un tampon doit se changer souvent, selon l'abondance de vos règles (au moins toutes les trois heures). Attention : c'est parfois tellement confortable qu'on peut l'oublier !

Si vous avez des règles très abondantes, un tampon mini

seul ne suffira pas. Mettez donc une serviette en plus ou un protège-slip.

• L'HYGIÈNE PENDANT LES RÈGLES

Ce n'est pas parce que vous avez vos règles qu'il faut changer d'hygiène. Les règles ne sont pas « sales ». Lavez-vous normalement, une ou deux fois par jour, ça suffit.

Il est inutile et même néfaste de procéder à une toilette interne du vagin : c'est un milieu où vivent des germes destinés à combattre les infections. La toilette interne au savon détruit les germes, déséquilibre la flore vaginale et sensibilise le vagin à toutes les infections.

Elle n'est recommandée que dans des cas très particuliers et doit être prescrite par un gynécologue. Ne prenez donc aucune initiative toute seule.

L'obsession de la toilette peut traduire un certain malaise par rapport à votre corps : n'hésitez pas à en parler ; il suffit souvent de quelques mots et de quelques explications pour vous soulager.

Ces mots, ils peuvent être ceux de votre mère, si vous vous entendez bien avec elle, ceux de votre sœur ou d'une amie, ceux d'une femme de votre entourage en laquelle vous avez confiance. Ils peuvent aussi être ceux d'un médecin, un spécialiste, qui vous suivra tout au long de votre vie de femme et avec lequel vous faites aujourd'hui connaissance : le gynécologue.

La puberté

«Puberté», généralement vous détestez. C'est un mot qui vous énerve, un mot de médecin, un mot d'adulte, précis, propre, trop propre, et à la fois curieusement impudique. L'usage qu'ils en font vous paraît impudique. Ils disent tout fort: « C'est la puberté », « Elle est en pleine puberté », et avec ce genre de mot ils s'autorisent à parler de votre corps. Vous, ça vous heurte. C'est bizarre, parce que ce qui se passe dans votre corps vous aimeriez bien le garder secret; et en même temps vous ne pouvez pas: ça se voit trop.

Avec des mots comme « puberté » ou, pire encore, « formation », on essaye aussi de vous expliquer ce qui se passe en vous, mais ça vous semble loin.

Vous, vous n'avez pas de mot pour ça. Vous dites quoi ? Vous ne dites rien. Vous pensez peut-être en vous-même : quelque chose se passe que je n'arrive pas à reconnaître et qui me met mal à l'aise; vous soupçonnez, sans bien le réaliser, que vous changez, et ce phénomène, sur lequel vous ne pouvez pas mettre de nom, vous bouleverse.

Cette puberté, pourtant, il n'y a aucune raison de la laisser exclusivement aux adultes. Après tout, c'est votre affaire, c'est de votre puberté qu'il s'agit. Et si vous ressentez si mal ce mot, c'est aussi peut-être parce que vous ne le connaissez pas bien. Sans doute, pour vous réconcilier avec lui, vous faut-il comprendre et, d'une certaine manière, vous approprier sa signification.

La puberté, qu'est-ce que c'est ?

On appelle « puberté » la période de transition entre l'enfance et l'âge adulte. Elle est caractérisée par :

- Le développement des organes génitaux internes (ovaires, utérus) et externes (glandes mammaires, clitoris, lèvres pubiennes);
- Une croissance staturo-pondérale (taille et poids);
- Des modifications psychologiques;
- L'apparition de caractères sexuels secondaires.

La nature est bien faite

À un moment donné de notre vie, dans un coin de notre tête, deux glandes de notre cerveau, l'hypophyse et l'hypothalamus, se mettent au travail. Elles commencent à sécréter des hormones qui

envoient des messages à certains organes récepteurs de notre corps, en particulier les ovaires. Ceux-ci fabriquent à leur tour d'autres hormones (progestérone et œstrogènes) qui vont présider à la modification des organes génitaux : les seins se développent, les poils poussent. Ces deux hormones seront aussi responsables de la maturation de l'ovule, nécessaire à la fécondation.
La puberté se caractérise également par l'avènement de caractères sexuels secondaires : pilosité axillaire (poils sous les bras), sécrétion sudoripare (sueur), apparition de comédons (points noirs).
Elle est aussi marquée par le développement de la taille, de la morphologie (transformation du bassin), de la maturation génitale (développement de la vulve, de l'utérus).
Les premiers signes de puberté se remarquent généralement vers onze ans. Ce sont l'apparition, souvent d'un seul côté, du bourgeon mammaire, un petit gonflement de l'aréole (extrémité colorée) du sein, puis, peu de temps après, des premiers poils pubiens.
L'âge moyen de l'apparition des règles est de treize ans.
La durée moyenne de la puberté est de quatre ans.
Mais, attention ! Rassurez-vous, chacune d'entre vous évolue à son propre rythme. Ainsi les premiers signes de puberté peuvent apparaître plus tôt ou plus tard, la puberté durer plus ou moins longtemps et les règles arriver plus tôt ou plus tard que la moyenne.
En tout état de cause, la fin de la puberté est définitivement marquée par l'apparition des cycles ovulatoires, donc de la fertilité (possibilité d'avoir un enfant).
La puberté marque la fin physiologique de l'enfance. Cette période n'est pas vécue de la même manière chez la fille et chez le garçon, ce qui explique aussi leur différence de comportement dans la vie sexuelle.
Vous, vous voyez votre corps changer, de nouvelles sensations apparaissent, mais elles demeurent confuses. Votre développement physiologique ne s'accompagne pas immédiatement d'un éveil sexuel.
Chez le garçon, au contraire, la croissance des organes sexuels entraîne une érection du pénis et une jouissance organique précise, rapide, qui ne sera pas différente de celle de l'adulte. Le garçon fait donc, dès le départ, l'expérience d'une sensation sexuelle intense.
On peut ainsi comprendre que la jeune fille se montre plus réservée et moins empressée que le garçon dans la perspective d'un premier rapport sexuel.

Le gynécologue

Le gynécologue, comme son nom l'indique (du grec *gunê*, « femme », et *logos*, « discours »), est le spécialiste des maladies de la femme, des accouchements et du couple.
Il s'occupe spécifiquement de tout ce qui concerne les problèmes de règles, de contraception, de maladies sexuellement transmissibles et de sexualité.

• QUAND VOIR UN GYNÉCOLOGUE ?

Le gynécologue n'est pas là uniquement pour soigner, il est là aussi pour écouter.
Vous verrez tout au long de votre vie qu'on confie beaucoup de choses à son gynécologue, des secrets qu'on ne raconte à personne d'autre. Bien souvent, il est le seul à connaître nos peurs intimes, nos problèmes, nos angoisses. Le gynécologue occupe une place de médecin privilégié dans la vie d'une femme.

• Vous devez systématiquement consulter un gynécologue si vous avez des rapports sexuels. Il est d'ailleurs souhaitable de le faire avant. Il vous conseillera sur la contraception qui vous convient, parlera avec vous de vos éventuelles réticences, répondra à toutes vos interrogations.

• Vous pouvez aussi consulter un gynécologue si tout simplement vous vous posez des questions dont vous ne voulez parler à personne. Ne vous sentez pas ridicule, le gynécologue est là pour y répondre. Il est aussi là pour tout entendre, alors profitez-en !

• COMMENT CHOISIR SON GYNÉCOLOGUE ?

Le choix de son gynécologue est une affaire personnelle.

• Le gynécologue est le seul médecin pour lequel on se pose la question : homme ou femme ?
Au début, beaucoup d'entre vous préfèrent voir une

femme. Vous vous sentez plus à l'aise, c'est plus facile de parler de problèmes de femme avec une autre femme, il y a moins de pudeur. Et puis l'idée qu'un homme puisse vous examiner vous rebute. N'oubliez pas que le gynécologue est avant tout un médecin. Certaines femmes se sentent d'ailleurs mieux écoutées et mieux comprises par un gynécologue homme ; vous voyez, c'est vraiment une affaire de goût.

• Vous pouvez choisir le même gynécologue que votre mère. Certaines d'entre vous se sentent rassurées au début par l'idée de voir le spécialiste qui s'occupe de leur mère, l'obstétricien même qui parfois les a mises au monde. Elles ont ainsi l'impression d'une relation plus affective avec le médecin, elles ne se sentent pas complètement lâchées en terre étrangère, une certaine « communauté médicale » les unit à leur mère et les réconforte.

En même temps, si elles veulent préserver une certaine indépendance, celle-ci leur est garantie : un médecin a l'obligation du secret médical et de l'anonymat. Il ne peut en aucun cas divulguer ce que vous lui confiez. Il n'a même pas le droit, s'il rencontre votre mère, de lui dire qu'il vous a vue tel ou tel jour.

• Pour certaines d'entre vous, le choix d'un gynécologue marque une première étape vers une vie de femme indépendante. Vous avez décidé d'avoir votre gynécologue à vous, c'est légitime. Parlez-en à votre mère, elle demandera à son médecin l'adresse d'un confrère.

Si vous ne pouvez pas en parler à votre mère, demandez à votre sœur aînée, si vous en avez une, ou à vos amies les coordonnées de leur médecin.

Pour celles qui ne savent pas à qui s'adresser, ou qui ne veulent rien demander à personne, sachez qu'il existe des Centres de planification où l'on donne aux mineures des consultations gratuites. Ces centres sont implantés un peu partout en France, il y en a forcément un près de chez vous. Il suffit de téléphoner à votre mairie pour avoir l'adresse du Centre de planification dont votre commune dépend. Là, vous pourrez voir un gynécologue qui s'occupera de vous, vous orientera, répondra à toutes vos questions (discrétion assurée). Les médecins des Centres de planification sont très attentifs aux problèmes des adolescentes.

ADRESSES UTILES

Pour tous renseignements concernant la sexualité, la contraception, l'IVG (interruption volontaire de grossesse), vous pouvez aussi vous adresser auprès du **Mouvement français pour le planning familial (MFPF)**, dont dépendent les **Centres de planification :** 4, square Saint-Irénée, 75011 Paris. **Tél :** (1) 48 07 29 10.
Si vous n'habitez pas à Paris, on vous communiquera l'adresse du centre le plus proche de chez vous.

Le gynécologue

• LA PREMIÈRE VISITE AU GYNÉCOLOGUE

Elle peut impressionner. Si vous avez peur, vous pouvez demander à votre mère, à votre sœur ou à une amie de vous accompagner.

Vous pouvez, au contraire, avoir envie d'y aller seule.

Certaines mères n'imaginent cependant pas laisser leur fille aller pour la première fois toute seule chez le gynécologue, et elles insistent pour l'accompagner. C'est souvent dans une bonne intention : les mères aussi ont parfois du mal à voir grandir leur petite fille.

Si votre mère est ainsi, remerciez-la, mais expliquez-lui gentiment que vous préférez y aller toute seule, que c'est important pour vous d'avoir le sentiment de vous prendre en charge, que vous êtes désormais suffisamment grande et raisonnable. Cela ne vous empêchera pas de lui demander des renseignements si vous en avez envie.

Qu'est-ce que c'est que ces étriers ?

Comme tout ce qui tourne autour de ce genre d'examen médical, on sait vaguement ce qui nous attend mais on ne sait jamais en quoi ça consiste exactement (à moins de connaître quelqu'un qui vous a raconté tout dans tous les détails).

L'examen gynécologique peut donc, la première fois, désagréablement vous surprendre.

Il faut s'allonger sur une table à moitié nue, placer ses pieds dans des étriers métalliques, écarter les jambes, laisser pénétrer le spéculum (cet instrument qui sert à regarder au fond du vagin le col de l'utérus), et ce en ayant l'air parfaitement naturelle et détendue. Ce n'est pas forcément facile.

Certaines filles sont tellement crispées qu'il est même impossible de les examiner.

Pour vous détendre, dites-vous qu'il s'agit d'une partie de votre corps comme une autre. Un médecin regarde bien au fond de votre gorge ou de vos oreilles et ça ne vous paraît pas indiscret ! Dites-vous que là, c'est pareil.
L'examen gynécologique est, et doit vous paraître aussi naturel que n'importe quel autre examen.
Vous pouvez aussi participer et demander à votre médecin qu'il vous montre, à l'aide d'un miroir, l'intérieur de votre vagin et le col de l'utérus.
Certains gynécologues le font d'eux-mêmes. Cela peut paraître étonnant, mais cette démarche contribue à vous familiariser avec votre sexe.
Demandez également à votre médecin qu'il vous explique, si vous ne le savez pas déjà, comment vous êtes faite et comment tout cela fonctionne. N'hésitez pas à lui faire répéter les explications autant de fois qu'il est nécessaire jusqu'à ce que vous ayez compris. Il en va de même pour toute autre question.
Par timidité, on dit souvent qu'on a compris, on n'ose pas faire répéter, et puis, sitôt la porte du cabinet franchie, on se retrouve embarrassée avec tous nos doutes.
On a le droit de ne pas savoir, on a le droit de ne pas comprendre.
Oser demander, c'est aussi vous affirmer, montrer que vous existez, que vous vous assumez.

La croissance des seins, la pousse des poils et l'apparition des règles sont les trois révolutions majeures qui ont lieu dans notre corps au moment de la puberté.
Il y en a d'autres, peut-être moins importantes mais souvent tout aussi obsédantes pour les petites âmes fragiles, inquiètes et tendues que vous êtes dans ce moment particulier de votre vie.

La peau

Au moment de la puberté, la peau subit elle aussi, sous l'effet des hormones, des modifications. Elle devient plus grasse.
Les hormones mâles (androgènes), produites en grande quantité, particulièrement avant les règles, sont responsables de l'« acné juvénile », ces boutons disgracieux qu'on voit avec désespoir apparaître sur le visage, le décolleté ou dans le dos.
La production de sébum✗ augmente et on voit naître aussi les fameux comédons, ces points noirs qu'on prend toujours un malin plaisir à extraire entre deux doigts. On a beau savoir qu'il ne faut pas y toucher, on le fait quand même, et comme la plupart du temps on s'y prend mal ils laissent le plus souvent la place à des boutons.
Les boutons, les boutons, les boutons ! Si certaines ont la chance de passer au travers et conservent, quoi qu'il arrive, un teint de pêche, pour les autres ils deviennent une véritable plaie.
Que vous en ayez un ou deux ou que vous en soyez constellée, les boutons font l'objet d'une haine spécifique : non seulement ils sont laids, mais en plus ils vous « trahissent ».
Ils exhibent au grand jour votre bouleversement physiologique, votre fragilité psychologique. Ils sont les témoins visibles de votre métamorphose, de vos inquiétudes, de votre stress. Vous empêchant de vous dissimuler derrière un bien-être apparent, ils rappellent à qui veut le voir que vous êtes dans l'« âge ingrat », comme si ce n'était pas déjà assez difficile comme ça !
Cibles de toutes vos obsessions, les boutons vous sont donc moralement et physiquement insupportables.
Consolez-vous, il en est de même à tout âge, l'acné n'étant pas forcément l'apanage de l'adolescence (même si elle est plus fréquente à cet âge). On peut avoir des boutons à vingt ans comme à trente ans ou même à quarante !

À SAVOIR

✗**Sébum :** mélange complexe de graisses sécrété par les glandes sébacées, s'évacuant en surface par les pores de la peau.

• QUE FAIRE SI VOUS AVEZ DES BOUTONS ?

Ce n'est pas la peine d'user les miroirs en scrutant leur apparition, évolution, disparition. Ce n'est pas la peine de pleurer en vous persuadant que vous êtes défigurée. Vous pouvez faiblir une bonne fois, ça soulage, mais après il faut prendre les choses en main.

Tout d'abord, sachez faire la différence entre deux ou trois boutons accidentels (bien souvent avant les règles) et une véritable acné.

Ensuite, sachez que les deux cas se traitent.

Si vous avez quelques boutons, vous pouvez vous contenter de demander conseil à votre pharmacien. Il vous donnera une lotion ou une crème antiacnéique (et puis vous pouvez bien supporter deux ou trois boutons de temps en temps !).

Si vous avez vraiment une acné qui s'installe, allez voir un dermatologue qui vous prescrira un traitement. Sachez qu'il faut toujours traiter une acné, qu'elle soit inflammatoire (gros boutons), comédonienne (petits kystes, points noirs) ou les deux à la fois.

Une acné non traitée laisse des cicatrices, et même s'il existe aujourd'hui des techniques qui les font partir ce n'est pas très agréable d'avoir le visage constellé de marques.

Les traitements pour l'acné sont longs (au moins trois mois) et demandent beaucoup de patience et de persévérance. Il faut voir régulièrement votre dermatologue et le tenir informé des réactions à son traitement. Vous devez éventuellement aussi en parler à votre gynécologue. En effet, certaines pilules peuvent être à l'origine d'une acné tandis que d'autres, au contraire, la soignent... Ne désespérez pas. Aujourd'hui, l'acné se soigne très bien, il faut simplement s'en occuper.

Efforcez-vous enfin de respecter les quelques règles d'hygiène élémentaires qui contribuent souvent à préserver autant que possible une peau convenable (*voir chapitre Hygiène et beauté*).

Il ne s'agit pas de retrouver du jour au lendemain une peau de bébé, mais vous pouvez améliorer les choses ne serait-ce qu'en évitant de faire... ce qu'il ne faut pas faire.
Il y a aussi certaines opérations de camouflage qui sont utiles à connaître (*voir chapitre Maquillage*).

Évidemment, nous sommes toutes d'accord, les boutons, c'est pas drôle, les traitements, c'est souvent long, mais une chose est sûre : ça passe.
Dites-vous bien aussi que l'énorme bouton que vous avez sur le menton, ce phare atroce qui vous aurait même empêchée de sortir si vous n'y aviez pas été expressément obligée, est bien plus énorme dans votre regard que dans celui des autres. Et une telle disgrâce qui signe à vos yeux la fin d'une vie normale peut parfaitement passer inaperçue aux yeux du monde.
Enfin, même si elle vous exaspère quand elle vous le dit, votre mère n'a pas tout à fait tort : les boutons, plus on y pense, plus on en a. Moins on y pense, moins ils entravent notre existence. Ça peut paraître simpliste, mais c'est vrai.
Faites l'expérience : efforcez-vous, ne serait-ce qu'une journée, de ne pas penser à vos boutons, vous verrez, vous considérerez la vie d'une manière plus ouverte, plus optimiste, plus joyeuse.
En un mot : faites ce qu'il faut et pensez à autre chose.

La taille

C'est au moment de la puberté et peu après que vous acquérez votre taille adulte.
Si, depuis l'âge de trois-quatre ans, votre corps ne grandissait que de 5 à 6 cm par an, il doit aujourd'hui subir une poussée de 8 à 10 cm, parfois plus !

Cette croissance est quelquefois dysharmonieuse, accusant alors les particularités des unes et des autres : pour peu que vous soyez un peu ronde, ce seront, comme par hasard, les fesses et les hanches qui s'épanouiront en premier, bien avant que votre taille s'affine. Si, au contraire vous avez tendance à être longue et mince, les membres inférieurs s'allongeront encore un peu plus, prenant de l'avance sur le reste du corps, syndrome de la « grande gigue ». Une seule chose à faire : prendre son mal en patience. Ce n'est qu'à la fin de la puberté que le corps trouve son équilibre, compensant, avec souvent deux ans de retard, ce qu'avait de disgracieux cette croissance un peu désordonnée.

Vous grandissez donc beaucoup, on distingue même un pic de croissance (une croissance en flèche) juste avant les premières règles.

Durant cette période, les inégalités se creusent : d'abord, certaines filles qui ont leurs règles tôt grandissent avant les autres, qui doivent encore patienter.

Ensuite, contre toute attente, certaines se retrouvent plus grandes ou plus petites qu'elles ne l'espéraient. C'est parfois une déception. Il va donc falloir s'habituer aussi à cette taille qui n'est pas celle qu'on désirait.

• JE SUIS TROP GRANDE

On les reconnaît à leur manière de se tenir légèrement voûtées, la poitrine rentrée dans les épaules, le cou en avant.

Franchement, la seule chose que vous allez réussir à faire, c'est vous esquinter le dos !

Vous ne paraîtrez pas moins grande parce que vous serez bossue et que vos seins tomberont sur votre nombril ! Et puis les autres vous entendent sans que vous ayez à vous mettre à la hauteur de leurs oreilles.

Ressaisissez-vous : vous êtes grande, mais vous n'êtes pas une géante ! Vous êtes simplement dans la moyenne supérieure.

Évidemment, il y a toujours des petits malins qui vous surnommeront la «grande asperge» ou la «grande gigue», ou autre chose d'aussi drôle. Laissez dire : ils expriment ainsi leurs propres complexes et leur timidité par rapport à vous.

Vous, vous êtes grande, c'est-à-dire que vous êtes élancée, bien proportionnée, et vous avez de la chance.

Pour les vêtements, vous avez l'embarras du choix : tout vous va à merveille (*voir chapitre Les vêtements*).

La taille

Vous pouvez prendre quelques kilos, cela passera inaperçu. Personne ne vous embêtera dans le métro, et dans la pratique de certains sports (course, natation) vous êtes carrément avantagée.
La seule ombre au tableau : les garçons. Vous avez peut-être du mal à en trouver qui soit à votre taille.
D'abord montrez-leur, si c'est le cas, que ce n'est pas parce que vous êtes plus grande qu'eux que vous êtes plus forte. Au contraire ! Jouez d'habileté et exprimez votre besoin d'être sécurisée, rassurée, autrement que d'une manière strictement physique. Vous êtes grande mais vous appréciez leur courage, leur hardiesse, leur galanterie, leur virilité. Toute grande que vous êtes, il faut leur faire sentir que vous êtes une femme, non pas une faible femme, mais une femme vulnérable, qui, à sa manière, a besoin d'être protégée. Et le sentiment de protection qu'éprouve une femme ne dépend pas de la taille, mais de l'âme de l'homme avec qui elle est ! Enfin, regardez : Humphrey Bogart était beaucoup plus petit que Lauren Bacall. Ils s'aimaient passionnément quand même.

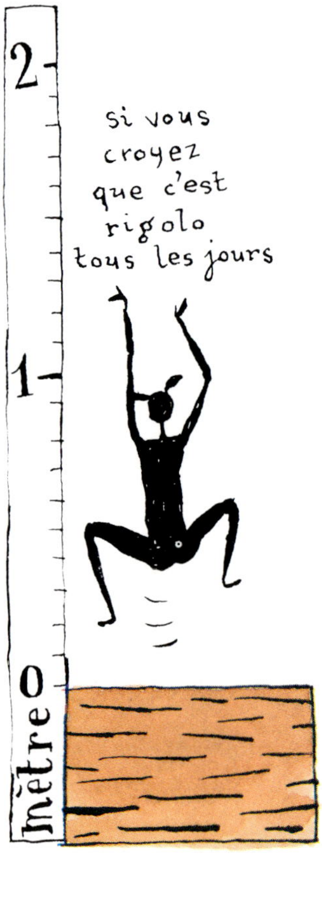

• JE SUIS TROP PETITE

Du haut de vos 150 cm, vous toisez le monde d'un air vindicatif... ou vous vous faites plus petite qu'une souris. Vous auriez rêvé d'être mannequin : c'est à jamais fichu. Vous vous consolez en pensant que vous n'avez pas encore eu votre pic de croissance, c'est possible. Mais si vous avez déjà vos règles, il est peu probable que vous atteigniez 1,70 m.
Cessez de vous lamenter, il est temps de vous faire une raison.
On vous appelle « la puce », laissez dire : c'est plutôt gentil. Les femmes petites ont plein d'avantages : elles attirent l'affection.
Elles ne font pas peur aux hommes (même si ce sont de vraies garces), on les croit fragiles (même si elles ont une force de caractère hors du commun). On leur passe beaucoup de choses parce qu'on les trouve attendrissantes.
À vous les qualificatifs de « mignonne », d'« adorable », de « ravissante ». Vous pouvez jouer de votre taille, les autres seront indulgents.
Les garçons ont souvent envie de vous protéger. Le fait que vous n'arriviez même pas à la hauteur de leur épaule les émeut, montrez-leur qu'ils sont les plus forts.
Soyez maligne, profitez-en !

vous arrivez à vous défaire de ces craintes excessives et que vous restez raisonnable, votre corps vous en saura gré et vous le sentirez moins vulnérable à toute prise de poids !

4. Bon, c'est vrai, reconnaissons-le, vous avez quelques kilos en trop. Un : cherchez la cause. Deux : trouvez une solution.

• Vous avez forcé sur le chocolat ? Les bonbons ? Les frites ? Les Big Mac ? Une petite discipline alimentaire suffira à rétablir un équilibre (*voir chapitre Alimentation*).

• Non seulement vous vous gavez de sucreries, mais en plus vous répugnez à monter le moindre étage à pied : là aussi, une petite discipline alimentaire et sportive (*voir chapitre Forme*) viendra à bout des kilos superflus.

• Même si vous ne compensez pas votre anxiété par la nourriture, sachez que le stress ou l'angoisse peuvent parfois faire prendre du poids. Cela peut être le cas lorsque vous préparez un examen par exemple. Ne vous alarmez pas, les choses rentreront dans l'ordre quand l'épreuve sera passée.

• Vous pouvez avoir un léger dérèglement hormonal, ça arrive : confiez donc votre problème à votre médecin. Il posera sur vous un regard objectif, vous dira franchement ce qu'il pense et, s'il l'estime nécessaire, il vous prescrira un régime qui vous convient. Une pilule mal adaptée peut aussi parfois faire grossir, pensez-y le cas échéant.

Le poids

• Il se peut aussi que ce soit votre nature d'être ronde. Et alors ? La rondeur est féminine. Mieux vaut avoir des fesses que pas de fesses, des seins qu'être désespérément plate. Laissez donc aux magazines l'image des corps standardisés et remerciez la nature de vous avoir dotée des courbes généreuses qui donnent à la féminité sa meilleure définition. Tirez-en parti (*voir chapitre Vêtements*).

• Le seul problème de poids réellement préoccupant est l'obésité. Il s'agit d'une maladie qui peut avoir des origines diverses. C'est en faisant un travail sur vous-même, avec un thérapeute, que vous parviendrez à les discerner, les comprendre, aller au-delà. Cela vaut la peine d'avoir ce courage, une force de caractère qu'on sait trouver quand elle devient indispensable pour se sortir de problèmes aussi importants. L'obésité se soigne, mais nécessite une prise en charge globale : médicale, psychologique, diététique.

• JE SUIS TROP MAIGRE !

Vous, c'est le contraire : vous ne trouvez jamais de jean qui vous boudine et rares sont les caleçons qui collent à vos cuisses fuselées. Tiraillant désespérément sur le tissu qui flotte autour de vous, vous vous lamentez que vous êtes trop maigre.

1. D'abord, est-ce bien vrai ? De la même manière que certaines se trouvent à leurs propres yeux trop grosses, d'autres se trouvent trop maigres alors qu'elles sont toutes d'une minceur équivalente. Si tel est votre cas, vous avez de la chance. Ne faites donc pas un problème de ce qui est, aux yeux de beaucoup, un énorme avantage, et apprenez à promener votre ligne irréprochable avec fierté.

2. Il se peut que vous soyez légèrement trop mince, ce qui pour vous veut dire affreusement maigre, évidemment.

• La première question que vous devez vous poser est : mangez-vous assez ? Puis : mangez-vous correctement ? Si vous grignotez à tous les repas une feuille de salade et deux cacahuètes, si vous ne vous nourrissez pas suffisamment ou si vous vous nourrissez mal, il n'est pas étonnant que vous ayez du poids à rattraper. Ce n'est pas une grande affaire, un rétablissement de votre régime alimentaire suffira à vous rendre les quelques petits kilos qui vous manquent (*voir chapitre Alimentation*).

• Si le stress ou l'angoisse sont parfois responsables d'une prise de poids, ils peuvent aussi, inversement, faire maigrir. Ne vous inquiétez donc pas, en plus de tout, si vous fondez à la moindre anxiété !

Le poids

Le poids

• Vous pouvez aussi être « maigre », c'est-à-dire légèrement en dessous du poids dit « normal », tout simplement parce que, constitutionnellement, vous êtes faite comme ça. N'essayez pas de grossir à tout prix. Vous gaver de croissants, avaler une tablette de chocolat entre les repas et préférer régulièrement les frites aux haricots verts, tout cela ne servira à rien. Non seulement vous ne grossirez pas, mais en plus vous habituerez votre corps à une mauvaise alimentation, ce qui est plus embêtant. Profitez de votre chance, mais sans être excessive. Vous avez l'avantage de n'avoir à vous priver de rien : vous pouvez manger un gâteau à la crème à 4 heures et un gratin de pommes de terre au dîner, votre forme n'en pâtira pas. C'est un privilège, n'en faites pas un drame (vous vous mettriez à dos toutes vos copines qui, elles, doivent payer le moindre carré de chocolat par une diète au bouillon de légumes).

Évidemment, vous n'avez ni la poitrine de Gina Lollobrigida ni le derrière de Sophia Loren, mais vous possédez la minceur ravissante d'Audrey Hepburn, ou, plus proche de nous, d'Inès de La Fressange.

De quoi vous plaignez-vous ? Profitez-en (*voir chapitre Vêtements*), et au lieu de dépenser votre énergie à déplorer cette prétendue maigreur pensez-y un peu moins.

Essayez de placer ailleurs toutes les forces que vous mettez à réprouver votre corps, peut-être s'en trouvera-t-il soulagé et reprendra-t-il de lui-même un petit peu de rondeur.

Notre corps obéit aux contractions psychologiques qu'on lui inflige, il réagit à sa manière selon qu'on est mécontent de lui ou, au contraire, satisfait.

Ainsi à force de lui dire « t'es trop maigre, t'es trop maigre », peut-être l'empêchez-vous de grossir. Laissez-le donc tranquille, et donnez-lui l'autorisation d'être comme il est : vous vous sentirez bien mieux.

• Si vous remarquez un amaigrissement important récent, soyez vigilante.

On peut être contrariée au point de perdre 1 kg ou 2, mais pas plus.

Il peut s'agir aussi d'un problème de santé. Ne laissez pas les choses traîner et consultez un médecin.

• Le seul problème grave signalé par la maigreur est celui de l'anorexie. Il s'agit alors d'un problème psychologique important qui nécessite un traitement psychothérapeutique (*voir chapitre Alimentation*).

La cellulite

Selon certains, il s'agirait d'un mot mal forgé. Médicalement, toutes les terminaisons en « ite » supposent une inflammation. Qui dit inflammation dit œdème, rougeur, augmentation de la température locale et crises. Or, on ne fait pas de « crise de cellulite ».

En fait, ce qu'on désigne par cellulite, c'est cette disgracieuse peau d'orange qui souligne le bas de nos fesses, l'intérieur d'un genou ou même le gras du bras. Formée de graisse qui retient elle-même de l'eau, la cellulite apparaît essentiellement quand on prend du poids. Elle diminue donc en principe quand on en perd.

Un problème de circulation sanguine peut être à l'origine de la cellulite. S'il en est ainsi, massages et drainages lymphatiques✗ peuvent avoir une action bénéfique.

Nous rappellerons également que le massage au gant de crin a un effet salutaire sur la cellulite, mais il faut qu'il soit exécuté en douceur, sans irriter la peau.

Dans tous les cas, ne commencez pas à faire de vos problèmes une obsession. Inutile de vous pincer le haut des cuisses pour faire apparaître une peau d'orange qui n'existerait pas autrement. Il est tout de même assez rare de constater à votre âge des cas de cellulite alarmants. Sans compter qu'à peu près toutes les femmes ont un peu de graisse en trop dans la région des fesses et des cuisses : c'est un peu comme des réserves naturelles !

Les vergetures

Nettement plus ennuyeuses, les vergetures se forment quand on grossit et elles apparaissent quand on maigrit. Elles peuvent parfois apparaître spontanément, sans changement de poids. Le problème, c'est qu'on ne s'en préoccupe que quand on les voit. Or, quand on les voit, il est déjà trop tard.

Notre peau possède des fibres élastiques qui se tendent et se détendent selon les changements de notre gabarit. Quand la fibre élastique est détendue, on ne peut plus faire grand-chose. On peut en revanche agir pendant la prise de poids, comme dans le cas des femmes enceintes, auxquelles on prescrit des massages avec des crèmes appropriées.

On peut à la rigueur prévenir les vergetures, on ne peut jamais les guérir. On peut les atténuer. La seule solution est donc d'éviter les prises de poids trop rapides.

À SAVOIR

✗**massages lymphatiques :** variété de massage pratiqué en institut qui consiste à éliminer l'eau stockée en excès dans les tissus.

La transpiration

La transpiration

Dans la famille « caractères sexuels secondaires » qui apparaissent à la puberté, nous trouvons la « sécrétion sudoripare », autrement dit la transpiration. Suivant la grande mise en route hormonale qui survient dans notre corps, les glandes sudoripares se mettent elles aussi en activité. Elles produisent, selon chacune d'entre nous, une quantité de sécrétions plus ou moins abondantes, plus ou moins odorantes, plus ou moins constantes.

Selon notre nature et notre nervosité, on peut avoir la paume des mains qui transpire (le fameux calvaire des mains moites !) ainsi que la plante des pieds. Le front aussi peut ruisseler si nous avons peur, si nous sommes émues ou si nous fournissons un gros effort physique (tous les grands sportifs transpirent du visage).

C'est cependant au niveau des aisselles, sous les bras, que la sécrétion des glandes sudoripares est la plus forte. Pour la plupart d'entre nous, la transpiration ne pose pas de problèmes. Il suffit de respecter une bonne hygiène de vie : toilette quotidienne au savon et usage d'un bon déodorant. Aujourd'hui, la palette des cosmétiques est suffisamment étendue pour que vous trouviez votre bonheur : un déodorant à bille, en stick ou en vaporisateur, selon votre goût, et aux senteurs qui vous conviennent.

Il vaut mieux choisir un déodorant sans alcool, qui n'irritera pas la peau, surtout si vous venez de vous épiler.

Changez tous les jours vos sous-vêtements, et préférez les fibres naturelles (laine, lin, coton) aux fibres synthétiques (acrylique, nylon, viscose) qui empêchent la peau de bien respirer.

Si vous souffrez d'avoir toujours les mains moites (ce qui est souvent lié au stress), si vous n'osez plus serrer la

main à personne et que cela devient un véritable handicap, sachez qu'il existe aujourd'hui un traitement par courants électriques : l'« ionophorèse », qui se pratique chez le dermatologue.

La pudeur

« Attends, je te montrerai quand ça sera fini. »
Tout au long de la vie, cette phrase revient souvent. À propos d'un dessin lorsqu'on est enfant, d'un devoir qu'on rédige au lycée, d'un plat quand on cuisine, ou de toute autre forme d'ouvrage. L'homme est ainsi. On préfère montrer un projet fini plutôt qu'un travail en cours, on se sent plus sûr face aux critiques, renforcé par ce qui existe déjà, ce qui est effectivement en notre possession. Nous vivons notre corps de la même manière.
Jusqu'à un certain âge, les enfants se montrent facilement nus parce qu'ils n'ont pas conscience de leur corps. À partir d'un certain âge, les adultes se montrent plus facilement nus (et encore, pas tous !) parce qu'ils sont plus sûrs de leur corps. Mais entre ces deux étapes ?
Entre les deux, on a ce corps qui nous surprend, ce corps qui change tout le temps, auquel on ne peut pas vraiment se fier, ce corps « en route » vers une autre vie, et on n'a pas forcément envie de le montrer, c'est normal.

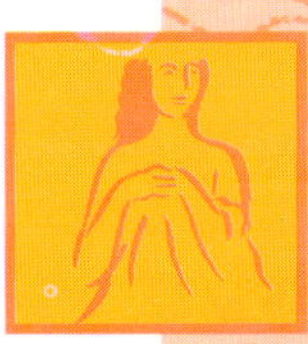

Avec la puberté apparaît une nouvelle prise de conscience du corps : notre corps devient « sexuel », et ça se voit. Il évoque la naissance de certains désirs, et on peut en avoir honte.
Il ne correspond pas à ce qu'on attendait de lui, à l'image qu'on s'en faisait, et l'on peut en être insatisfaite. Pleine d'un sentiment d'insécurité, vous voulez mettre

La pudeur

votre corps à l'abri du regard des autres, vous voulez le tenir secret, garder pour vous tout ce qui se passe en lui : vous devenez pudique.
Avec votre père, évidemment, vos frères, vous pensez que cette attitude est normale puisqu'ils ne sont pas du même sexe que vous.
L'embarras commence quand vous hésitez ou refusez même de vous montrer nue devant votre mère, votre sœur ou vos amies. Votre pudeur devient alors un poids, un complexe.
Dans ces cas-là, on est assez mal à l'aise : on ne veut pas avoir l'air gêné alors qu'on l'est, on garde toujours son tee-shirt dans les vestiaires, on a toujours un bon prétexte pour ne jamais prendre de douche après la piscine : on se lavera, on se changera à la maison.
En même temps, si on ne veut pas montrer son corps, on regarde celui des autres filles, on y guette les ressemblances, les dissemblances, les signes d'une communauté à laquelle on n'a pas encore le sentiment d'appartenir.
On se sent bête au fond, surtout qu'il y a toujours, dans toutes les classes, dans tous les vestiaires de tous les gymnases, des filles qui ont dépassé cette pudeur, ou qui ne l'ont pas, et qui n'hésitent pas, elles, à se montrer nues devant les autres, ou tout du moins déshabillées.
Le naturel des unes renforce la pudeur des autres. On se dit : je ne peux pas être comme ça, je ne le serai jamais, mon corps m'embarrasse, il m'emprisonne, j'en

ai honte, je ne suis pas libre, je ne suis pas normale, j'en ai assez.
Dites-vous bien qu'il n'y a pas de normalité dans la façon de vivre son corps. Chacune fait ce qu'elle peut avec ce qu'elle a. Même plus tard, devenus adultes, les gens ont toujours leur pudeur, leurs complexes, et la liberté du corps nécessite un long apprentissage.
Quoi qu'il en soit, on ne perd jamais sa pudeur. La pudeur est un sentiment naturel. Tout le monde est pudique. Si la pudeur atteint son apogée à l'adolescence, elle ne disparaît pas plus tard, elle se résorbe, c'est tout. Personne ne se déshabille facilement sous le regard des autres, de ceux qui ne leur sont pas intimes.
La pudeur que vous éprouvez en ce moment à vous montrer nue n'est pas un défaut, elle marque une lente prise de conscience de votre corps, de ce qu'il est, de ce que vous êtes avec lui.
N'en soyez pas honteuse, acceptez-la. Pour l'instant, pour vous, les choses sont comme ça. Et ce n'est pas parce qu'il y a des exceptions, des filles qui vous paraissent très libres, qu'il faut vous inquiéter.
Peut-être sont-elles réellement plus libres et vivent-elles en plus grande harmonie avec leur corps que vous. Mais peut-être ont-elles aussi un autre moyen de conjurer leurs craintes, qui est justement cette apparente liberté ?
La pudeur est aussi une question d'éducation. Vous pouvez avoir été élevée dans une famille où personne ne se montre nu devant les autres. Ou, au contraire, avoir vu vos parents nus pendant toute votre enfance, et même encore maintenant. Selon votre éducation, vous vivrez votre corps, la nudité, différemment.
En tout cas, durant cette période où le corps se transforme, où justement « ce n'est pas terminé », on peut se révéler excessivement pudique. C'est votre droit, votre liberté.
Si vous ne vous montrez pas maintenant, vous vous montrerez plus tard, quand vous aurez mieux accepté votre corps, quand vous serez prête et que vous pourrez en profiter.
En attendant, vous ressemblez à la rose du Petit Prince qui n'en finit pas de se préparer à être belle... « Elle choisissait avec soin ses couleurs. Elle s'habillait lentement, elle ajustait un à un ses pétales. Elle ne voulait pas sortir toute fripée comme les coquelicots. Elle ne voulait apparaître que dans le plein rayonnement de sa beauté. Eh oui ! Elle était très coquette !... »

La pudeur

La pudeur

Le sage dit « Connais-toi toi-même », ce qui équivaut à « Accepte-toi toi-même ».
C'est sans doute ça qu'on découvre à l'adolescence. On sent confusément qu'on va devoir apprendre à s'accepter tel qu'on est, et à être accepté par les autres, dans le monde.
S'accepter avec nos défauts et nos qualités, apprendre à avoir une image de soi à laquelle on pourra se fier, et apprendre à se sentir bien, à vivre en harmonie avec ce que l'on est.
C'est le début d'un long mais passionnant apprentissage.
C'est aussi le seul moyen d'aller vers les autres, de les comprendre et d'établir avec eux des relations riches.
La découverte de soi n'est pas toujours facile et il faut s'aider : moins se contempler que se prendre en main, ne pas hésiter à prendre soin de soi, s'imposer certaines règles de vie, respecter une certaine hygiène de vie.
La vision qu'on a de soi, l'estime qu'on se porte ne dépendent pas — et c'est heureux — de notre apparence. Prendre soin de soi, c'est d'abord apprendre à penser à soi d'une manière juste et positive : je suis comme je suis, je suis en devenir, mais chaque étape que je traverse est une étape de construction qui me mène à la personne que je serai, qui fait partie de moi et que je peux respecter et aimer.

● Il n'y a pas de normalité dans la façon de vivre son corps. Les gens ont toujours leur pudeur, leurs complexes, et la liberté du corps nécessite un long apprentissage.

La Forme

Vous apprenez, vous lisez (on l'espère !), vous réfléchissez (il vaut mieux !), vous vous cultivez (un minimum !), vous éduquez votre esprit : pour votre corps, c'est pareil.

On a un peu tendance à l'oublier, mais de la même manière qu'on fait attention à ce qui est bon pour notre esprit on doit faire attention à ce qui est bon pour notre corps.

Notre corps est le reflet de notre caractère, il raconte ce que nous sommes et comment nous vivons. Il mérite une attention mesurée mais régulière.

« Le corps est le temple de l'esprit ; qu'il doit être triste pour un dieu d'habiter des ruines ! » disait déjà Voltaire.

Il ne s'agit pas de sombrer dans le culte de sa petite personne, mais tout simplement de veiller à entretenir une bonne santé physique et, au-delà, un rapport équilibré avec son corps : apprendre à le connaître, savoir ce qui lui convient le mieux, lui apporter des preuves de considération.

Être bien dans son corps, c'est d'abord être bien dans sa tête, et si ce n'est pas naturel cela peut s'apprendre. Le bien-être du corps influe aussi sur celui de l'esprit : par exemple, il n'y a rien de tel, quand on se sent moche et déprimée, que d'enfiler un survêtement et d'aller courir une demi-heure, puis de se préparer un bon petit repas équilibré avec les aliments qu'on aime.

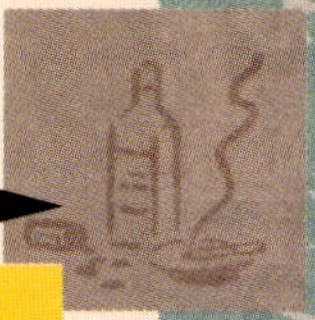

S'occuper de son corps, c'est lui témoigner le premier intérêt qu'on doit lui porter, c'est le respecter, c'est affirmer progressivement son image. C'est savoir s'occuper convenablement de soi.
Au fond, souvent, on sait ce qu'il faudrait faire pour être bien, mais on n'a pas forcément envie de le faire, on a la flemme. On aimerait que tout arrive comme ça, sans avoir à fournir le moindre effort. Un certain laisser-aller serait tentant, mais, au bout du compte, il n'est pas très gratifiant.
Certaines d'entre vous peuvent rétorquer : « De toute façon, mon corps m'énerve, il n'est pas comme je voudrais, il me contrarie, je n'ai aucune envie de faire quoi que ce soit pour lui. » Ce n'est pas la meilleure attitude à adopter. Pourquoi vous refuser ce que vous vous devez à vous-même : une estime, un droit de cité ? Dites-vous bien que si vous ne commencez pas par vous l'accorder, personne d'autre ne vous l'accordera à votre place !
Et puis plus on néglige son corps, plus il vous mécontente. Alors faites un effort (pour celles qui ne le font pas spontanément), sortez de votre réserve maussade et prenez-vous en main ! Votre corps vous le rendra bien : vous le sentirez bouger, respirer, s'assouplir, se modifier peut-être, s'épanouir ; et vous vous réconcilierez avec lui.
Faites vôtre cette archi-célèbre devise : *Mens sana in corpore sano,* « Un esprit sain dans un corps sain » ; autrement dit : la santé du corps est une condition importante de la santé de l'esprit, et vice versa !
Bien sûr, il n'y a pas une seule façon de s'occuper de son corps. Chacune d'entre nous s'en occupe à sa manière, selon son caractère, ce qu'elle est... Il y a cependant quelques règles de base à connaître... et si possible à observer.

Le sport

Il libère les tensions, développe l'énergie, exerce et entretient les muscles, dynamise le corps et l'esprit. En bref, il est indispensable à notre équilibre. Le sport est une liberté qu'il faut savoir vous offrir.

Pourtant, quand on n'est pas sportive, et à moins d'avoir une passion, le sport est pour beaucoup synonyme d'effort inutile, d'obligation. Au lycée, vous feriez n'importe quoi pour sécher le plein air ; pour certaines, la piscine est un cauchemar, et vous exécrez les démonstrations à la poutre, aux barres asymétriques ou les exercices au sol. C'est du sport imposé, scolaire, bien souvent, rien que pour ça, on déteste.

Si vous êtes de celles qui rechignent devant les cours de gym, commencez par trouver les mille et une bonnes raisons de changer d'attitude : choisissez quelques bonnes copines aussi réticentes que vous et stimulez-vous mutuellement. Exemples d'autopersuasion :

- Je me suis acheté un survêt génial, je veux l'amortir ;
- J'ai décidé d'arriver à faire le grand écart avant la fin de l'année ;
- Cette fois, on s'entraîne, on se corrige, on bosse au moins un quart d'heure chacune montre en main. (Vous verrez, vous y prendrez goût, et le quart d'heure passera à la demi-heure sans que vous vous en rendiez compte!).

Le sport

• Quand on y pense, c'est un bienfait de pouvoir faire au moins trois heures d'exercice par semaine !
• Après le plein air, on s'offre un goûter chocolat chaud-brioches. (Ça se mérite après un effort physique et vous n'aurez pas à culpabiliser.)

Enfin, si vraiment il n'y a rien à faire, ou si votre bonne volonté n'est pas récompensée, sachez que ce n'est pas parce qu'on est nulle en hand ou qu'on ne dépasse pas les 80 cm au saut en hauteur qu'il faut rayer le sport de son existence.

Chacune le sien

Le sport, on peut en faire partout, en dehors du lycée. Parmi toutes les disciplines proposées, il y en a forcément une qui convient à la fois à votre corps et à votre tempérament. Et que vous habitiez la ville ou la campagne, il y a toujours un moyen de vous inscrire dans un cours.

L'idéal serait de pratiquer un sport au moins trois fois par semaine. Il vaut mieux faire régulièrement des séances courtes que vous agiter comme une folle pendant deux heures de temps en temps.

Évitez les efforts juste après les repas, et si vous avez du mal à dormir ne faites pas d'exercices violents après 19 heures, cela vous énervera plus qu'autre chose.

Ces quelques petits conseils mis à part, sachez qu'on distingue trois types d'activité physique :

• LES SPORTS D'ENDURANCE

Ils tonifient le cœur, améliorent la circulation, la capacité pulmonaire et brûlent les graisses. Parmi eux :

• **La marche :** c'est le sport le plus naturel du monde, et chacun devrait en faire au moins une demi-heure par jour. Elle fait travailler les muscles du dos, des jambes et les abdominaux. On peut marcher partout, même en ville ; alors, dès que vous le pouvez, oubliez bus, voiture, vélomoteur et métro et retrouvez le plaisir de la balade !

• **La natation :** c'est le sport complet par excellence. Elle fait travailler les muscles, le souffle et le cœur en douceur. Elle tonifie la poitrine, le ventre, affine les jambes, libère le stress et apaise les anxieuses. Autre avantage : il y a toujours une piscine à côté de chez soi, et cela ne coûte pas cher.

• **Le vélo :** excellent pour le cœur, la respiration, la ligne et les nerfs, le vélo a cet avantage qu'il se pratique en plein air, et en groupe. On peut très bien en louer un pour faire des randonnées d'une journée avec des amis. Ce n'est pas non plus une activité onéreuse.

• **L'athlétisme :** il englobe les courses, les sauts et les lancers. Il fait travailler harmonieusement tous les muscles et développe souplesse, rapidité, détente et réflexes. C'est aussi un excellent stimulateur cardio-vasculaire. Autre avantage : c'est un sport qui défoule et ne coûte pas cher.

• **Le ski :** il fait travailler tous les muscles, apprend la coordination des gestes et l'équilibre. Surtout, il se pratique dans l'atmosphère pure de la montagne : un séjour

en altitude est une véritable cure de santé. Malheureusement, le matériel et les forfaits coûtent cher et le ski reste encore un sport de luxe.
Il y a aussi l'aérobic, bon sport de défoulement, qui fut très en vogue ces dernières années mais a tendance aujourd'hui à être remplacée par des pratiques plus douces : le stretching, par exemple, qui met l'accent sur la souplesse et l'étirement sans négliger la musculation. Ces sports se pratiquent en salle.

• LES SPORTS DE MUSCULATION

Ils développent un ou plusieurs muscles. Parmi eux :

• **La gymnastique :** elle développe harmonieusement la silhouette, tonifie le corps, améliore la souplesse et convient à tout le monde. Si vous en faites déjà au lycée, vous n'aurez peut-être pas envie d'en faire à l'extérieur. Mais si vous êtes une adepte, vous pouvez aussi piquer quelques mouvements à votre prof et les répéter chez vous. Vous pouvez aussi vous inscrire dans le gymnase situé à côté de chez vous.

• **La danse :** elle allie l'art et le sport, apprend la grâce et cultive la souplesse. Elle donne un joli maintien, apporte une certaine maîtrise de soi et enseigne le sens de l'harmonie physique. Comme elle se pratique en musique, elle apaise les tensions et développe le sens du rythme. Classique, moderne, jazz, orientale, africaine, rock, claquettes... il y a autant de styles de danses que de styles de filles.
Le cours de danse est souvent un moment privilégié. On en sort reposée, apaisée, bien dans son corps malgré les courbatures. La danse est à conseiller à toutes celles qui seraient, à priori, réfractaires à toutes formes de sports. Il existe partout des cours pas trop chers (MJC, conservatoires municipaux ou d'arrondissement...).

• LES SPORTS DE COORDINATION ET DE VITESSE

Ils développent l'attention, l'agilité et se pratiquent souvent en équipe. Parmi eux :

• **Le tennis :** il développe le sens de la réflexion et les réflexes rapides. Il impose au corps une gymnastique constante : courir, se baisser, freiner, sauter, se placer, frapper. C'est un sport ludique mais asymétrique qui développe, si on en fait intensivement, un bras plus que l'autre. En outre, son action n'est pas excellente pour le dos si on a déjà des problèmes, et il ne fait pas travailler la respiration. Si vous jouez au tennis, vous pouvez compenser par un sport plus doux comme la natation.

Le sport

• Le squash : il requiert une parfaite condition physique et un effort cardiaque intense, il est donc préférable d'avoir déjà de l'entraînement. Il demande puissance, vitesse et résistance, jeu de jambes rapide et sens du placement. Là aussi, il est conseillé de l'associer à un sport de détente ou qui demande un effort plus prolongé et moins heurté (natation, vélo, athlétisme). Le squash ne se pratique qu'en salle. C'est un excellent antistress.

• L'escrime : sport de détente et d'élongation, elle fait travailler l'adresse, la maîtrise de soi, la précision, la concentration, le sang-froid, la coordination et la rapidité, ainsi que l'agilité. Mais c'est aussi une activité asymétrique à laquelle il est conseillé d'associer un sport de décontraction et d'endurance comme la natation, l'athlétisme ou le vélo.

• Le judo : c'est un sport de résistance qui fait travailler l'attention, la souplesse, la concentration, l'équilibre et la coordination. C'est aussi un véritable exercice de l'esprit qui consiste à utiliser la force de son adversaire comme une faiblesse et oblige à une grande maîtrise du geste. Dans ce sens, le judo est considéré comme un sport

● S'occuper de son corps, c'est lui témoigner le premier intérêt qu'on doit lui porter, c'est le respecter, c'est affirmer progressivement son image. C'est savoir s'occuper convenablement de soi.

Le sport

« spirituel », qui convient à tous les caractères, timides ou agressifs, et à toutes les constitutions.

• **Le karaté :** considéré comme l'un des arts martiaux les plus raffinés, le karaté demande une concentration soutenue. Il exige les mêmes qualités que celles du judo, mais, fondé aussi sur la technique du cri, il peut décourager les timides ou, au contraire, leur faire du bien. Il fait appel à une énergie tant mentale que physique sans pour cela libérer toute la vitalité. Il est donc conseillé de l'associer à des sports de mouvements et dans lesquels on dépense davantage ses forces : natation, marche, course à pied...

• **Les jeux de ballon :** vous les connaissez bien puisqu'on les pratique beaucoup au lycée. Ils ont en commun l'avantage d'être peu coûteux et de développer l'esprit d'équipe :

LE BASKET-BALL est un excellent sport qui fait travailler les muscles en élongation et permet parfois, en redressant la colonne vertébrale, de gagner quelques centimètres en taille. Toutes celles qui se trouvent trop grandes trouveront ici un réconfort puisque c'est un sport qui les privilégie. Il développe la souplesse, l'adresse, la détente et fait autant travailler les bras que les jambes. Il se pratique en plein air et en salle.

LE HAND-BALL : sport de résistance et de grande intensité, le hand met tous les muscles à contribution, et fait travailler l'adresse, la détente et la rapidité. Il se pratique également en plein air et en salle.

LE VOLLEY-BALL : plus doux que les deux activités précédentes, le volley insiste sur la détente, la souplesse, le sens de l'observation, la coordination. Il muscle joliment les bras et les jambes. C'est plutôt un sport pour les calmes.

• LES SPORTS DITS « DE RELAXATION »

Ils apprennent à concentrer son énergie, à mieux l'utiliser, mieux la canaliser, et favorisent un certain retour au calme...

• **Le yoga :** excellent à condition d'être bien enseigné. Il nécessite évidemment un long apprentissage. Au début, cette activité peut en énerver plus d'une. Il y a toujours en plus, dans les cours de yoga, de vraies adeptes qui finissent par s'endormir au moment de la relaxation finale, ce qui contribue à exaspérer toutes celles qui n'arrivent même pas à fermer les paupières sans les sentir trembloter. Mais ne faites pas attention et persévérez un petit moment avant de renoncer. Le yoga est excellent pour les nerveuses ou les anxieuses, il fait travailler la respiration, apprend la détente, la concentration et la maîtrise de soi.

• **L'aïkido :** activité d'intelligence ou spirituelle, comme l'indique son nom (aï, « union », « harmonie », « rythme » ; ki, « énergie », « force cosmique » ; do, « voie »), l'aïkido est un sport de défense et non de combat, résolument non violent, et qui comblera toutes celles qui s'interrogent sur un mode de pensée, une approche originale du monde, une certaine manière de gagner une qualité de vie intérieure.

Il y a beaucoup d'autres sports que vous pouvez pratiquer, mais on ne peut pas en dresser ici une liste exhaustive. Néanmoins, si vous n'avez pas trouvé l'exercice de votre choix dans tout ce que nous venons de vous proposer, c'est que vous êtes ou bien d'une incurable paresse, ou bien d'une excessive mauvaise foi.

Rappelons que la pratique d'un sport n'est pas seulement « bonne pour la santé », elle constitue aussi un facteur de meilleure adaptation à la vie sociale (notamment les sports d'équipe) et favorise l'épanouissement psychologique et une meilleure connaissance de soi-même : on peut se découvrir ainsi, à travers le sport, un esprit d'équipe, une endurance, un sens de l'effort, une volonté insoupçonnés !

Laissez-vous également guider par vos goûts : vous pouvez essayer un sport, en changer, sans complexes, jusqu'à ce que vous en trouviez un qui vous corresponde.

Si vraiment vous avez horreur du sport (cela peut arriver), tâchez au moins de descendre et de monter les escaliers à pied ou de faire quelques pas dans la journée, histoire de ne pas vous rouiller avant l'âge.

En tout cas, si vous avez fait une croix sur le sport, au moins ne négligez pas votre alimentation, car le manque d'activités physiques combiné à un déséquilibre alimentaire aboutiraient dans quelques années à un résultat que vous n'aurez certainement aucun plaisir à constater, ni dans vos mouvements ni dans votre miroir !

Pour connaître les adresses des différentes fédérations sportives, adressez-vous au C.I.D.J. ou à la mairie de votre ville. Vous pouvez aussi utiliser un Minitel.

ADRESSES UTILES

C.I.D.J. (Centre d'information et de documentation pour la jeunesse), 101, quai Branly, 75015 Paris.

L'alimentation

Selon notre culture et notre caractère, nous entretenons chacune un rapport très personnel avec la nourriture, et bien souvent notre comportement alimentaire en dit long sur notre état psychologique.

Selon que nous allons bien ou mal, que nous sommes joyeuses ou anxieuses, nous nous nourrissons différemment. L'une ne pourra rien avaler si elle est malheureuse ou contrariée ; l'autre, en revanche, se jettera sur la nourriture en guise de compensation, de consolation.

On peut aussi se prendre périodiquement de passion pour un aliment particulier (les yaourts, les endives crues, les pommes, le chocolat...) ou, au contraire, éprouver des répulsions soudaines (la viande rouge, les fruits de mer, la betterave...).

Enfin, selon la manière dont vous vivez votre corps, vous projetez sur la nourriture vos désirs, vos doutes, vos angoisses : les unes se nourrissent avec l'obsession de ne pas grossir, les autres avec l'idée fixe de maigrir ; d'autres encore avec le désir de prendre du poids ; d'autres enfin par pure nécessité, à la va-vite, dans l'ennui. Or, n'oubliez pas que se nourrir est un plaisir, un plaisir pour soi mais aussi un plaisir qu'on partage.

Si nos humeurs varient, nous devons cependant nous efforcer de conserver une alimentation équilibrée, et, à part les dérèglements du comportement alimentaire dus à un problème psychologique profond, aucun motif ne justifie qu'on abîme notre corps et notre organisme par négligence, ignorance ou idée reçue.
Encore une fois, si votre esprit (c'est souhaitable) « n'avale pas n'importe quoi », votre corps ne doit pas non plus ingurgiter n'importe quoi.
Il faut apprendre à l'écouter, à lui donner naturellement ce qui est bon pour lui, et à ne pas le maltraiter avec de mauvaises habitudes alimentaires.
Bien manger, c'est d'abord bien se nourrir, et on peut tout à fait allier la gourmandise à une bonne hygiène alimentaire : manger autant que possible des aliments frais et variés, aux qualités et aux apports nutritifs complémentaires.
Vous traversez une époque de grande croissance et vous avez besoin d'apports nutritionnels importants et réguliers pour protéger votre organisme, très vulnérable à tout déséquilibre alimentaire.

Petit cours de nutrition

Notre alimentation est composée de nutriments : protéines, ou protides, lipides (graisses), et hydrates de carbone, ou glucides (sucres), qui constituent la réserve d'énergie dont nous avons besoin pour vivre; et d'oligo-éléments : vitamines et sels minéraux, nécessaires au bon fonctionnement de notre organisme.
Tous sont indispensables à notre corps et on les trouve en quantité suffisante dans une alimentation équilibrée.

• LES PROTÉINES, OU PROTIDES

Indispensables à notre organisme, elles constituent en grande partie la structure des muscles et du squelette. En effet, nos os ne peuvent pas fixer le calcium s'ils n'ont pas ce qu'on appelle la « trame protéique ». Une carence en protéines (rassurez-vous, c'est très rare dans nos pays riches) peut entraîner une fonte musculaire et des problèmes osseux.
Il y a deux sources de protéines :
- Les protéines animales : viande, poisson, blanc d'œuf, produits laitiers.
- Les protéines végétales : céréales (blé, riz, orge, sarrasin, seigle...) et légumes secs (haricots, pois, lentilles, pousses de soja...).

L'alimentation

Les protéines ne se mettent pas en réserve, il faut donc en consommer tous les jours. Elles ne font pas grossir. Si on en a trop, elles s'éliminent sous forme d'urée.

• LES LIPIDES (GRAISSES)

Ils se divisent en deux groupes :

• Les graisses visibles : beurre, huile, margarine.

• Les graisses invisibles : présentes dans l'alimentation, dans les viandes grasses, les poissons gras, les fromages, le jaune d'œuf et les produits laitiers non allégés.

Il faut consommer des lipides. Ils aident à lutter contre le froid. Ils préservent la souplesse et l'élasticité de la peau. Ils ont une utilité mécanique : éliminer de son alimentation les matières grasses entraîne des problèmes de constipation. Les graisses sont longues à digérer. S'il y en a trop dans la ration alimentaire, elles sont mises en réserve. Il faut donc en absorber, mais dans de justes proportions.

• LES HYDRATES DE CARBONE, OU GLUCIDES (SUCRES)

On appelle « hydrates de carbone » tout ce qui a le goût sucré, sauf les édulcorants (produits donnant aux aliments un goût sucré sans apporter de calories), plus les farineux et les féculents.

Les hydrates de carbone se divisent en deux familles :

• Les sucres rapides, ou sucres simples : bonbons, gâteaux, confitures, sirops, fruits... Très vite absorbés, ils ne peuvent être immédiatement utilisés en totalité par l'organisme car l'apport est trop brutal. Ils sont donc

stockés et souvent responsables de la prise de poids.
• Les sucres lents : pain complet, pâtes, riz, légumes secs, pommes de terre et toutes les préparations à base de farine. Assimilés plus lentement par l'organisme, ils constituent une réserve énergétique importante. On conseille d'ailleurs souvent aux sportifs de manger un plat de pâtes la veille d'un effort prolongé, alors qu'on leur déconseille de manger du sucre rapide, qui permet un effort simple mais non prolongé.

Une alimentation équilibrée

Quand on n'a pas de problème particulier, veiller à une alimentation équilibrée c'est observer quelques principes de base :
• Il faut manger de tout en quantité raisonnable. Au risque de nous répéter, seule une alimentation diversifiée permet d'obtenir un bon équilibre des principaux nutriments (protéines, lipides, glucides) et assure un apport correct en vitamines, éléments minéraux (fer, calcium, magnésium) et fibres.
Quelles que soient vos habitudes alimentaires, il faut donc que tous les groupes d'aliments soient présents dans votre nourriture et que vous trouviez une diversité au sein même de chaque groupe. Par exemple, consommer des corps gras de toutes origines et des protéines animales et végétales.
• À vôtre âge, il convient de privilégier les apports en protéines, en calcium et en fer.
L'adolescence est une période très importante pour la constitution du capital osseux, et il faut avoir des apports alimentaires en calcium suffisants pour édifier un squelette solide. Les apports quotidiens recommandés à votre âge sont de 1 200 mg, voire 1 500 lors des poussées de croissance. Alors, allez-y ! Plongez vos cuillères dans le yaourt, le fromage blanc, le muesli...
Vous trouverez du fer dans les viandes et le poissons (30 %), les fruits et les légumes (30 %), les céréales (18 %), le reste étant apporté par les produits laitiers, les œufs et les légumes secs.

Pour un bon équilibre alimentaire, il est nécessaire d'établir une bonne répartition des apports. Il faut faire trois vrais repas par jour :
• Un vrai petit déjeuner. Au choix : tartines beurrées + confiture ou miel + boisson ou lait ; ou céréales + lait

L'alimentation

ou yaourt ; ou œuf, jambon, thé (breakfast à l'anglaise).

• Un vrai déjeuner : il doit être constitué d'une entrée (crudités ou salade), d'un plat (viande, poisson ou œufs), de légumes cuits ou d'un plat de féculents (pommes de terre, céréales, légumes secs), d'un yaourt ou du fromage. Si vous n'aimez pas la viande rouge, vous pouvez la remplacer par de la viande blanche ou du poisson.

• Un vrai dîner : de même structure que le déjeuner mais en plus léger (préférez des œufs ou du poisson à la viande). Vous pouvez aussi très bien vous contenter d'une soupe, d'un plat de pâtes, et d'un yaourt ou du fromage.

Le repas principal doit être pris à midi, car c'est au cours de la journée qu'on a besoin de combustibles. Il est inutile de manger beaucoup le soir avant une nuit de sommeil, c'est comme ça qu'on grossit. Le sandwich-salade n'est pas à recommander tous les jours : vous aurez faim et vous croirez compenser le soir en faisant un gros dîner, ce qui est inutile.

• Autre règle d'or de l'équilibre alimentaire : ne jamais sauter un repas. Ça ne fait pas maigrir. Au contraire, votre organisme réagit en stockant davantage par peur des manques qui risquent de suivre.

• Évitez les substituts de repas (repas en poudre), peu efficaces et qui ne rassasient pas.

• Ne vous jetez pas non plus sur les surgelés « 300 calories » : mieux qu'un substitut de repas (il s'agit d'un plat garni), ils sont souvent composés à base de pâtes et de riz et possèdent des matières grasses en quantité non négligeable. En plus, ils ne sont pas assez copieux et ne contiennent pas suffisamment de protéines.

• Préférez les sucres lents aux sucres rapides ; le pain complet, riche en fibres, au pain blanc.

Consommez des fibres pour lutter contre la constipation (céréales complètes, riches en vitamines B, et fruits secs) et adoptez une alimentation riche en protéines végétales (blé, riz complet, légumes secs, soja...).

• Évitez le grignotage sucré ou salé à n'importe quelle heure de la journée.

Au moins si vous grignotez, grignotez intelligemment : barres de céréales, pommes (excellentes pour la santé), yaourt, plutôt que cacahuètes ou chips.

• Ne mâchouillez pas du chewing-gum toute la journée : cela vous remplit l'estomac de salive et risque de perturber la digestion. Et puis, il y a toujours du sucre dans le chewing-gum...

• Mieux vaut prendre des fruits entre les repas ou même avant, c'est meilleur pour la digestion.
• Buvez beaucoup, au moins 1 litre d'eau par jour. Vous pouvez aussi boire du thé (en quantité raisonnable : un bol ou deux) ou du café (un bol, le matin). Attention ! Le lait n'est pas une boisson, c'est un aliment.
• Mangez lentement en prenant le temps de bien mâcher vos aliments avant de les avaler.
• Vous pouvez très bien envisager une alimentation équilibrée dans laquelle il n'y aurait aucun sucre raffiné (bonbons, confiseries, gâteaux, glaces).
• Évitez si possible de remplacer le sucre par des édulcorants : ils ne font pas grossir mais donnent le goût du sucre. Et puis on s'habitue très bien à manger ses yaourts sans sucre, à boire du thé ou du café sans sucre. De la même manière, vous pouvez vous dispenser de manger du pain beurré avec votre fromage ou avec de la charcuterie. Ces graisses font double emploi.
• Si vous n'avez pas de problèmes de poids particuliers, vous pouvez tout à fait faire des excès (pas trop souvent) à condition de les rééquilibrer ensuite. Rappelez-vous que l'équilibre alimentaire se fait sur une journée et qu'il est inutile de vous priver ou d'avoir mauvaise conscience dès que vous vous faites plaisir.
• Apprenez à trouver des solutions adaptées à vos goûts et à vos besoins, quel que soit l'endroit où vous vous trouvez — au café, au fast-food (*voir encadré ci-dessous*).
• Apprenez à lire les étiquettes : les produits étiquetés « sans sucre » sont effectivement sans sucre « classique »,

POUR GARDER L'ÉQUILIBRE

Au fast-food : .... **une salade fraîcheur**
.... **un hamburger au fromage**
.... **un jus d'orange**

Au café : .... **un sandwich au fromage ou un sandwich au jambon**
.... **une salade de saison**
.... **un verre d'eau, de lait ou de jus de fruit**

Sur le pouce : .... **du pain**
.... **un œuf dur ou une tranche de jambon ou de viande froide**
.... **une crudité (tomates, radis, concombre à croquer)**
.... **un fruit**
.... **un produit laitier (fromage, yaourt, fromage blanc, dessert lacté)**

L'alimentation

mais contiennent d'autres sucres qui font grossir (glucides autres que le glucose ou le saccharose) !

• Enfin, en matière de nourriture comme ailleurs, il faut surtout apprendre à vous fier à vos instincts : votre corps sait réclamer ce dont il a besoin. Écoutez-le. Il suffit bien souvent d'être attentive pour apprendre à bien se nourrir. Un jour vous aurez envie de viande rouge, un autre jour de céréales complètes... L'important est de ne pas vous contraindre, d'aller dans le sens de vos désirs et de vos besoins, à condition, bien entendu, qu'ils soient « raisonnables » ; mais ça aussi, vous devez le sentir.

Maigrir

Vous êtes embêtantes ! Figurez-vous que 60 % d'entre vous ne sont pas satisfaites de leur apparence physique. 36 % se jugent trop grosses et 25 à 40 % déclarent avoir déjà suivi un régime alors que seulement 3 à 7 % en auraient eu réellement besoin (sondage effectué en 1993, brochure du Centre interprofessionnel de documentation et d'information laitière).

Votre corps ne ressemble pas à l'idéal que vous avez en tête, certes, mais ce n'est pas une raison pour vous esquinter à grands coups de régimes improvisés ou distraitement piochés dans les magazines féminins.

• MAIGRIR POURQUOI ?

Trop souvent, votre volonté de maigrir correspond plus au désir de suivre une mode qu'à un réel besoin de perdre du poids.

Vous pouvez également croire que vous vous sentirez mieux dans votre corps avec 2 à 3 kg en moins, c'est possible ; mais, si vous réfléchissez, votre obsession de maigrir n'est-elle pas plutôt un déplacement d'un certain malaise psychologique sur votre physique ?

Vouloir à tout prix maigrir quand on n'en a pas vraiment besoin, c'est aussi vouloir à tout prix maîtriser un corps qui vous inquiète parce qu'il change, qu'il n'est plus comme avant.

On peut très bien faire attention à sa ligne sans que ça tourne à l'obsession, et, à moins d'en avoir réellement besoin, il est de toute façon fortement déconseillé de se lancer dans des régimes spontanés.

Encore une fois, la façon dont vous vous sentez dans votre corps reflète la façon dont vous vous sentez dans votre tête. Il n'y a pas de poids idéal standard, il y a ce

qu'on appelle un « poids de forme », qui dépend à la fois de ce qu'on a dans la tête et de sa morphologie.
Ainsi, certaines filles se sentiront parfaitement bien à 70 kg pour 1,70 m alors que d'autres trouveront cela insupportable.
Si vous pesez 70 kg pour 1,70 m et que vous vous sentez bien ainsi, ce n'est pas la peine de faire un régime (ce n'est pas la peine de vous gaver non plus !).
Si vous avez une masse musculaire très importante, sachez aussi que vous ne maigrirez pas et que ce n'est pas grave. Vous êtes faite comme ça, c'est tout.

• LES RÉGIMES

Que vous en ayez réellement besoin ou non, un régime ne se fait pas à l'aveuglette, surtout à votre âge.
Contrairement à ce qu'on croit, il ne peut pas y avoir de régime standard, et les exemples diffusés dans les magazines féminins sont peu recommandables puisqu'ils ne tiennent pas compte de la morphologie de chacune et s'adressent à une population dont la taille varie entre 1,50 m et 1,80 m !
Un régime sérieux se fait avec l'aide d'un nutritionniste, un médecin spécialisé dans les problèmes de poids et d'alimentation.
Celui-ci mènera ce qu'on appelle une « enquête diététique » : il déterminera vos habitudes alimentaires pour en établir de nouvelles. C'est seulement en connaissant ce que vous mangez et en mesurant les effets de votre régime alimentaire sur votre organisme qu'il pourra vous dire ce qu'il faut faire pour en changer et perdre du poids.

Les besoins énergétiques quotidiens varient selon les individus : ainsi, une personne qui consomme 3 000 calories par jour maigrira si on ne lui en donne que 2 000, alors qu'une personne qui mange 1 800 calories par jour grossira si on lui en donne 2 000 ! Ce petit exemple pour vous montrer à quel point un régime demande à être personnalisé.
De la même manière, le fait de stipuler qu'il faut avaler x calories par jour ne peut tenir, puisque, encore une fois, c'est une question d'individu !
Alors ne tombez pas dans tous les panneaux, et plutôt que de vous fier à tous ces régimes modes demandez-vous plutôt si cette manie de l'amaigrissement à tout prix n'est pas grotesque, mettant au premier rang de nos préoccupations ce qui est absolument accessoire, érigeant la minceur en ligne de vie et traitant à l'échelle collective un bien-être qui ne peut être trouvé qu'individuellement.

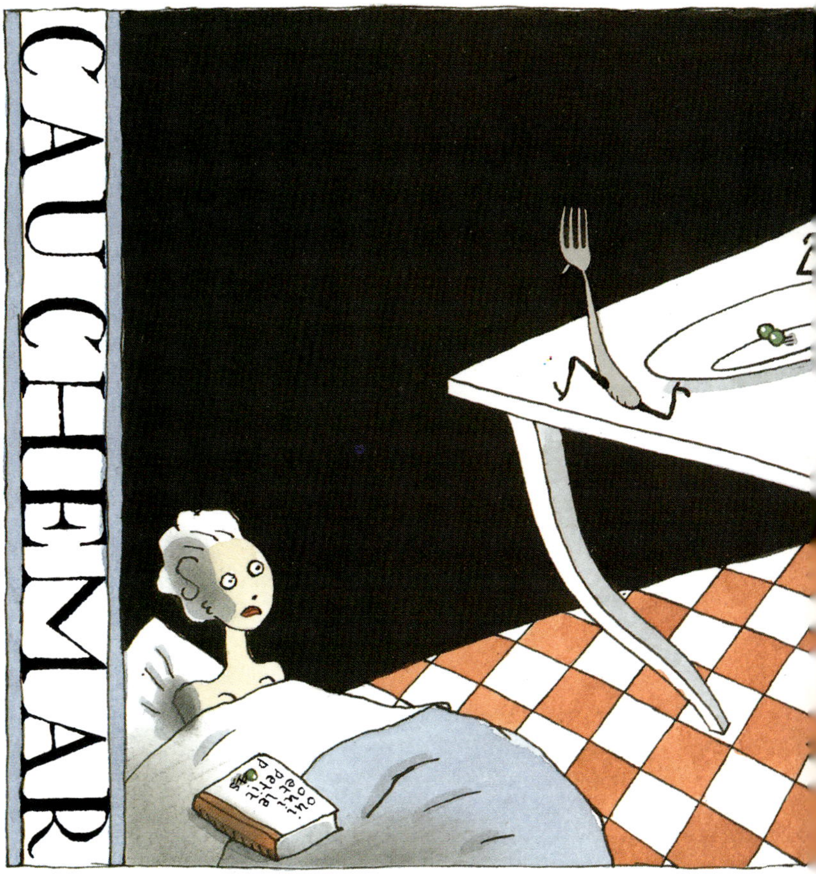

• 2 À 3 KG DE TROP

Si vous avez 2 à 3 kg de trop, ce n'est pas la peine de faire un régime. Il suffit de rééquilibrer votre alimentation (*voir Une alimentation équilibrée*) : évitez les sucres rapides, privilégiez le poisson, la viande maigre, les légumes verts. Ne mélangez pas dans un même repas les graisses et les hydrates de carbone, c'est-à-dire un steak-frites et une mousse au chocolat.

Bougez un peu plus, vous perdrez ainsi ces kilos très lentement, et ce sera très bien.

Attention ! Un régime sévère rend sensible à l'alimentation : si vous habituez votre corps à être privé de nourriture, si vous restreignez le nombre de vos repas, vous ne pourrez plus jamais manger comme avant, tout simplement parce que votre corps ne pourra plus assimiler correctement une quantité de nourriture normale. On peut ainsi devenir obèse en recommençant à manger normalement.

Si, en rééquilibrant votre alimentation, vous ne parvenez pas à perdre vos 2 à 3 kg en trop (ce qui est rare), ne vous acharnez pas. Il vaut mieux garder ces quelques

petits kilos et rester à ce poids qu'essayer désespérément de les perdre, y arriver à grand mal et regrossir aussitôt après jusqu'à atteindre un poids supérieur à celui que vous aviez avant de faire votre régime !
Et puis franchement, vous portez-vous si mal avec ces 2 à 3 kg que vous prétendez avoir en trop ? Soyez vous-même ! Apprenez à porter vos petites rondeurs au lieu de vous escrimer à les gommer. Peut-être n'êtes-vous simplement pas faite pour avoir 2 à 3 kg de moins ? Peut-être seriez-vous même beaucoup moins jolie sans eux ?
Dans votre cas, retrouver et respecter une bonne hygiène de vie est la seule et la meilleure chose que vous pourrez faire. Qu'ils disparaissent ou non, vos kilos cesseront en tout cas d'être une préoccupation.

• UN RÉEL PROBLÈME DE POIDS

Un réel excédent de poids peut être dû, et c'est généralement le cas, à une alimentation pléthorique (trop abondante) et déséquilibrée (trop riche en sucres et en graisses). Cela peut être dû aussi, mais c'est plus rare, à un pro-

● Modifier son corps est une entreprise de longue haleine. Il faut savoir demander de l'aide et se prendre en charge.

blème génétique (obésité familiale) ou à un dérèglement de la thyroïde.

Dans tous les cas, si vous voulez perdre du poids, il faut vous adresser à un médecin nutritionniste. Il vous donnera un régime personnalisé, adapté à vos problèmes, à votre taille et à votre morphologie. Il vous assistera et vous suivra tout au long de ce régime.

Vous pourrez lui faire part de vos difficultés, de vos doutes et de vos progrès !

Modifier son corps est une entreprise de longue haleine, et il ne faut pas répugner à être assistée. Savoir demander de l'aide, c'est montrer qu'on est déjà capable de se prendre en charge. Ce n'est pas un aveu d'échec, c'est tout le contraire : une preuve d'autonomie, un premier pas vers la guérison. Alors, courage !

Grossir

Vous êtes moins nombreuses, mais votre problème est aussi à prendre en considération : vous vous trouvez trop maigres et vous voulez grossir.

De deux choses l'une : ou bien c'est une vue de votre esprit, auquel cas il faut vous raisonner et apprendre à vous accepter telle que vous êtes ; ou bien vous avez réellement quelques kilos de moins que la moyenne, et selon les causes de cette « maigreur » vous pouvez peut-être trouver une solution :

Vous êtes un peu trop maigre, tout simplement parce que vous mangez mal, ou pas assez. Dans ces cas-là, il faut rééquilibrer votre alimentation avec l'aide d'un médecin. Après avoir défini les causes de votre maigreur, il vous donnera un régime approprié, vous prescrira des associations d'aliments destinées à faire prendre du poids. Cela dit, on ne fait pas des miracles.

Votre maigreur peut aussi être génétique. Si tout le monde dans votre famille est maigre, si quoi que vous mangiez vous ne grossissez pas, il n'y a pas grand-chose à faire, si ce n'est abandonner l'idée de grossir et oublier un peu votre fixation. Une certaine maigreur n'est pas une tare, on peut même la retourner à son avantage, finir par l'accepter et même par en être ravie. C'est un travail à accomplir sur vous-même, indépendamment des critères imposés et des idées reçues. Choisissez d'assumer cette « maigreur », portez-la élégamment, revendiquez-la, trouvez-lui tous les avantages possibles et vous verrez, vous apprendrez à l'aimer et même à l'oublier.

Le désir de grossir, souvent aussi puissant que le désir de maigrir, obéit moins à un réel malaise qu'à une volonté de se conformer aux normes. Vous vous trouvez trop maigre parce que vous pensez aussi que les autres vous trouvent trop maigre. Si vous cessez de vous répéter « Regarde-moi ça, je suis un vrai tas d'os », mais que

vous vous dites au contraire « Je suis exceptionnellement fine et légère », vous verrez, vous ressentirez tout à fait autrement le regard des autres sur vous.
Ronde ou maigre, rappelez-vous toujours que les autres ne voient de vous que ce que vous voulez bien leur laisser voir, et que leur regard est d'abord influencé par la façon dont vous vous voyez vous-même. À partir du moment où vous aurez compris cela, vous vous sentirez plus libre.

Le régime végétarien

Avec l'émergence de nouvelles « valeurs » : retour à la nature, écologie..., le régime végétarien fait de nombreux adeptes.
On peut l'adopter par goût : on n'aime pas la viande et on se sent mieux sans en manger. À votre âge, il faut cependant faire très attention aux solutions radicales. Un régime végétarien mal conduit peut entraîner des carences et risque de vous faire prendre du poids.
« Excluant toutes sources de protéines animales (viande, poissons, œufs, produits laitiers), le régime purement végétarien est formellement déconseillé. Les protéines végétales ont une valeur biologique inférieure à celles d'origine animale et elles sont déficientes en acides aminés, indispensables à notre organisme. Sans compter les carences en fer et autres minéraux ainsi qu'en vitamine B12 qu'un tel régime entraîne à long terme » (brochure CIDIL). Cela dit, si vous détestez la viande, un régime végétarien avec des œufs, du poisson de temps en temps et des produits laitiers peut être équilibré, mais nécessite une bonne information et même un suivi régulier (certains médecins nutritionnistes sont spécialisés dans la doctrine végétarienne).
Il ne faut pas faire ça au hasard. Il y a des choses à savoir, par exemple : « Pour optimiser la valeur nutritionnelle des protéines végétales, il est conseillé d'associer les céréales (riz, orge, sarrasin, avoine, boulgour...) et les légumineuses (haricots, lentilles, pois...) au cours d'un même repas, ou de les consommer avec des produits laitiers autorisés. »
Vos goûts, votre instinct peuvent vous porter vers une alimentation différente. Il faut respecter ce choix mais prendre alors conseil auprès d'une personne compétente qui saura vous orienter et vous recommander, dans le cadre que vous aurez choisi, les aliments nécessaires à votre équilibre et à votre santé.

L'anorexie et la boulimie

L'anorexie et la boulimie sont des manifestations d'angoisse et de souffrance, liées à des problèmes psychologiques.

Nous n'entrerons pas ici dans les détails de ces maladies qui ont souvent des origines très complexes.

En simplifiant à l'extrême, on peut dire que l'anorexie est un refus de s'alimenter qui conduit à une grande maigreur. La boulimie se caractérise par le fait de manger sans faim, n'importe quoi et à tout moment de la journée.

Si vous souffrez d'anorexie ou de boulimie, la première chose qu'il faut bien vous dire c'est que vous n'êtes pas la seule.

À votre âge, on peut avoir certains problèmes qui se traduisent par des dérèglements du comportement alimentaire. Seulement il ne faut pas rester dans cet état de souffrance. Il ne faut pas non plus en avoir honte. Souffrir, cela fait aussi partie de la vie. Il faut s'en occuper, se prendre en main, demander de l'aide. Réclamer du soutien, c'est briser votre sentiment d'exclusion, c'est déjà faire un pas vers la guérison. Cela demande un effort, mais c'est un effort qui en vaut la peine, un effort qui va dans le sens de la vie. Si vous n'avez personne à qui parler de vos problèmes, des médecins sont là pour vous accueillir, pour vous écouter, pour vous comprendre, pour vous assister, pour vous aider, et il ne faut pas hésiter à vous confier à eux. Allez-y !

L'alimentation

On a souvent des *a priori* sur certains aliments. On croit savoir des choses, en réalité on les sait mal. C'est avec les idées reçues qu'on commet beaucoup d'erreurs.
En voici quelques-unes à contourner :

Le pain et les pommes de terre font grossir.

Faux Il faut en consommer en quantité raisonnable et en fonction de vos activités. Riches en glucides et pratiquement dépourvus de lipides, ils sont garants de l'équilibre alimentaire.
Mieux vaut manger des pommes de terre à l'eau que des frites, du pain complet que du pain blanc (les céréales apportent des vitamines, des minéraux et des fibres).

La viande blanche est moins nourrissante que la viande rouge.

Faux Elle contient autant de protéines que la viande rouge. Mais, attention ! La viande rouge contient plus de fer (le fer étant présent dans le sang). Il est donc recommandé d'en manger au moins deux ou trois fois par semaine.

Il faut manger de la viande chaque jour.

Faux On peut remplacer la viande par du poisson ou des œufs. Il n'est pas indispensable de manger de la viande deux fois par jour.

Le vin donne des forces.

Faux L'alcool apporte des calories qui ne sont pas utilisées pour l'effort physique, mais qui favorisent le stockage des graisses et font donc grossir. Sans compter les effets toxiques que l'alcool exerce sur le cerveau et les divers organes digestifs.

L'orange est riche en vitamine C.

Vrai C'est même l'une des meilleures sources de vitamine C.

Une banane vaut un steak.

Faux Riche en sucres, donc énergétique, elle est en revanche pauvre en protéines.

Les fruits ne font pas grossir.

Faux Ils contiennent du sucre, et doivent donc être consommés en quantité raisonnable.

Les biscottes sont moins nourrissantes que le pain.

Faux Les biscottes sont plus énergétiques que le pain : 360 calories pour 100 g au lieu de 250 calories pour le même poids. Alors, autant consommer du bon pain complet ! Si toutefois vous préférez les biscottes, prenez-les sans graisse animale.

Les légumes et les fruits sont moins riches en vitamines lorsqu'ils sont en conserve ou surgelés.

Faux Leur valeur vitaminique est égale à celle des produits frais cuits à la maison.

Manger dans les fast-food est mauvais.

Vrai Si c'est quotidien et que vous choisissez régulièrement hamburger + frites + gâteau + soda.

Faux Si c'est occasionnel et si vous optez plutôt pour un hamburger + salade + jus de fruits ou eau minérale.
Vous pouvez profiter d'un vrai repas fast-food si vous compensez le soir par un repas plus sain (légumes verts crus ou cuits, produits laitiers). L'équilibre alimentaire se réalise sur une journée ou sur une semaine.

On ne peut pas remplacer un repas par une barre chocolatée et un paquet de chips.

Vrai Trop riches en graisses, ils font grossir. Ils ne renferment pas assez d'autres nutriments. Résultat : ils saturent l'appétit, limitant la prise d'aliments plus bénéfiques.

Le beurre et la crème sont plus gras que l'huile et la margarine.

Faux Le beurre contient exactement la même quantité de lipides (82 %) que la margarine. Les huiles, elles, apportent 100 % de lipides.

Le beurre est riche en vitamines.

Vrai Le beurre cru est riche en vitamines.

Le lait est indigeste.

Faux Froid ou chaud, le lait n'est pas indigeste, et les intolérances au lactose sont très rares.

Le gruyère est un fromage de régime.

Faux Le gruyère est un fromage gras (28 g de matière grasse pour 100 g).

Le chocolat fait mal au foie.

Faux Consommé modérément, le chocolat ne provoque aucun trouble digestif. Il contient même du magnésium, excellent pour la santé.

Vous l'aurez compris, on ne mange pas pour à tout prix modifier son corps, ressembler aux mannequins des magazines ou répondre à des critères toujours très arbitraires de beauté standard.

On mange pour « mettre du charbon dans la machine », pour que son corps soit en bon état.

Avoir une bonne alimentation, c'est d'abord avoir une bonne idée de soi, apprendre à savoir ce qui est bon pour soi, respecter son corps.

Il ne sert à rien de lutter contre ce qu'on est, qu'on soit un peu ronde ou un peu maigre ; il ne sert à rien de vouloir suivre des modèles, d'autant que ceux-ci varient : la minceur est aujourd'hui à la mode, mais qu'aurait-on dit de nos plus célèbres top-models si elles avaient vécu à l'époque d'un Rubens ou d'un Renoir, quand le symbole de la beauté résidait dans la rondeur des hanches ou des cuisses appétissantes ?

Les normes esthétiques font partie de l'organisation d'une société, mais chacun doit faire en sorte de s'en libérer. C'est aussi à ce prix que l'on acquiert un véritable bien-être. Que l'on s'affirme maigre, mince, ronde, grosse, peu importe, pourvu que nous traitions et aimions correctement notre corps.

Le sommeil

Certains, sitôt la tête posée sur l'oreiller, s'évadent dans les bras de Morphée (dieu des Songes, fils de la Nuit et du Sommeil, au cas où vous ne le sauriez pas. D'où l'expression : « Être dans les bras de Morphée » pour dire dormir). D'autres, au contraire, se tournent et se retournent dans leur lit avant de sombrer dans la délicieuse inconscience.

Certains dorment sur le côté, d'autres sur le ventre, d'autres encore sur le dos. Certains ont le sommeil léger, troublé par le simple tic-tac d'une pendule ; d'autres, au contraire, ont le sommeil lourd, imperméable à la sonnerie stridente du réveil.

Dis-moi comment tu dors, je te dirai qui tu es... Une chose est sûre : on a besoin de sommeil pour vivre. Le sommeil est indispensable à l'homme, non pas pour se reposer physiquement (figurez-vous que quand on a le corps fatigué, il suffit de s'allonger, sans dormir), mais pour récupérer de sa fatigue cérébrale.

Le sommeil

Petit cours sur le sommeil

Le sommeil, chez l'homme, est divisé en cycles de 90 à 100 minutes, et chaque cycle comprend cinq phases de sommeil :
1. L'endormissement : on a les yeux fermés, mais on peut voir la lumière à travers nos paupières closes. On perçoit également le bruit alentour.
2. Le vrai sommeil : on dort.
3 et 4. Le sommeil lent profond : on dort profondément. On est calme, nos yeux sont immobiles, notre respiration est régulière.
C'est le sommeil indispensable. Il permet de récupérer après la fatigue de la journée. On a besoin de trois à quatre heures de ce sommeil-là par nuit. Pour être tout à fait efficace, il vaut mieux le capter entre 22-24 heures et 4 heures du matin, qu'entre 3 et 11 heures du matin, le sommeil de jour étant toujours moins bon que le sommeil de nuit.
5. Le sommeil paradoxal. C'est le sommeil durant lequel on rêve... Le dormeur est très difficile à réveiller, ses yeux bougent rapidement, sa respiration est irrégulière. Ce sommeil est indispensable au bon fonctionnement du système nerveux. Il permet aussi de mettre en mémoire tout ce qu'on a appris dans la journée.

C'est toujours à la fin d'un cycle qu'on se réveille naturellement, d'où le syndrome du « coaltar » quand c'est la sonnerie du réveil qui vient brutalement briser notre cycle de sommeil.
La courbe du sommeil correspond à la courbe de la température de notre corps. On a envie de dormir quand notre thermostat personnel est à la baisse et on se réveille quand notre température remonte. Cela explique le fameux coup de pompe de 15 heures, quand vous avez davantage envie de vous affaler sur votre table que d'écouter le cours d'histoire. Contrairement à ce qu'on croit, ce n'est pas parce qu'on a trop mangé. C'est tout simplement parce que cela correspond à une diminution de notre température, qui remontera ensuite jusqu'au soir, pour de nouveau dégringoler, nous signalant alors le moment où nous aurons envie de nous coucher.
Pour faire face au coup de barre physiologique du début d'après-midi, les Japonais ont d'ailleurs instauré dans leurs entreprises une sieste de dix minutes après le déjeuner (proposez cela dans votre lycée...) !

Le sommeil

Bien dormir, qu'est-ce que c'est ?

Il n'y a pas de règles. Chacun dort à sa manière. Le seul impératif est de dormir au moins quatre heures par nuit (pour reposer notre précieux cerveau).

Les gens dorment en moyenne environ huit heures par nuit, mais ne vous stressez pas si vous ne totalisez pas tous les points : les « petits dormeurs » dorment en moyenne six heures par nuit ou un peu moins.

Les « gros dormeurs » dorment plus de neuf heures par nuit.

De toute façon, il est aussi mauvais de dormir trop que pas assez : quand on fait la grasse matinée, on se force à dormir, on se réveille souvent au milieu d'un cycle, d'où l'impression de fatigue. On accumule ainsi un sommeil qui n'est pas nécessaire.

De la même manière, on distingue les gens « du soir », qui se couchent tard et se réveillent tard, des gens « du matin », qui se couchent tôt et se réveillent tôt.

Pour bien dormir, il faut donc connaître votre rythme : savoir si vous êtes du soir ou du matin, connaître le nombre d'heures de sommeil dont vous avez besoin, indépendamment des normes instituées, et respecter votre cadence.

Un bon sommeil, c'est avant tout une bonne hygiène et un bon rythme de vie :

- Faites au moins une demi-heure de sport par jour ;
- Essayez d'avoir une vie régulière : évitez de vous coucher trois fois par semaine à 3 heures du matin, ça crée un décalage par rapport à votre rythme habituel de sommeil ;
- Évitez l'alcool avant de vous coucher : ça aide à s'endormir, mais cela déstructure le sommeil ;
- Si vous avez un sommeil fragile, évitez également tous les excitants (café, thé, Coca, piments...) dès midi ;
- Sachez aussi que le tabac est mauvais pour le sommeil, la nicotine étant un stimulant.

Les accidents du sommeil

Le stress et l'angoisse peuvent faire qu'on s'endort moins facilement ou qu'on se réveille au milieu de la nuit sans pouvoir se rendormir : ce sont les fameuses insomnies.

Autant le dire tout de suite : cela arrive à tout le monde. Il est normal d'avoir des petits problèmes de sommeil la veille d'un examen, d'une rencontre importante ou quand on a plein de pensées qui se bousculent dans la tête !

Le sommeil

Quelques conseils à adopter en cas d'insomnie :

• Ne vous énervez pas ;

• Ne vous agitez pas dans votre lit en fixant obstinément les aiguilles phosphorescentes de votre réveil et en vous disant : « Mon Dieu ! Je ne dors pas, je ne dors toujours pas, je ne dors encore pas ! »

• Si vous ne pouvez pas rester étendue et calme sans remuer toutes sortes d'idées, faites quelque chose :

ESSAYEZ DE VOUS RELAXER : étendez-vous sur le dos, relâchez tout votre corps muscle par muscle, en pensant à chaque partie de votre corps et en adoptant une respiration abdominale. Inspirez et expirez doucement par le nez.

SI VOUS N'ARRIVEZ PAS À FAIRE LE VIDE, pensez à des choses gaies, des projets qui vous réjouissent, plutôt qu'à vos contrariétés et à vos soucis.

LISEZ UN LIVRE DISTRAYANT, déstressant (pas votre programme de cours !).

REGARDEZ LA TÉLÉVISION.

FAITES-VOUS UNE TISANE.

PRENEZ UN BAIN TIÈDE.

BREF, ne vous dites pas que c'est une catastrophe si vous ne dormez pas, mais vivez plutôt votre insomnie comme un moment calme et non pas angoissant. Vous ne dormez pas, vous ne dormez pas, vous dormirez mieux la nuit prochaine !

• Pour bien dormir, il faut connaître son rythme : savoir si on est du soir ou du matin, connaître le nombre d'heures de sommeil dont on a besoin.

PS : si vous préparez un examen, respectez votre rythme de sommeil.
Si vous êtes du matin, couchez-vous tôt et réveillez-vous tôt le lendemain matin si vous voulez réviser.
Si vous êtes du soir, c'est inutile de vous obliger à vous coucher tôt : révisez votre examen le soir.
Il est également inutile de passer une nuit blanche à réviser en vue de votre examen, vous serez crevée le lendemain !

Si vous dormez moins bien ou même très peu certaines nuits, ce n'est pas grave.
Si, en revanche, votre insomnie devient répétitive, il faut vous en préoccuper sérieusement.
L'insomnie est une conséquence, une manifestation d'angoisse qui a toujours une cause. On ne dort pas parce qu'on est préoccupé par quelque chose. Cela peut être un événement bien précis, auquel cas ce n'est pas

alarmant (*voir ci-dessus*), mais cela peut être aussi une angoisse plus sourde liée à des soucis un peu plus enfouis dont vous n'avez pas toujours conscience. Si vous ne dormez pas bien et que vous ne savez pas vraiment pourquoi, il faut absolument en parler à un médecin.

Une insomnie régulière ne se guérit pas à coups de somnifères. Le somnifère fait dormir mais ne traite pas la cause fondamentale de l'insomnie. Inutile donc de vous ruer sur l'armoire à pharmacie familiale pour y trouver un soulagement. Excluez tout recours aux médicaments sans avis médical, ne prenez jamais le calmant ou le somnifère de quelqu'un d'autre et confiez d'abord vos problèmes à un médecin. Lui seul saura vous orienter et vous prescrire l'attitude à adopter.

C'est toujours quand on a trouvé la raison de son insomnie que l'angoisse s'estompe et qu'on dort mieux. Il s'agit là encore de prendre vos responsabilités.

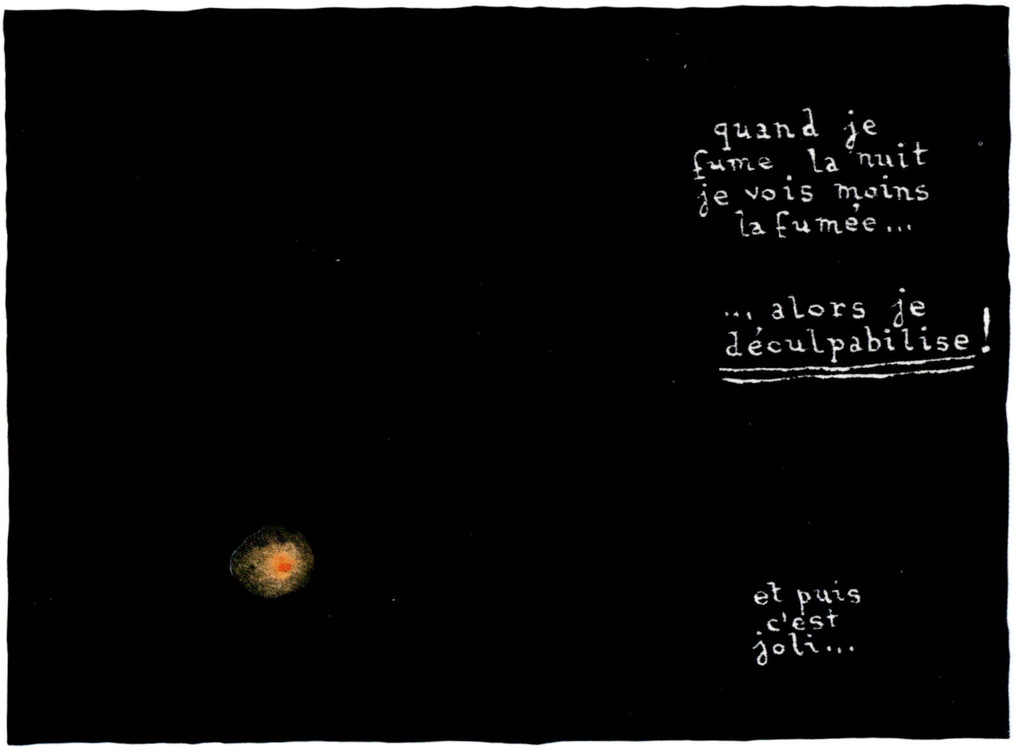

Les « ennemis » de la forme

Évidemment, fumer une cigarette ou boire un verre de temps en temps, ça ne fait pas de mal. Le problème commence quand le plaisir de l'exception cède la place à l'habitude. En effet, rares sont celles ou ceux qui peuvent résister à l'effet d'« entraînement » (exemple : tout le monde fume, donc je fume). Pour se conformer au groupe, on adopte ainsi souvent sans y penser un comportement qu'on n'a pas vraiment choisi, et on oublie aussi qu'on sera seule plus tard à en assumer les conséquences. Quel que soit votre choix, autant donc savoir d'emblée à quoi vous en tenir : l'alcool et le tabac consommés régulièrement sont nocifs.
En ce qui concerne la drogue, sujet également traité dans ce chapitre, le problème est évidemment plus grave et plus complexe. Là encore, mieux vaut donc être informée.

Les « ennemis »...

Le tabac

On sait comment ça commence : on prend une cigarette un jour, parce que les autres fument et qu'on ne veut pas être en reste. On pense qu'on aura l'air plus mûre, plus libre, plus adulte. On aspire une première bouffée, on tousse parce qu'avaler la fumée n'est pas naturel. On a du mal à s'avouer que c'est franchement mauvais. On se met à fumer comme ça, en piquant de temps en temps une cigarette aux copains, dans les boums, dans les cafés, en vacances. Et puis un jour, on s'achète son paquet. On a oublié que fumer n'est pas très agréable, on a oublié qu'on n'aime même pas vraiment ça, on a oublié que c'est mauvais pour tout, on croit en avoir besoin. Bref, sans s'en apercevoir, on est tombé dans le panneau : on devient fumeur.

Aujourd'hui, fumer ne fait plus « bien ». Arrivera un moment où ça fera carrément « ringard ».

On a beau savoir que l'importance de notre personne ne tient pas à ce petit rouleau de tabac qui se consume au bout des doigts, beaucoup ont pourtant du mal à s'en défaire.

Fumer, maintenant tout le monde le sait, c'est mauvais pour la santé.

Le tabac à haute dose peut provoquer des maladies cardio-vasculaires (cœur, vaisseaux), dont l'athérosclérose, maladie qui atteint la paroi des artères (les artères se bouchent). Il est à l'origine de nombreux cancers (poumons, gorge, vessie, entre autres). Il diminue les performances physiques en affectant l'appareil respiratoire. Il irrite les bronches et peut entraîner des lésions pulmonaires irréversibles. Il constitue un élément aggravant des manifestations allergiques (toux, asthme). Enfin, il abîme considérablement la peau, les dents et donne mauvaise haleine. Rappelons aussi qu'il est formellement déconseillé de fumer lorsqu'on prend la pilule (risques cardio-vasculaires très graves).

Quand on est jeune, on se croit invincible, on n'a pas forcément conscience des risques de maladies graves ou mortelles que la consommation du tabac entraîne à long terme. On croit aussi qu'on pourra s'arrêter facilement, comme on le voudra. Ce n'est pas aussi simple que ça.

Le tabac est un acte d'habitude : il entraîne une dépendance physique (accoutumance à la nicotine) et une dépendance psychique (ce qu'on appelle être « accro »). Comme pour toutes les drogues (eh oui !), il est plus

Les « ennemis »...

aisé de se débarrasser de la dépendance physique (cela se fait généralement en quelques jours, même chez les gros fumeurs) que de la dépendance psychique. La vraie difficulté quand on arrête de fumer, c'est de ne pas reprendre. Vous connaissez la blague : « Il n'y a rien de plus facile que d'arrêter de fumer, je l'ai fait cinquante fois ! »

Aujourd'hui, on achète des paquets de cigarettes sur lesquels on peut lire : « Nuit gravement à la santé » ou « Attention, fumer provoque des maladies graves » ou encore « Pour être en bonne santé, ne fumez pas ». Autrement dit, on dépense de l'argent (1 paquet par jour = 350 à 450 francs par mois !) pour abîmer son corps en toute connaissance de cause ! Quand on y pense, cela paraît vraiment le comble de l'absurdité.

Tous les avertissements du monde n'empêchent pour-

Les « ennemis »...

tant pas les gens de faire ce qu'ils veulent. C'est le propre de la liberté, une liberté dont chacun use comme bon lui semble.
Il reste que la meilleure prise en charge (et la plus valorisante) ne peut venir que de soi : une fois qu'on est informé, on est seul à pouvoir juger du bien-fondé de ses choix.

L'alcool

Boire un verre quand on est entre amis, c'est normal, c'est agréable, ça fait partie des plaisirs de la vie.
La prise d'alcool devient dangereuse et néfaste le jour où elle devient régulière et excessive : boire tous les jours un « petit verre » ou bien se soûler une fois par semaine. Généralement, les conduites alcooliques sont liées à des

Les « ennemis »...

problèmes affectifs : on boit « pour oublier », et puis dès qu'on est dessoûlé on s'aperçoit qu'on n'a rien oublié du tout, alors on recommence. Quand on en arrive là, il faut absolument consulter un médecin.

À haute dose, l'alcool détruit. Il augmente les risques de maladies cardio-vasculaires. Il est à l'origine de nombreuses maladies du foie. C'est le foie qui élimine l'alcool. Plus on lui demande d'en éliminer, plus il travaille et plus il est fatigué. Cela entraîne des troubles graves : hépatite alcoolique, stéatose hépatique (« foie gras »), cirrhose mortelle (voire cancer du foie).

L'alcool peut provoquer une inflammation du pancréas (organe qui sécrète les enzymes de la digestion). Il a des effets néfastes sur l'estomac, car il favorise la survenue d'ulcères. Il entraîne à long terme des troubles du système nerveux. L'alcool vieillit la peau et provoque des troubles cutanés qui donnent la fameuse « gueule d'alcoolo ». Il affaiblit l'organisme... Bref, il agit sur l'ensemble du corps et l'abîme sévèrement.

Il ne s'agit pas de ne pas boire une seule goutte d'alcool, il s'agit d'en boire modérément.

QU'EST-CE QU'UNE DROGUE ?

Selon l'OMS (Organisation mondiale de la santé), on appelle drogue toute substance qui, introduite dans un organisme vivant, peut modifier une ou plusieurs de ses fonctions. Dans ce sens, tout médicament peut être désigné par le mot « drogue ».

La notion de drogue, telle qu'elle est abordée ici, suppose qu'il s'agit d'une substance capable d'engendrer une dépendance, donc de porter atteinte à la liberté.

Les drogues citées dans ce chapitre sont des drogues psychotropes, c'est-à-dire des substances d'origine naturelle ou synthétique qui peuvent, par leur action sur le système nerveux central, modifier l'activité mentale, les sensations, le comportement.

QU'EST-CE QUE LA DÉPENDANCE ?
C'est le fait, pour une personne, de ne plus pouvoir se passer d'un produit, quels que soient les risques et les dangers liés à son usage.

Il existe deux types de dépendance :
- La dépendance physique : l'organisme finit par avoir besoin du produit.
- La dépendance psychique : l'arrêt des prises entraîne un sentiment de malaise, d'angoisse et parfois de dépression.

Les « ennemis »...

Un slogan publicitaire l'a dit à sa manière : « Un verre ça va, trois verres bonjour les dégâts ! »
Les dégâts, en l'occurrence, c'est quoi ? Ce sont les méfaits de l'alcool sur l'organisme (*voir ci-dessus*). C'est aussi la « cuite » du samedi soir qui peut être mortelle à double titre.
D'une part parce qu'un brusque excès d'alcool dans le sang peut entraîner la mort ; d'autre part parce que conduire un vélomoteur, une voiture ou une moto quand on est ivre entraîne souvent des accidents aux conséquences graves.
Soyez vigilante donc : même si vous ne buvez pas, ne vous faites jamais raccompagner après une soirée par quelqu'un qui a bu.

La drogue

La drogue, tout le monde en parle et rares sont ceux qui n'y ont jamais été confrontés, directement ou indirectement, à travers certaines expériences, des récits d'amis, sa présence dans les soirées, au lycée...

QU'EST-CE QU'UNE OVERDOSE ?
C'est la conséquence, pour l'organisme, de l'administration d'une dose trop forte de produit entraînant un coma spontanément réversible ou pouvant évoluer jusqu'à la mort.

QU'EST-CE QU'UN TOXICOMANE ?
Un toxicomane est un individu qui entretient un relation de dépendance avec sa drogue et dont la vie quotidienne est largement ou exclusivement centrée sur la recherche et l'usage de ce produit.

QU'EST-CE QUE LE SEVRAGE ?
Le sevrage consiste à interrompre l'utilisation de produits toxiques de façon à mettre un terme à la dépendance.
Le sevrage physique consiste à libérer l'organisme du besoin de drogue.
L'interruption des prises entraîne des manifestations physiologiques plus ou moins violentes : douleurs, convulsions, dont la nature dépend de la drogue utilisée (certaines drogues n'entraînent aucune dépendance physique).
Huit à quinze jours peuvent suffire pour réaliser, selon diverses méthodes, un sevrage physique. Le sevrage psychique est beaucoup plus long et beaucoup plus délicat. Il vise à ce que la drogue cesse d'occuper la « tête » du consommateur.

Les « ennemis »...

Vous le savez, la drogue est un danger. Elle peut apparaître comme un facteur de plaisir, de bien-être, une solution à des problèmes, des souffrances. Elle semble permettre d'y échapper pendant quelque temps, mais il faut savoir que jamais elle ne les résout.
Ce chapitre ne traite pas des raisons, toujours complexes, profondes et individuelles, pour lesquelles un adolescent commence un jour à se droguer. Il a seulement pour but de désigner à votre attention quelques pièges qu'il est recommandé d'éviter.

1. « La drogue, c'est bon. Je peux en prendre une fois ou de temps en temps, je ne serai jamais accro. »
Détrompez-vous. Le plaisir et la détente que procure la drogue sont éphémères, et toucher une seule fois à certaines drogues (héroïne, morphine, cocaïne, amphétamines) c'est entamer inévitablement un processus de dépendance. Quant au penchant pour le fameux « pétard » qu'on fume entre copains, il n'est jamais anodin.
2. Vous comptez parmi vos copains quelques « héros » qui fument des joints : vous n'êtes pas obligée d'en faire autant pour exister.
L'« herbe », le shit et autres dérivés du cannabis, réputés pour faire « planer » et se détendre, procurent parfois des sensations d'ébriété (nausées, vomissements), voire de grandes crises d'angoisse desquelles on a beaucoup de mal à se remettre.
3. Les stimulants (amphétamines, crack, cocaïne) peuvent causer de profondes dépressions lorsqu'on cesse leur consommation, accompagnées de troubles du sommeil et du métabolisme (amaigrissement). Le crack détruit les cellules nerveuses et entraîne parfois des troubles neurologiques irréversibles. La cocaïne, quant à elle, provoque quelquefois des crises de paranoïa aiguës.
4. Les substances hallucinogènes (LSD, acides, champignons), comme leur nom l'indique, conduisent parfois à des délires aigus desquels il est difficile de se remettre.
5. Les substances qu'on inhale (éther, colles, trichloréthylène) peuvent également entraîner des troubles du système nerveux.
6. L'héroïne, censée donner une impression de liberté et d'hypersensorialité, fait très vite tomber dans une dépendance dont on ne ressort, si elle n'est pas mortelle (overdose), qu'au prix d'une souffrance bien supérieure à celle à laquelle on a tenté d'échapper.

Les « ennemis »...

7. Le virus du Sida se transmet aussi par le sang, donc par l'utilisation de seringues non stérilisées, infectées par un usage commun.
8. Évidemment, les risques de dépendance aux drogues sont très variables et il y a peu de points communs entre fumer un « joint » dans une soirée et se piquer à l'héroïne. Ce sont deux mondes très différents, mais attention : ce sont deux mondes qui parfois communiquent.
9. L'attirance qu'on peut avoir pour la drogue, en particulier l'héroïne, est intimement liée à la fascination qu'exerce le toxicomane, personnage qui peut vous sembler plus mûr, plus libre, détaché, ayant résolu les problèmes auxquels vous êtes sans cesse confrontée. Vous pouvez être tentée de le suivre, ce qui signe pour vous le début d'un long calvaire, ou bien aussi de le sauver, ce qui se révèle excessivement périlleux. Ne vous faites pas d'illusions : les raisons pour lesquelles un individu se drogue sont, on l'a dit, toujours très complexes et très profondes, et vous n'avez ni les connaissances ni la force pour le sortir de là.
La seule façon de venir en aide à un toxicomane est d'en parler et d'essayer de le guider vers les organismes spécialisés dans la prise en charge de cette souffrance (*voir adresses*).

Loin d'être une preuve d'autonomie par rapport à ses parents, à la société, aux autorités, aux lois, l'usage des drogues n'est qu'une pseudo-marginalité, une fausse liberté, une énorme illusion.
On ne se trouve jamais en se fuyant soi-même. On n'accède jamais à la liberté en refusant, par des artifices, de se confronter à la réalité, aux difficultés auxquelles tout être humain doit faire face pour construire patiemment sa vie.

ADRESSES UTILES

Drogues Info Service : 05 23 13 13
(service anonyme et gratuit 24 heures sur 24, 7 jours sur 7).

Délégation à la lutte contre la drogue et la toxicomanie : (1) 48 09 13 13 (service anonyme et gratuit 24 heures sur 24).

Centre Didro (Drogue et Jeunesse) :
9, rue Pauly, 75014 Paris. (1) 45 42 75 00.

Centre Marmottan (hôpital Marmottan) :
19, rue d'Armaillé, 75017 Paris. (1) 45 74 00 04.

Vous pouvez également vous adresser à la Direction départementale de l'action sanitaire et sociale (DDASS) de votre département.
De nombreux services hospitaliers organisent des cures de sevrage et assurent le suivi médical des toxicomanes.

Hygiène et beauté

L'hygiène corporelle est l'ensemble des règles qui régissent la toilette, la propreté et les soins du corps. Dans ce sens, elle est inséparable de la beauté. Être « belle », bien sûr, c'est être nette, c'est aussi sentir bon. Mais c'est d'abord se sentir bien dans sa peau, parvenir à trouver son équilibre. Dans cette période difficile, durant laquelle votre corps se transforme parfois de façon anarchique, vous pouvez éprouver, plus que jamais, le besoin de vous « retrouver », et c'est bien normal. Vous occuper de votre corps devient alors une façon d'accompagner sa transformation, d'adopter ses changements ; ce n'est pas vouloir qu'il soit parfait, c'est apprendre à l'aimer tel qu'il est et conquérir une confiance en vous.

Sans céder à la fascination que l'on vous propose dans les magazines féminins, sans vous polariser sur des critères de beauté standardisés, vous pouvez vous occuper de vous-même dans une juste mesure, en fonction de vos propres besoins. Vous avez le droit de passer des heures dans la salle de bains si ça vous fait du bien de temps en temps, mais vous pouvez aussi vous entraîner (pour certaines d'entre vous) à ne pas être obnubilée par la moindre imperfection !

Les soins du corps

Il ne faut pas être timide devant votre corps : l'entretenir, lui apporter de l'eau, du parfum, des soins, c'est l'aider à s'épanouir et apprendre à vivre en harmonie avec lui. Plus qu'un simple souci de coquetterie, la propreté et la netteté du corps témoignent du respect (encore une fois !) et de l'attention que l'on se porte à soi-même et que l'on porte à autrui.

L'hygiène du corps tient en quelques gestes simples, auxquels on peut adjoindre, si l'on en a envie, quelques petits luxes, à condition qu'ils soient à notre portée.

Il faut faire attention, car les tentations sont nombreuses : vous le voyez tous les jours dans les journaux de mode, à chaque soin du corps correspondent de multiples produits aux multiples qualités. Il ne s'agit pas ici de devenir une parfumerie à soi toute seule, ce qui serait vain (il y a sans cesse de nouveaux produits encore plus « performants ») et ruineux, il s'agit plutôt de trouver la forme et le rythme de toilette qui vous correspondent et — pourquoi pas ? — de savoir aussi vous offrir les quelques petits plaisirs que votre corps aime en plus à s'accorder.

Vous avez bien le droit de raisonnablement vous dorloter !

Les soins du corps

La toilette

Ce n'est pas une nouveauté, la toilette doit être, évidemment, un geste quotidien. Se laver n'est pas une corvée, mais un plaisir, un moment de détente durant lequel on s'occupe exclusivement de soi.

• LA DOUCHE OU LE BAIN ?

Pour l'instant, nous n'avons rien inventé d'autre que la douche et le bain. Les énergiques préféreront les vertus revigorantes de la douche, les plus lascives opteront pour le confort douillet du bain. Pourtant, l'une n'empêche pas l'autre.

Recommandée le matin pour ses vertus dynamisantes et sa rapidité, la douche réveille le corps (et du même coup l'esprit). Une bonne douche tonifiante doit avoir une température plutôt chaude au début, puis être de plus en plus fraîche. Si vous vous sentez stressée, laissez couler l'eau chaude depuis votre nuque tout le long de votre dos, vous ressentirez immédiatement une sensation d'apaisement. Les plus courageuses termineront par une douche d'eau froide en remontant le long des jambes depuis les talons jusqu'aux fesses, en insistant sur les genoux et les hanches (excellent pour la circulation du sang), sans oublier les seins. Rien de tel qu'une petite douche froide quotidienne sur chaque sein (comptez dix secondes) pour renforcer la peau de la poitrine et la maintenir haute et ferme.

Vous pouvez employer, selon votre bon plaisir, un savon, de préférence « surgras », enrichi à la glycérine et aux huiles végétales, qui respecte l'intégrité de la peau, ou, mieux encore, un pain dermatologique (il en existe de peu chers). Vous avez aussi à votre disposition des gels de douche (mais, attention, ils filent rapidement !), qui ont le double avantage de nettoyer la peau et de la laisser toute douce (il en existe aussi de très peu chers).

Préférable le soir, bien que beaucoup ne puissent rien entreprendre s'ils n'en ont pas pris un le matin, le bain est un rituel de beauté à part entière, qui agit aussi bien sur le physique que sur le moral.

L'eau chaude a le pouvoir de décoller les impuretés, de décontracter les muscles et d'apaiser le système nerveux. Selon sa température et sa durée, le bain peut être relaxant ou énergisant.

Pour qu'il soit tout un art, il faut cependant respecter certaines règles :

Les soins du corps

• Éviter de prendre un bain trop chaud : ça accélère les battements du cœur et fait éclater les petits vaisseaux sanguins. La température idéale de l'eau pour apaiser la tension nerveuse et musculaire est de 37° ; à 34 ou 35°, le bain tonifie et efface les coups de pompe ;
• Ne « marinez » pas trop longtemps dans l'eau : ça ramollit les tissus et déshydrate la peau. Alors, n'attendez pas que vos mains plissent : vingt minutes dans un bain, c'est un maximum ;
• On se baigne dans sa propre saleté. Une hérésie pour les Japonais, qui se douchent toujours avant de rentrer dans leur bain : une mesure que l'on ferait bien d'adopter ;
• Enfin, l'idéal après un bain est de se rincer à l'eau tiède, pour les mêmes raisons exprimées ci-dessus. Vous pouvez aussi vous rincer à l'eau froide, et profiter ainsi des vertus d'une douche glacée ;
• Les petits plus : prendre de temps en temps un bain moussant, à condition de choisir des produits aux formules enrichies en agents adoucissants et hydratants et de vous rincer soigneusement après. Les bains à l'huile sont aussi bénéfiques pour les peaux sèches (particulièrement l'hiver), mais ils reviennent aussi plus cher.
Les bains parfumés aux huiles essentielles sont tonifiants, calmants et décontractants. Les bains aux algues, nettement moins voluptueux, se révèlent très revigorants.
Évidemment, tous ces produits ne sont pas in-dis-pensables, et un bon savon peut suffire à une toilette exemplaire.
N'oubliez pas quand même que pour chasser la fatigue nos grand-mères se contentaient de verser du gros sel dans la baignoire, et que cela faisait très bien l'affaire !

Les soins du corps

• L'ART DE BIEN SE SAVONNER

L'eau calcaire ainsi que les savonnages répétitifs et trop violents finissent par altérer le film protecteur de l'épiderme. La peau se dessèche, devient rugueuse, sensible. Évitez donc de vous savonner frénétiquement deux fois par jour, de rester dans votre bain des heures, et d'utiliser des savons ou des produits moussants trop décapants. Moins séduisant, mais tout aussi efficace et respectueux de votre peau, le bon vieux savon de Marseille.

Les massages

Après votre toilette, vous pouvez passer sur votre corps une crème ou un lait corporel qui adoucit, satine, parfume et surtout hydrate la peau. Insistez bien sur les jambes, dont la peau a toujours tendance à se dessécher, surtout en hiver. Commencez alors chaque application par le bout des pieds, en remontant, par des mouvements circulaires, jusqu'au haut des cuisses, en insistant sur les chevilles, les genoux et les hanches. C'est excellent pour la circulation sanguine. Massez-vous la plante des pieds, vous ressentirez un sentiment de décontraction très agréable.
L'utilisation du gant de crin, qui active la circulation et entretient la douceur de la peau, réclame une grande prudence : un usage quotidien et brutal fait éclater les vaisseaux et irrite la peau. Il est donc préférable de n'utiliser le gant de crin qu'une fois par semaine, et en massant très en douceur, ou de lui préférer le luffa (variété de courge d'Afrique ou d'Asie, dont la pulpe fibreuse constitue l'« éponge végétale »), à l'action plus douce.

Les soins du corps

L'épilation

Si notre corps est entièrement recouvert de poils, certains sont tout de même plus gênants que d'autres. Malgré la passion que certains peuples leur vouent, on peut trouver disgracieux les poils qu'on a sur les jambes ou sous les bras. Pour éliminer les poils que vous jugez superflus et retrouver une peau lisse, plusieurs techniques s'offrent à vous, mais chacune nécessite un entretien constant.

• LES AISSELLES

Certaines d'entre vous s'en fichent, d'autres veulent des aisselles nettes et lisses, surtout l'été, quand la mode est aux débardeurs et aux robes sans manches... L'épilation des aisselles se pratique très simplement et le plus couramment avec une crème dépilatoire qui s'étale à l'aide d'une spatule. Après quelques minutes d'attente, vous retirez la crème avec cette spatule : les poils viennent en même temps... Il suffit ensuite de rincer à l'eau tiède avec un savon doux, et le tour est joué. L'opération se renouvelle dès que vous estimez que les poils sont de nouveau gênants.

Vous pouvez aussi épiler vos aisselles avec un rasoir, mais l'opération est plus délicate et risque d'écorcher votre peau. Le rasoir n'est donc à recommander qu'en cas d'urgence et si vous n'avez rien d'autre sous la main.

Vous pouvez aussi opter pour une épilation à la cire, chez l'esthéticienne, ou avec des bandes de cire froide, chez vous. Cette méthode est plus douloureuse, mais elle a l'avantage d'être plus durable : le poil met beaucoup plus de temps à repousser.
Après une épilation des aisselles, quel que soit le moyen que vous utilisez, évitez d'appliquer aussitôt après un déodorant. Si votre peau vous brûle, appliquez une crème hydratante.

• LES JAMBES

Un bon conseil : ne commencez pas à vous raser les jambes avec le rasoir de votre grand frère ou de votre père, vos poils repousseraient deux fois plus vite et deux fois plus épais. Les meilleures techniques d'épilation pour les jambes restent la cire tiède, chez l'esthéticienne, ou les bandes de cire froide, chez vous.
Vous pouvez également investir dans l'achat d'un petit appareil électrique qui n'est pas un rasoir, mais une sorte de ressort « arracheur de poils », très pratique, qu'on peut emmener partout avec soi et utiliser aussi souvent que nécessaire. En cas d'urgence, vous pouvez toujours vous rabattre sur une crème dépilatoire, comme pour les aisselles, mais le poil repoussera plus raide et c'est moins bien.
Vous pouvez parfaire une épilation avec une pince à épiler, mais évitez de triturer votre peau et tirez toujours dans le sens du poil.
Ne vous effrayez pas si votre jambe est constellée de petits points rouges après une épilation, c'est une réaction normale. Il faut attendre un ou deux jours pour que ça passe. Là aussi, utilisez un lait apaisant hydratant.

• LE « MAILLOT »

On appelle pudiquement « maillot » les poils pubiens. Ils peuvent s'étendre vers l'aine, un peu sur les cuisses, et dépasser du slip lorsqu'on est en maillot de bain, particulièrement lorsqu'il est très échancré.
Si vous avez seulement quelques rares poils qui dépassent et que cela vous gêne, vous pouvez parfaitement les ôter avec une crème dépilatoire. Si vraiment ils sont très abondants, mieux vaut prendre rendez-vous chez une esthéticienne, qui utilisera de la cire. Là encore, une réaction cutanée avec des petits boutons rouges est à prévoir, qui mettra plus de temps à se dissiper, la peau étant très sensible à cet endroit.

Les soins du corps

• LES BRAS

Si votre duvet sur les bras vous paraît disgracieux, ne vous épilez pas mais tentez plutôt une décoloration à l'eau oxygénée. Rares sont les femmes qui font de leur duvet sur les bras un véritable complexe. Autant ne pas vous obséder, et attendre sagement qu'il blondisse l'été (l'hiver, nous portons toujours des manches longues !).

Les extras

Un jour un peu maussade, vous pouvez avoir envie de vous faire dorloter un peu plus que d'habitude.
Si vous avez un peu d'argent de côté, offrez-vous une séance de soins et de massages chez une esthéticienne. Elle s'occupera de vous et vous donnera des conseils. Quand on est stressée ou fatiguée, ça fait un bien fou de s'en remettre à des mains expertes. Cette séance constituera un moment de détente privilégié.
Vous pouvez aussi essayer le hammam, s'il y en a un dans votre ville. Vous passerez là plusieurs heures parmi d'autres femmes, allant d'une salle à la chaleur humide à une autre à la chaleur sèche, goûtant aux bienfaits d'une piscine d'eau glacée ou à ceux d'une salle de repos aux parfums d'eucalyptus. Le hammam est un endroit très convivial, inspiré des pratiques orientales, où les femmes se réunissent non seulement pour prendre soin de leur corps, mais aussi pour parler. C'est un peu un espace hors du temps et c'est aussi très reposant. Vous pouvez y aller avec une copine et vous offrir ainsi un après-midi original de repos et de farniente, avant un examen ou un jour où vous vous sentez morose.

Les soins du visage

« Miroir, mon beau miroir, qui est la plus belle du pays ? » Ainsi la reine, dans *Blanche-Neige*, interroge-t-elle chaque jour son miroir ; ainsi faisons-nous, toutes autant que nous sommes, sans peut-être poser cette question légendaire, mais du moins avec cette petite inquiétude qui demande toujours à être apaisée.

Le matin quand on se lève, le soir quand on se couche, la première et la dernière chose que nous voyons dans notre miroir, c'est notre visage. Notre visage, c'est-à-dire notre peau.

La peau est le reflet de notre caractère, de notre équilibre et de nos évolutions. Ce n'est pas un hasard si l'on dit « être bien dans sa peau » ou « être mal dans sa peau ». Rougissante, pâlissante, transpirante, elle parle souvent de nous à notre place, elle trahit nos émotions les plus intimes, elle exprime aussi nos peurs et nos angoisses à travers des réactions bien à elle : boutons, plaques rouges, dartres, eczéma...

La peau révèle notre personnalité, mais elle possède également sa propre nature, que nous ne pouvons pas changer. Au moment de la puberté, et pendant quelques années,

Les soins du visage

nous l'avons vu, la peau change : elle commence justement, en passant par plusieurs stades, à acquérir sa nature définitive.
Vous pouvez ainsi avoir la peau sèche, grasse ou mixte. Une fois que vous avez déterminé votre type de peau (demandez à une esthéticienne de vous aider à le faire si vous n'avez pas de problème particulier ; sinon, le dermatologue le fera à votre place), il faut lui donner des soins appropriés. On ne traite pas de la même manière une peau sèche et une peau grasse. Ces soins sont en général très simples : ils consistent essentiellement dans une bonne toilette et une bonne hydratation.

Toilette et soins de votre peau

Quel que soit votre type de peau, la toilette du visage est im-pé-ra-ti-ve.
C'est par elle que commence sinon la beauté de votre peau, du moins sa santé.
Il faut donc vous laver le visage tous les jours : au moins une fois pour celles d'entre vous qui ne se maquillent pas, deux fois pour les autres.
Si vous n'avez pas de problèmes de peau particuliers, utilisez un savon assez doux qui respectera votre type de peau.
Pour toutes celles qui utilisent un lait de toilette, sachez qu'il ne suffit pas d'en étaler une noisette sur un bout de coton puis de s'en passer sur tout le visage. Un lait de toilette se rince, soit avec un coton imbibé de lotion,

quand on a la peau très sensible, soit avec de l'eau. C'est là une règle d'hygiène fondamentale.
Il faut ensuite bien vous sécher, de préférence avec une serviette propre que vous changerez toutes les semaines ou, mieux encore, avec un mouchoir en papier.

• LA PEAU GRASSE

C'est le type de peau que l'on rencontre le plus souvent à l'adolescence. Elle se caractérise par le fait qu'elle luit, particulièrement sur le nez, autour du nez et sur le front. La peau grasse est le lieu d'élection des points noirs et des pores dilatés, et si elle semble épaisse elle est en réalité fragile, sensible aux agressions. Il faut donc la traiter avec beaucoup de douceur : pour la toilette, évitez l'usage du savon et préférez un pain dermatologique sans savon (vendu en pharmacie) spécial peau grasse ou un lait de toilette approprié. De même, évitez tout ce qui est tonique alcoolisé, parfumé, irritant et optez pour les eaux florales ou les vaporisateurs d'eau minérale. Si vous avez des boutons, quand vous nettoyez votre peau, n'utilisez pas de gant de toilette, qui irrite et répand les microbes, mais du coton hydrophile ou tout simplement vos mains préalablement nettoyées.
Une peau grasse supporte un « gommage » une fois par semaine ou une fois tous les quinze jours. Un gommage est une crème spécifique que l'on passe sur son visage (déjà nettoyé) avec un peu d'eau, en frottant très doucement par petits mouvements circulaires. Composée de particules nettoyantes, cette crème élimine en douceur les impuretés de la peau. Vous rincez ensuite, la peau devient plus douce.
Vous pouvez aussi vous faire de temps en temps un masque désincrustant. Vous avez dû voir dans les publicités à la télévision ou les magazines ces visages de femmes avec des masques, rose pâle ou vert. Là, c'est pareil : vous étalez bien la crème sur votre figure ; vous attendez le temps requis puis vous rincez. Cela dit, attention ! Ne choisissez pas n'importe quel masque et demandez encore une fois conseil à votre pharmacien, à un dermatologue ou bien à une esthéticienne.
Une peau grasse demande à être parfaitement hydratée : choisissez alors une crème hydratante spéciale peau grasse. Si vous avez des boutons, vérifiez que vous utilisez des produits « non comédogènes✗ » : cela doit être indiqué sur le tube de crème. En cas de doute, renseignez-vous auprès de votre pharmacien ou de l'esthéticienne.

À SAVOIR

✗non comédogènes : qui n'obstruent pas les pores de la peau.

Les soins du visage

• LA PEAU SÈCHE

Plus rare à votre âge, ce type de peau se caractérise par le fait qu'elle tire au réveil ou bien quand on sourit. La peau sèche est très fine, extrêmement sensible aux agressions extérieures (soleil, fumée, froid, vent, sécheresse). Elle rougit facilement et peut quelquefois desquamer (peler), être sujette aux petites plaques rouges, aux dartres et à la couperose.

Une peau sèche ne se nettoie pas au savon. Il lui faut un lait ou un pain dermatologique spécial peau sèche. Elle n'est pas non plus très amie avec l'eau du robinet, et mieux vaut utiliser en rinçage une lotion d'eau florale ou un vaporisateur d'eau minérale.

La peau sèche demande à être constamment hydratée et protégée. Il faut donc lui choisir une crème hydratante appropriée spéciale peau sèche, et ne pas hésiter à en remettre pendant la journée si votre peau tire.

Les gommages (*voir peau grasse*) sont à manier avec précaution, car ils irritent les peaux sèches dans certains cas. Vous pouvez choisir une crème de gommage très douce spéciale peau sensible, mais, là aussi, soyez prudente et demandez au préalable conseil à un dermatologue ou à un pharmacien.

Si vous voulez vous offrir un petit luxe, il existe des masques hydratants qui assouplissent la peau et lui donnent (provisoirement) une sensation de confort. Là aussi, prenez conseil auprès des personnes compétentes.

QUELQUES CONSEILS

• **Quel que soit votre type de peau,** ce n'est pas la peine de vous ruer sur n'importe quel produit (souvent cher) sous prétexte qu'on vous le vend bien. On a souvent l'impression qu'on va trouver le produit miracle avec lequel notre peau sera radicalement transformée, avec lequel justement, peut-être, on trouvera une nouvelle peau. Cela correspond plus à une anxiété, au désir d'être autrement que l'on est, qu'à un véritable besoin. Si vous êtes ainsi, c'est-à-dire si vous faites partie de la majorité des filles, essayez de vous raisonner. Ne soyez pas crédule. Consultez un dermatologue, une esthéticienne, un pharmacien selon les cas, dans lequel vous avez une pleine confiance, et suivez ses conseils. À votre âge, vous n'avez pas besoin d'avoir une multitude de produits à votre disposition, et, à moins d'avoir de véritables problèmes de peau (acné, dartres, eczéma), normalement une bonne toilette et une crème hydratante doivent vous suffire ;
• **Le nettoyage de peau,** pratiqué en institut, peut aussi être recommandé pour tous les types de peau, excepté les peaux très acnéiques ;
• **Si, à part la vitamine A** (carotte, orange, œuf), on ne peut pas définir quels sont les vrais amis de la peau, on peut en revanche citer ses ennemis : le stress, le manque de sommeil, une alimentation déséquilibrée (attention : vous pouvez manger un peu de chocolat tous les jours, ce n'est pas ça qui vous donnera des boutons ; mais il ne faut pas en avaler une tablette entière ! Idem pour la charcuterie et les confiseries), le tabac, les écarts brutaux de température (chaleur sèche, froid), desquels il faut se protéger, et le soleil (à trop haute dose et sans protection spécifique).

• LA PEAU MIXTE

On peut avoir la peau sèche et le nez qui luit, une peau qui tire sur les joues mais des boutons sur le menton ou sur le front : on a alors ce qu'on appelle une « peau mixte ». Ce n'est pas une calamité. Ce type de peau est même très répandu. Malgré sa complexité, il trouve aujourd'hui des soins appropriés : lait de toilette ou savon, crème hydratante spéciale peau mixte.
Si vous avez des boutons, respectez les mêmes règles d'hygiène que pour une peau grasse.

L'épilation

Il se peut que vous ayez sur le visage quelques poils qui vous embarrassent : des sourcils trop épais, un léger duvet au-dessus des lèvres. Ne faites pas de fixation, à chaque mal il y a une solution.

• LE DUVET

Surtout n'attrapez pas le rasoir de votre père dans un accès de rage pour l'éliminer d'un geste, c'est le meilleur moyen de vous retrouver une semaine plus tard avec une vraie moustache. Adoptez plutôt les solutions douces :
• La décoloration à l'eau oxygénée blondit les poils. Avant d'y procéder, prenez conseil auprès de votre esthéticienne ou de votre pharmacien. Il vous expliquera comment l'appliquer et comment en user.
Vous pouvez tenter l'épilation à la cire. Elle est un peu douloureuse, demande un entretien régulier, mais donne de bons résultats. Faites-le faire par une esthéticienne.
Moins brutale, l'épilation à la pince à épiler, préalablement nettoyée à l'alcool, donne aussi des résultats satisfaisants.
Sachez qu'il existe aussi l'épilation électrique, presque définitive, pratiquée par un dermatologue, à laquelle vous pourrez recourir un peu plus tard. Mais elle est plus douloureuse, plus onéreuse et laisse des traces.

• LES SOURCILS

L'épilation des sourcils se fait exclusivement à la pince à épiler (toujours préalablement nettoyée à l'alcool), délicatement et dans le sens du poil. Si vous ne savez pas le faire, la première fois, demandez conseil à votre mère ou à votre sœur aînée. Il faut généralement commencer par les poils inférieurs qui remplissent la courbe du sourcil, et s'épiler de l'intérieur vers l'extrémité. Une esthéticienne saura aussi vous expliquer comment procéder.

Les cheveux

Célébrée par les poètes — « Laisse-moi mordre longtemps tes tresses lourdes et noires... » (lisez Baudelaire, il en parle beaucoup) —, symbole de la grâce, de la beauté et de la volupté, la chevelure est l'attribut féminin par excellence.

Il faut voir notre tête quand on trouve nos cheveux moches, et inversement, il faut voir la tête de nos cheveux quand on est triste ou déprimée. Comme la peau, la chevelure est un très bon indicateur de notre moral et de notre tonus (décidément, on n'est toujours trahie que par les siens !).

Courts ou longs, raides ou frisés, blonds, roux, bruns, nos cheveux doivent donc faire l'objet de soins constants. Un conseil sans doute superflu, puisque généralement toutes, mais absolument toutes les femmes se préoccupent de leur chevelure.

Il suffit qu'on ouvre un magazine féminin pour y pêcher une coiffure, une couleur, une coupe dont on imagine qu'elle nous irait très bien. Car il faut bien ajouter que la plupart du temps « on ne sait pas quoi faire avec nos cheveux » ! Ils sont, au choix, trop plats, trop secs, trop raides, trop frisés, trop fins, trop épais ; rares sont celles

d'entre nous qui sont satisfaites de leurs cheveux, et nombreuses celles qui aimeraient en changer. Normal. D'où le succès des coupes, permanentes, colorations, défrisages et multiples opérations destinées à nous rendre à nos yeux plus belles, sans pour cela forcément épargner nos cheveux.
Attention ! Se préoccuper de ses cheveux, ce n'est pas seulement se soucier de leur aspect, c'est avant tout s'intéresser à leur santé. De toute façon, selon la bonne vieille logique de l'esthétique, un cheveu sain est un cheveu beau, et un cheveu ne peut pas être beau s'il n'est pas d'abord bien soigné.

Entretien et lavage

De la même façon que nous avons un certain type de peau, nous avons une certaine nature de cheveux : secs, gras, mixtes. Selon la qualité de vos cheveux, vous leur dispenserez donc des soins spécifiques.

• LES CHEVEUX GRAS

Sous l'influence des hormones, qui, nous l'avons dit, travaillent beaucoup au moment de l'adolescence, vos cheveux peuvent devenir gras. Ajoutez à cela le stress et la fatigue qui entraînent une hyperactivité des glandes sébacées, vos cheveux souffrent à la racine d'un excès de sébum qui les asphyxie. Ils deviennent alors mous, plats, impossibles à coiffer.
Quelles sont les solutions à adopter ? Tout d'abord, ne pas hésiter à vous laver les cheveux dès qu'ils deviennent gras, tous les deux jours s'il le faut. Dans ces cas-là, n'utilisez pas n'importe quel shampooing. On fabrique aujourd'hui des produits très doux, non ioniques, destinés à un lavage quotidien, qui n'agressent ni le cheveu ni le cuir chevelu.
Vérifiez donc auprès de votre pharmacien que votre shampooing possède bien toutes ces qualités. Vous pouvez aussi utiliser un shampooing spécial cheveux gras, à condition d'alterner avec un shampooing doux.
En effet, l'utilisation constante et prolongée d'un produit pour cheveux gras peut avoir un résultat contraire à celui escompté, c'est-à-dire, à la longue, graisser le cheveu.
Quand vous vous lavez la tête, ne frottez pas de toutes vos forces mais faites un massage très doux du cuir chevelu. Rincez toujours très bien ensuite.
Vous pouvez trouver en parfumerie ou en pharmacie

Les cheveux

des soins spéciaux cheveux gras : si vous en avez envie, pourquoi ne pas essayer un masque capillaire adapté à votre cas ? S'il ne changera pas fondamentalement la nature de vos cheveux, il leur fera momentanément du bien.

Présentés sous forme de masques, ou directement en poudre à diluer, l'argile, le rassoul et le henné neutre sont aussi excellents pour les cheveux gras. Avant toute utilisation, demandez l'avis de votre coiffeur ou de votre pharmacien.

Un dernier petit conseil : évitez de tripoter vos cheveux, cela ramène le sébum le long de la tige capillaire et ne fait que les graisser davantage.

• LES CHEVEUX SECS

À l'inverse des cheveux gras, les cheveux secs souffrent d'une insuffisance de sébum. Ils sont donc fragiles, ternes, cassants, souvent fourchus à la pointe. Les mauvais traitements, permanentes ou défrisages, colorations n'arrangent rien.

Il faut laver les cheveux secs régulièrement, une fois par semaine, avec un shampooing adapté. Là encore, vous pouvez alterner avec un shampooing doux. Utilisez après le lavage un baume démêlant dont vous répartirez une noix sur la chevelure, peignez, laissez poser, puis rincez abondamment.

Très bien aussi : les shampooings « deux en un » qui associent shampooing et baume, à condition encore une fois qu'ils ne soient pas agressifs.

Les cheveux

Il existe pour les cheveux secs toutes sortes de produits nourrissants, revitalisants et régénérants. Sans vous précipiter vers les plus chers et sans multiplier vos achats, vous pouvez demander conseil à une personne de confiance, votre coiffeur ou votre pharmacien ou bien un dermatologue, elle vous dira quels produits choisir.
Le beurre de karité, l'huile de jojoba ou la moelle de bœuf sont excellents pour les cheveux secs. Vous pouvez aussi essayer un cocktail maison : un jaune d'œuf, une cuillerée à soupe d'huile d'olive et une cuillerée à café de rhum.

• LES CHEVEUX MIXTES

Gras à la racine, secs à la pointe, les cheveux mixtes réclament des soins appliqués à la fois aux cheveux gras et aux cheveux secs.
Pour le lavage, vous alternerez donc le shampooing pour cheveux gras, avec un shampooing pour cheveux normaux, là encore un produit très doux.
Quand vous utilisez un baume démêlant, répartissez le produit uniquement sur les longueurs, jamais à la racine, qui est déjà grasse. De la même manière, si vous vous faites un masque pour cheveux gras, appliquez le produit uniquement sur les racines, puisque vos pointes n'en ont pas besoin.
Il existe aussi des produits adaptés au cuir chevelu graspointes sèches. Vous pouvez les essayer de temps en temps, mais là non plus ne vous ruinez pas, ils ne font pas des miracles.

Les cheveux

Quelques conseils utiles

• Quel que soit votre type de cheveux, vous l'aurez compris, l'important est d'abord et toujours le lavage, sa qualité, sa fréquence. Quand on le peut, il faut donc se laver les cheveux en moyenne une fois par semaine (sauf pour les cheveux gras) ;

• Vous pouvez terminer le rinçage à l'eau froide en mettant le jet de la douche au plus fort. Cela active la circulation et stimule le cuir chevelu ;

• Il est possible de finir le rinçage à la bière. Cela fortifie les cheveux, leur donne du volume, et ça ne coûte pas cher. Une cuillerée à café de citron ou de vinaigre dans la dernière eau de rinçage donne aussi de la brillance à la chevelure ;

• Quand vous lavez vos cheveux, vous pouvez, tête en avant, procéder à un léger massage du cuir chevelu en partant de la nuque et en remontant jusqu'au haut du front, puis sur les côtés, les doigts bien à plat. Par de très légers mouvements circulaires, vous décollez doucement la peau du cuir chevelu de votre crâne, c'est excellent pour l'irrigation du bulbe capillaire et ça oxygène la peau.

• Essayez, dans la mesure du possible, de laisser sécher vos cheveux naturellement, à l'air libre. Si vous ne pouvez pas éviter le brushing, faites-le en douceur, à basse température, et en tenant votre séchoir à bonne distance de votre chevelure. Si vous êtes pressée, ne collez jamais l'embout du séchoir à vos cheveux pour aller plus vite, ils brûleraient. Si vous voulez leur donner du volume, faites-le en penchant la tête en avant et en les froissant avec vos doigts ;

• Quand vous démêlez vos cheveux, préférez un peigne

Les cheveux

en plastique ou en bois au peigne métallique, qui arrache les cheveux. Si vous avez une chevelure frisée, choisissez un peigne aux grandes dents écartées, en bois, (comme les peignes africains) ou en plastique. Il démêle les boucles sans les abîmer. Vous pouvez aussi vous coiffer quotidiennement avec, c'est le meilleur moyen de respecter votre frisure;

- Pour ce qui concerne le brossage, évitez les brosses dures en plastique, qui arrachent les cheveux, et choisissez plutôt des brosses douces aux fibres naturelles. L'idéal : la brosse ronde ou demi-ronde en bois aux poils de sanglier.

Rappelons qu'une brosse à cheveux se lave régulièrement (à l'eau et au savon) et que, si possible, elle ne se prête pas.

- Les accessoires : vous pouvez utiliser autant que vous voulez barrettes, élastiques et pinces à condition de ne pas abîmer vos cheveux.

LES PINCES : choisissez des modèles avec des embouts de plastique à leur extrémité, qui n'arrachent pas les cheveux;

LES ÉLASTIQUES : ils doivent être recouverts de tissu pour ne pas couper les cheveux ; ou alors choisissez carrément les élastiques en mousse ou les fameux « chouchous » ;

LES BARRETTES : fixez vos barrettes en faisant attention de ne pas prendre les cheveux dans le fermoir et sans les tirer trop;

LE SERRE-TÊTE : idéal quand on ne sait pas comment se coiffer, le serre-tête a le mérite de mettre les cheveux en arrière en douceur, sans les tirer, donc sans les abîmer;

LE BANDEAU : même avantage que le serre-tête. Le bandeau élastique comprime davantage les cheveux, et il vaut mieux ne pas en porter tous les jours. Vous pouvez choisir des bandeaux plus souples, en éponge ou en velours. Il faut cependant éviter d'avoir sans arrêt les cheveux attachés. Cela les empêche de respirer ;

- Les produits « coiffants » : vous pouvez adopter tous les looks que vous voulez en utilisant gels, laques, sprays, coiffants, fixants, volumateurs, mais seulement de temps en temps et à condition de bien vous laver les cheveux après. Il existe cependant des crèmes et des gels à base de plantes (souvent pour cheveux secs) spécialement conçus pour être utilisés tous les jours;
- Enfin, sachez que pour qu'ils poussent correctement et pour leur redonner de la force, il est conseillé de couper vos cheveux d'environ 1 centimètre tous les deux mois.

Les cheveux raides

C'est toujours la même chose : les cheveux raides font pâlir d'envie toutes celles qui ont les cheveux frisés. Inversement, quand on a les cheveux raides, on voudrait les avoir frisés ! À moins d'éprouver une répulsion pour vos « baguettes de tambour », évitez de vous lancer dans la permanente, qui détériore la fibre capillaire et abîme les cheveux (quoi qu'en disent certains coiffeurs). Sans compter qu'on ne se débarrasse pas facilement d'une permanente — une fois qu'on l'a, il faut supporter de se voir dans la glace avec des cheveux frisés pendant plusieurs mois ! — imaginez votre désespoir si vous vous apercevez, au bout de deux jours, que votre nouvelle tête de mouton ne convient ni à votre visage ni à votre personnalité !
Autant penser à tout cela avant de foncer tête baissée chez le coiffeur le plus proche.
Vous pouvez néanmoins vous offrir le plaisir de changer de tête de temps en temps, sans faire trop de dégâts ni vider votre porte-monnaie.

Pour cela, il y a plusieurs techniques :
SI VOUS AVEZ LES CHEVEUX LONGS et de la patience, faites des nattes sur vos cheveux mouillés, après votre shampooing : de grosses nattes si vous désirez arborer une chevelure avec de grandes ondulations ou plein de petites nattes (cela prend beaucoup de temps!) pour de petites ondulations.
Vous laissez sécher vos cheveux, une nuit s'il le faut, puis vous défaites vos nattes et vous les coiffez doucement à l'aide d'un peigne à larges dents;

Les cheveux

LES VIEUX BIGOUDIS RIGIDES de nos grand-mères qui piquaient la tête ont cédé la place à des rouleaux de mousse, bien plus confortables. Il faut les placer avec méthode, enrouler les cheveux mèche par mèche autour du rouleau (demandez l'aide d'une copine), laisser sécher les cheveux ainsi puis dérouler les mèches délicatement. Vous les coiffez ensuite avec un peigne à larges dents. Si vous sortez le soir, vous pouvez fixer votre coiffure avec un spray ou une laque.
Il existe aussi des rouleaux chauffants, très efficaces, ou des brosses soufflantes qui donnent à vos cheveux boucles et volume ;
LES PAPILLOTES : en mousse ou en aluminium, elles se posent de la même manière que les rouleaux, mais donnent des boucles plus serrées, et donc un aspect plus frisé.

Cela dit, au lieu de pleurer sur vos baguettes de tambour, pensez à tous les avantages que vous pouvez en tirer !
À vous les carrés bien nets et bien droits si vous avez les cheveux courts ou mi-longs, le chic des bandeaux, et,

● Se préoccuper de ses cheveux, ce n'est pas seulement se soucier de leur aspect, c'est avant tout s'intéresser à leur santé.

si vous avez les cheveux très longs, la grâce de les voir toujours former une ligne bien horizontale dans votre dos. Vous pouvez, si ça vous va, porter une frange, apanage des cheveux lisses. Vous pouvez aussi opter pour une coupe années 30, à la Louise Brooks. Vous pouvez également porter un chapeau et l'ôter en société sans craindre les désagréments d'une chevelure raplapla : il vous suffira de passer une main dans vos cheveux pour qu'ils retrouvent leur volume normal. Enfin, vous avez une chance insigne : le vent peut souffler, la pluie tomber, vos cheveux reviennent d'eux-mêmes suivant leur mouvement initial : vous n'êtes jamais décoiffée!

Les cheveux bouclés

Vous faites des envieuses, mais vous ne vous en rendez pas compte : vous en avez assez de vos frisottis et vous rêvez de cheveux raides, raides, raides !

Autant vous le dire tout de suite : le défrisage est formellement déconseillé. Non seulement il abîme vraiment le cheveu, mais en plus il donne des résultats souvent décevants. Les cheveux bouclés ont une certaine texture qui ne convient pas à une raideur artificielle, et généralement un cheveu frisé défrisé se voit : il est encore plus sec (les cheveux frisés sont souvent secs) et sa raideur ne paraît pas naturelle.

Évidemment, le défrisage peut être un style, mais le mieux est de rester comme vous êtes et de vous en accommoder.

Les cheveux bouclés ont cette qualité fabuleuse : ils ont du volume, contrairement aux cheveux raides. Les barrettes et les pinces tiennent parfaitement dans les coiffures et, autre avantage, elles s'y dissimulent. Avec vos cheveux, toutes les coiffures sont possibles.

Vous pouvez par exemple, si vous avez les cheveux longs ou mi-longs, multiplier les chignons : chignons bas, chignons hauts, qui donnent un aspect de cheveux courts, sans en avoir les inconvénients. En effet, on peut avoir une coupe courte quand on a les cheveux ondulés ou bouclés, mais, s'ils sont vraiment frisés, c'est plus délicat ; ils risquent de former sur votre tête une assemblée de petits ressorts anarchiques.

À moins d'avoir un visage fait pour ça, les cheveux très frisés ne supportent pas une coupe courte.

Si vous vous trouvez trop frisée, il est possible, éventuellement, de mettre des crèmes ou des masques qui alourdissent les cheveux, donc les détendent un peu et permet-

tent au coiffage de former des boucles avec une brosse.
Si vous voulez vraiment avoir une idée de la tête que vous auriez avec des cheveux raides, vous pouvez associer à ces crèmes un brushing ou l'usage de rouleaux très épais, autour desquels vous laisserez sécher vos mèches que vous lisserez ensuite à l'aide d'une brosse.
Vous vous apercevrez alors que vous avez un visage fait pour avoir les cheveux bouclés : la nature est mieux ordonnée que vous ne le pensez.

La couleur

La couleur de nos cheveux est souvent l'objet de bien des tracas : on est blonde alors que l'on voudrait être rousse (surtout si l'on en voit une belle à la télé) ; on est brune, et l'on désirerait être blonde (comme Grace Kelly) ; on est châtaine, et l'on rêverait d'être brune (comme Ava Gardner). À propos des cheveux, l'insatisfaction est généralement chronique !
Là encore, la décoloration est formellement déconseillée. Outre qu'elle abîme considérablement le cheveu, elle a un côté « irréversible » qui peut durer plusieurs mois selon la longueur de votre chevelure. Que pouvez-vous faire de vos cheveux longs si vous ne supportez plus cette couleur carotte dont vous rêviez il y a seulement une semaine ?
Il faudra attendre qu'ils repoussent pour retrouver leur couleur naturelle. Si vous ne voulez pas rester bicolore pendant plusieurs mois, vous n'aurez plus qu'une seule solution : couper vos cheveux très court.

Les cheveux

Autant donc sagesse garder et vous tourner prudemment vers les shampooings aux plantes, les sprays éclaircissants et les crèmes ou mousses colorantes qui teintent le cheveu sans l'atteindre en profondeur, lui donnent des nuances lumineuses et disparaissent au fur et à mesure des shampooings.
Sachez que la camomille donne des reflets blonds aux cheveux châtain clair, le henné naturel des reflets roux aux cheveux châtains ou bruns et les feuilles de marronnier des reflets brun foncé ou noirs aux cheveux déjà foncés.

Les pellicules

Elles apparaissent quand on est fatiguée ou stressée. Dues également à une hyperséborrhée (hypersécrétion de sébum), les pellicules peuvent démanger. Elles se voient moins quand on a les cheveux frisés que quand on a les cheveux raides, mais les désagréments qu'elles causent sont les mêmes : on ne peut pas mettre de pull noir sous peine d'y voir « tomber la neige » et il n'y a rien de moins élégant que des épaules constellées de ces petites particules blanches. En outre, elles témoignent d'un mauvais état du cuir chevelu et demandent à être traitées. Un état pelliculaire ne doit pas s'installer et il faut traiter le problème à temps. Pour cela, une seule chose à faire : utiliser régulièrement un shampooing antipelliculaire. D'abord à chaque lavage, puis, quand vous constatez une amélioration, en alternance avec un autre shampooing très doux.
Les pellicules peuvent disparaître au bout de deux à trois semaines, mais elles peuvent tout aussi bien réapparaître au bout de deux mois. Il faut donc surveiller régulièrement votre cuir chevelu et recommencer le traitement en cas de récidive. Si vous êtes sujette aux pellicules, utilisez le shampooing antipelliculaire en prévention régulière (une fois pas mois).

La chute des cheveux

Soyez rassurée : perdre ses cheveux est une chose normale. On en perd environ de 70 à 100 par jour. Les cheveux, arrivés en fin de cycle, tombent et laissent la place à d'autres qui repoussent. Quoi de plus naturel ? Il n'est donc pas inquiétant de retrouver des cheveux dans son peigne quand on les démêle, dans la brosse quand on les coiffe ou dans la baignoire quand on les lave.

Les cheveux

On peut croire qu'on perd ses cheveux alors qu'il n'en est rien. Chez certaines d'entre vous, cela peut même devenir une obsession. Et si par malheur vous vous passez la main dans les cheveux et que vous en récupérez trois ou quatre entre vos doigts (histoire de tester pour la énième fois de la journée), on vous entend vous exclamer : « Tu as vu tous les cheveux que je perds ! » Eh bien sachez que c'est tout à fait normal.
Suivant le cycle des saisons, les cheveux tombent davantage en automne, comme les feuilles des arbres, et au printemps. Si la chute est plus importante à ces moments-là, il ne faut donc pas non plus vous inquiéter.
Il se peut cependant que la fatigue scolaire et le stress de la vie quotidienne entraînent une chute de cheveux légèrement anormale. Si tel est votre cas, consultez un dermatologue. Lui seul saura déterminer si vos problèmes demandent ou non un traitement.
Il existe aujourd'hui de multiples traitements à base de vitamine B qui renforcent les cheveux et stoppent leur chute. Quoi qu'il en soit, rassurez-vous, vous avez toutes un solide capital de cheveux, et ce n'est pas encore à votre âge qu'il risque de s'épuiser.

Les dents et les ongles

Les dents sont un capital précieux, et tout le problème consiste à les garder le plus longtemps possible en bonne santé. Comme pour beaucoup d'autres choses, c'est avec l'âge que vos dents vous remercieront ou, au contraire, vous feront payer très cher (dans tous les sens du terme) la façon dont vous les aurez traitées étant plus jeune. Même si vous n'y pensez pas naturellement aujourd'hui, il faut dès maintenant vous efforcer de respecter une bonne hygiène dentaire afin d'« assurer » vos dents pour l'avenir.

• LE BROSSAGE

Une bonne hygiène de la bouche consiste en l'élimination de la « plaque dentaire », l'accumulation sur les dents de ces petites bactéries qui ont l'art de transformer les sucres en acide, entraînant alors la formation des fameuses caries.

Une seule solution pour combattre l'action de ces bactéries : il faut vous brosser les dents, régulièrement et pas n'importe comment.

Un brossage efficace nécessite un matériel adapté :

• Une brosse à dents à petite tête en nylon souple ;

Les dents et les ongles

- Un dentifrice de bonne qualité, si possible au fluor ;
- Un fil dentaire de soie.

Le brossage doit débuter dans les zones difficiles d'accès : on commence par l'intérieur des arcades (derrière les dents). Le sens du brossage s'effectue de la gencive vers la dent (du rouge vers le blanc), c'est-à-dire verticalement et non pas latéralement. Vous devez brosser toutes les faces des dents, minutieusement. Un brossage efficace dure environ trois minutes et, pour bien faire, il faut renouveler l'opération trois fois par jour (matin, midi et soir, après les repas).
Le brossage du soir reste le plus important. Il est recommandé d'utiliser à cette occasion un fil dentaire que vous passerez consciencieusement (eh oui !) entre vos dents pour éliminer les dépôts d'aliments et les bactéries que le brossage n'aura pas pu atteindre. Au début, cette discipline vous paraîtra très astreignante et rébarbative, mais une fois que vous y serez habituée, vous ne pourrez plus vous en passer (vous aurez l'impression d'avoir les dents sales...).
Si votre gencive saigne au brossage, c'est le signal d'une gingivite, c'est-à-dire une inflammation due à la présence de bactéries. Il faut donc redoubler d'attention pour ne pas la laisser s'installer. Si, après de bons brossages, la gingivite persiste, vous devez consulter votre dentiste.

• LES VISITES CHEZ LE DENTISTE

Même si vous n'avez pas de problèmes de dents particuliers, vous devez aller chez le dentiste tous les six mois pour une visite de contrôle. À la moindre douleur (gingivite persistante, carie), il ne faut pas hésiter à prendre rendez-vous tout de suite. Dites-vous qu'il vaut mieux prévenir que guérir et soigner des caries à leur début avant qu'elles évoluent.

• LES ALIMENTS

Ce qui est bon au goût ne l'est pas forcément pour vos dents : il est conseillé d'éviter les sucres en trop grande quantité (bonbons, chewing-gums...) et les boissons sucrées (sodas, jus de fruits...). Grignoter entre les repas n'est pas non plus recommandé. Il ne faut surtout rien manger après le brossage du soir (sinon, il faut tout recommencer).

• LES APPAREILS DENTAIRES

C'est sûr, c'est pas drôle, ça tombe mal. Juste au moment où déjà vous ne vous sentez pas forcément très

Les dents et les ongles

bien dans votre peau, on vous colle cette espèce de truc qui vous handicape, avec lequel vous n'osez même pas sourire tellement vous trouvez ça affreux. Vous avez tendance à penser que le sort s'acharne sur vous.
Déjà, dites-vous bien qu'un très grand nombre d'individus ont porté dans leur vie un appareil dentaire, et qu'ils s'en sont remis. Ensuite, faites valoir votre sagesse : mieux vaut porter un appareil pendant deux ans que de supporter toute sa vie des dents qui avancent, se chevauchent ou sont mal alignées.
Enfin, persuadez-vous que si vous ne faites pas maintenant ce que l'état de votre denture réclame, vous le regretterez forcément plus tard. Vous vous direz : « Mon Dieu, mais que j'ai été bête ! Deux ans, ce n'était rien ! »
Et puis rappelez-vous qu'il faut souffrir pour être belle !
Aujourd'hui bridé par des fils de fer inesthétiques, votre sourire sera bientôt irrésistible : ça vaut quand même le coup.
Pour creuser leurs joues, on extrayait aux stars hollywoodiennes leurs dernières molaires. Regardez les sourires de Greta Garbo, de Marlène Dietrich ou de Marylin Monroe à dix-huit ans, et comparez-les à ceux qu'elles arborent au sommet de leur carrière, vous vous apercevrez que l'« orthodontie✗ » ou la chirurgie dentaire sont passées par là. Alors, vous voyez, vous n'êtes pas la seule !

Les dents et les ongles

Les ongles

Autant le dire tout de suite, il n'y a rien de plus repoussant chez une jeune fille (comme dirait votre grand-mère) que des ongles douteux. De jolies mains commencent par des ongles nets.

Pour avoir des ongles propres, c'est simple, il suffit de se les nettoyer. Le mieux est d'utiliser une petite brosse imprégnée de savon chaque fois que vous vous lavez les mains ou dès que vos ongles noircissent. Vous pouvez aussi utiliser un cure-ongles en bois (le métal est trop agressif) que vous passez délicatement sous l'ongle sans forcer ni aller trop sous la peau, au risque de la blesser et de laisser un sillon qui sera sans arrêt encrassé.

Des ongles nets, c'est aussi des ongles correctement coupés et joliment limés : en ovale, la plupart du temps, bien qu'on puisse aimer les ongles carrés, aux extrémités à angle droit (sujet à controverse). Vous ne devez jamais utiliser de lime en métal (elle dédouble les ongles), mais choisir plutôt des limes cartonnées recouverte de papier de verre rugueux qu'on vend généralement par dix dans tous les grands magasins.

Certaines filles raffolent des ongles longs. Attention cependant : si les ongles longs sont réputés plus féminins, il faut qu'ils soient extrêmement bien entretenus car ils ne supportent aucune négligence. Les ongles de fée se transforment très vite en ongles de sorcière pour peu qu'ils soient irréguliers ou légèrement sales.

Il est très difficile de conserver de jolis ongles longs. Pour avoir ces mains immaculées qu'on voit de temps en temps s'étaler sur les pages des magazines féminins, il faudrait passer plusieurs heures par semaine chez la manucure (ce que font certaines femmes aux goûts de luxe) et ne jamais rien faire de ses dix doigts. Or, ce n'est pas votre cas. Quand on écrit, qu'on fait de la gym, qu'on porte des sacs, qu'on mange des sandwichs, bref, quand on mène la vie qui est la vôtre, mieux vaut garder de jolis ongles d'une longueur acceptable que d'arborer un seul ongle long sur cinq qui soit parfait (les autres étant ébréchés, cassés, noircis...). Vous pouvez vous vernir les ongles si vous en avez envie, mais, là aussi, optez pour la discrétion et la simplicité. Le rouge vif ne supportant ni les mains imparfaites,

À SAVOIR

L'orthodontie : nom donné à la technique qui consiste à redresser les dents avec des appareils.

Les dents et les ongles

ni les ongles aux contours irréguliers, ni un mode de vie de lycéenne, ni un âge un peu trop jeune, ni n'importe quelle tenue ou n'importe quel style, mieux vaut tourner vos envies vers le vernis transparent ou, à la rigueur, très légèrement rosé ou nacré.

Dans tous les cas, le vernis à ongles n'est pas une nécessité. Il est à manier avec précaution, car, là aussi, on peut rêver de mains distinguées et se retrouver avec des mains « vulgaires » : il n'y a rien de pire qu'un vernis qui s'écaille ou qui recouvre un ongle un peu douteux. Si vous n'êtes pas de celles qui peuvent garder un vernis transparent correct plus de deux jours, abstenez-vous. Le naturel est souvent plus joli que l'artifice.

• « JE ME RONGE LES ONGLES »

Certains se tripotent les cheveux, d'autres se mordillent sans arrêt la lèvre inférieure, d'autres encore remuent sans arrêt leurs doigts de pieds : nous avons tous nos tics. Vous, par exemple, vous vous rongez les ongles, pour les mêmes raisons : parce que vous êtes nerveuse, anxieuse, angoissée.

L'ennui, c'est qu'à force vous n'avez plus d'ongles et que même les petites peaux qu'il y a autour, à l'extrémité de vos doigts, n'ont pas été épargnées. Résultat : vos mains ne sont plus présentables et vous en faites un complexe. Arrêter de se ronger les ongles, c'est comme arrêter de

fumer : il n'y a pas trente-six solutions, il faut le décider et se tenir à cette décision. Cela dépend de votre volonté et de votre capacité à projeter vos angoisses sur autre chose que sur vos ongles. Vous pouvez toujours essayer les crèmes qu'on vend en pharmacie, dont on badigeonne les ongles, qui leur donnent un goût infect et découragent les pires rongeurs. Mais ça ne dure qu'un temps et les vrais de vrais finissent même par s'habituer au goût un peu âcre de ces produits.
En fait, il n'y a qu'une seule solution pour combattre cette manie : vouloir arrêter. Pour vous motiver, efforcez-vous de penser aux jolis ongles que vous aurez d'ici quelques semaines ou quelques mois. Essayez de tenir jusqu'à ce que vos ongles recommencent à pousser. Vous serez tellement contente de les voir « reprendre vie » que vous n'aurez plus envie de vous les ronger. Si vous n'avez pas d'économies, vous pouvez aussi vous faire offrir, pour votre anniversaire par exemple, une ou deux séances chez une manucure : elle encouragera vos efforts en dorlotant vos mains malmenées et en leur rendant leur élégance et leur dignité.

Le maquillage

Souvenez-vous : déjà toute petite, vous trouviez un formidable attrait au rouge à lèvres de votre mère et vous aviez l'impression que votre vie changeait lorsqu'elle voulait bien vous en mettre un peu. Avec le temps, voici une liberté de gagnée : vous pouvez désormais vous maquiller toute seule, choisir les produits qui vous plaisent, les teintes qui vous vont ; vous pouvez user des petits trucs qui agrandissent un œil, harmonisent un teint, soulignent le dessin des lèvres. Le maquillage est l'un des attributs majeurs de la féminité, ce par quoi elle se révèle et s'affirme.
Les femmes se maquillent généralement pour être plus jolies. Souvent, pourtant, cette fonction essentielle du maquillage disparaît au profit de celles que nous lui donnons, selon nos humeurs, nos états d'âme. Notre façon de nous maquiller en dit long sur nous-mêmes : on peut avoir un maquillage discret ou outrancier, doux ou violent, sage ou agressif.
Si, par exemple, on est triste ou de mauvaise humeur, si on en veut à la terre entière, on forcera sur le khôl noir

autour des yeux, on portera peut-être un rouge à lèvres bien criard, histoire de montrer à tout le monde qu'on en a marre et qu'il ne faut surtout pas nous embêter...
Certaines d'entre nous font du maquillage une véritable entreprise de dissimulation et adoptent un maquillage-masque, comme pour se protéger de l'extérieur ou revendiquer une personnalité qu'au fond elles sentent encore fragile.
Certains maquillages, en transformant les traits du visage, modifient aussi apparemment la personnalité.
Indépendamment de ces excès, le maquillage sert d'abord à mettre en valeur le visage, en exploitant ses qualités et en estompant ses défauts. Bien loin d'être une technique où plus on en met, plus on est belle, un maquillage réussi est celui qui ne se voit pas, ou très peu. Bien maquillée, vous devez avoir l'air naturelle : là réside toute la difficulté. C'est pour cela aussi que le maquillage est tout un art.
ATTENTION : vous n'êtes pas obligée de vous maquiller tous les jours. Certaines d'entre vous en ont l'habitude, mais d'autres réservent cela aux jours de fête. Pourquoi pas ?
En tout cas, pour les grands jours ou pour tous les jours, selon vos goûts et vos envies, voici déjà quelques conseils de « pros ».

Les conseils de la maquilleuse

• **LE TEINT**

Le fond de teint, la crème teintée

Un joli teint est le premier indice d'une bonne mine. Il doit aussi toujours être « naturel ». Aujourd'hui, le fond de teint est souvent remplacé par une crème teintée, plus facile à appliquer, plus discrète et plus légère, utilisable tous les jours. Néanmoins, si votre peau est fraîche et qu'elle se porte bien naturellement, ce n'est pas la peine de la maquiller : une bonne crème hydratante suffit.
Le fond de teint, plus couvrant et plus difficile à mettre qu'une crème teintée, doit plutôt être réservé pour le soir ou pour les grandes occasions.

Comment choisir un fond de teint ou une crème teintée

D'emblée, autant vous dire qu'il vaut mieux avoir un seul produit de bonne qualité que vingt de pacotille. Il existe aujourd'hui sur le marché d'excellents produits hydratants et traitants qui laissent respirer la peau et respectent sa

Le maquillage

constitution. Pour que la couleur de votre maquillage reste naturelle et ne tranche pas trop brutalement avec la carnation de votre peau, choisissez un fond de teint ou une crème teintée une demi-teinte au-dessus de celle de votre carnation si vous avez la peau plutôt

pâle, une demi-teinte en dessous si vous avez la peau plutôt mate.

Comment appliquer une crème
En premier lieu, il est important d'hydrater votre peau avec une crème de base (votre crème hydratante).

Ensuite, vous appliquez uniformément du fond de teint sur tout votre visage et votre cou.
Les fonds de teint ou les crèmes teintées s'étalent au doigt ou à l'aide d'une petite éponge mouillée, sans faire de paquets, en procédant par simples touches légères pour unifier le teint.
L'avantage de l'éponge est qu'elle donne un aspect plus lisse. Veillez à toujours bien rincer votre éponge après chaque utilisation, surtout si vous avez des boutons. Il existe dans le commerce des modèles en latex jetables et qui ne se mouillent pas.
Quand vous avez mis votre fond de teint, excepté si c'est un fond de teint compact, il est conseillé de mettre un peu de poudre transparente par-dessus, sinon votre peau brille. La poudre s'étale à l'aide d'une houppette (qui elle aussi doit toujours être très propre, nettoyée à l'eau et au savon) ou avec un coton à démaquiller (genre Demak'up).

Les boutons
Les boutons se cachent très bien avec une petite touche d'anticernes ou un produit spécialisé (on en trouve aussi qui traitent la peau), toujours de teinte claire.

Le maquillage

Les rougeurs
Pour un teint parfait, vous pouvez dissimuler vos rougeurs sous une base bleue ou verte avant d'étaler le fond de teint.

Les cernes violets
Avec l'association des couleurs, les cernes disgracieux disparaissent sous une base orange, à mettre avant d'étaler le fond de teint.

Le nez qui brille
Un remède très simple : le poudrer.

Le blush
Le blush donne bonne mine. C'est une poudre de couleur qui s'applique au gros pinceau en l'étalant bien, de façon diffuse.

Choisir la couleur
On choisit la couleur d'un blush en fonction de la carnation de sa peau et de la couleur de ses cheveux. Prenez un blush rose ou doré, de teinte plutôt douce. Évitez l'orange ou le rose « pétard ». Si vous avez des rougeurs, ne mettez pas de blush, vous risqueriez de virer au rouge tomate !

Comment mettre le blush
Il se met par-dessus le fond de teint ou la crème teintée et s'applique différemment selon la forme de votre visage.
• Visage rond : pour étirer le visage, le blush doit être mis horizontalement sur les joues en remontant légèrement vers les oreilles ;
• Visage allongé : pour couper le visage, le blush doit être mis complètement horizontalement sur les joues. Il faut en mettre également une touche sur le front et une touche sur le menton pour rassembler et harmoniser ;
• Visage carré : pour arrondir un peu le visage, le blush doit être passé à la verticale en partant des tempes jusqu'au maxillaire supérieur.

Le maquillage

Si votre peau est bien comme elle est, mais que vous voulez simplement avoir bonne mine, vous pouvez utiliser le blush par-dessus votre crème hydratante. Dans ces cas-là, choisissez le blush en fonction de votre carnation. Pour une peau pâle, vous prendrez un blush rose pâle ou orangé. Pour une peau plus mate, préférez une couleur dans la palette des marrons.

• LES YEUX

De jolis yeux, c'est d'abord un joli regard, un regard vivant, qui pose sur les choses et les êtres sa petite lumière personnelle.
Vous n'êtes pas obligée de vous maquiller pour avoir un regard intelligent, lumineux, doux, espiègle... Bien souvent, d'ailleurs, une petite touche de mascara suffit à ranimer un œil un peu fatigué.
Quelquefois, cependant, si vous avez le temps, vous aurez envie de faire les choses bien. Les conseils qui suivent sont destinés à vous guider.
Vos yeux abritent votre regard. Les maquiller, c'est mettre en valeur ce regard.
Pour cela, il suffit de peu de chose : un crayon bien choisi, un mascara de qualité et une bonne technique, élaborée en fonction de la forme de votre œil.

Comment choisir la couleur du crayon

La couleur de votre crayon doit mettre en valeur celle de vos yeux, et non l'annuler ou la tuer (il faut par exemple éviter, quand on a les yeux bleus, de mettre du crayon bleu ou vert).

- Si vous avez les yeux marron, choisissez un crayon marron, noir ou violet foncé ;
- Si vous avez les yeux verts, optez pour le marine, le violet foncé, le mordoré ou le châtain. Mieux vaut éviter le noir lorsqu'on a les yeux très clairs ;

• Si vous avez les yeux bleus, vous avez le choix entre le noir, le marine foncé et tous les mordorés.

Comment mettre du crayon

Le crayon se met différemment selon la forme de vos yeux. Un trait de crayon peut corriger la forme d'un œil, parfois la modifier, mais il faut savoir s'y prendre. Un maquillage au crayon doit être accompagné d'un peu de mascara, qui se met aussi différemment selon la forme des yeux :

• Si vous avez les yeux plutôt petits, ne mettez surtout pas de crayon à l'intérieur de l'œil. Dessinez un trait fin au ras des cils sur la paupière inférieure. Le trait doit partir du milieu de l'œil et aller en s'épaississant vers l'extérieur de l'œil. Faites ensuite la même chose sur la paupière supérieure. Passez ensuite quelques petits coups de pinceau pour dégrader;

Pour allonger un œil en amande, vous devez mettre du mascara sur le coin extérieur des cils en haut et sur les derniers cils du bas.

• Si vous avez les yeux plutôt grands, évitez de les border dessous, mais maquillez la paupière supérieure au ras des cils en dégradant jusqu'au coin de l'œil. Ne mettez du mascara que sur la paupière supérieure;

• Si vous avez les yeux légèrement enfoncés, maquillez uniquement le coin externe de l'œil avec une légère pointe de crayon. Vous pouvez mettre une ombre claire sur la paupière supérieure. Le mascara sera réservé au coin externe de l'œil (les derniers cils);

• Si vous avez les yeux trop rapprochés, ne maquillez que le coin extérieur de l'œil, paupière supérieure et inférieure. Vous pouvez aussi mettre une touche de couleur claire au coin interne de l'œil et foncée au coin externe ;

• Si vous avez les yeux un peu globuleux, ne mettez jamais de crayon sur la paupière inférieure, ou alors juste au coin.

Le maquillage

En revanche, vous pouvez passer votre crayon dans le pli de la paupière supérieure. Évitez le crayon à l'intérieur de l'œil ainsi que le mascara de couleur. Le mascara noir doit toujours être mis à l'extrémité externe des cils. Pour le choix des ombres à paupières, abandonnez les couleurs claires, qui augmentent le volume des yeux ;

• Si vous avez les yeux légèrement tombants, tracez un trait fin sous la paupière inférieure en remontant à l'intérieur de l'œil, dans la paupière, là où elle commence à tomber. Faites un trait dans les cils sur la paupière supérieure. Vous pouvez mettre du mascara en insistant sur le milieu des cils, un peu au bout, surtout pas en bas.

• MAQUILLAGE DU SOIR, ESPOIR

Le soir, quand on sort, on veut être encore plus belle (on se demande bien pourquoi !). C'est l'occasion de parfaire un peu votre maquillage.

Mettez de l'ombre à paupières ou accentuez les couleurs : généralement, vous utiliserez trois dégradés de coloris. Appliquez d'abord la couleur la plus claire sur toute la paupière. Mettez ensuite la couleur lumineuse sur l'arcade sourcilière, puis, enfin, la couleur la plus foncée au coin externe de l'œil et en ligne fine au ras des cils.

QUELQUES TRUCS

• **Quelle que soit votre forme d'œil,** choisissez toujours un mascara foncé (marron ou noir), qui donne de la profondeur au regard ;

• **Le mascara ne doit jamais former de paquet** (trois ou quatre cils collés). Si c'est le cas, après avoir passé votre mascara, lissez vos cils avec une petite brosse adéquate ou, à défaut, une vieille brosse à dents ;

• **Evitez le mascara « waterproof »,** souvent trop agressif ;

• **Ne prêtez pas votre mascara ou vos crayons** à des filles que vous ne connaissez pas : si elles souffrent de conjonctivite, vous êtes sûre de l'attraper.

• **N'oubliez pas les sourcils !** Ils forment un ensemble avec les yeux. S'ils sont trop épais, vous pouvez les épiler (toujours le dessous, jamais le dessus), mais pas n'importe comment ni excessivement : la base du sourcil doit partir du coin de l'œil. Il n'y a rien de plus laid que les femmes qui n'ont plus que trois poils en guise de sourcils ou bien un demi-arc de cercle qui part de la moitié de l'œil.
Vous pouvez marquer vos sourcils avec un pinceau et une poudre que vous répartirez dans la couleur du sourcil, mais sans forcer (attention aux sourcils de clown !).
Enfin, si vos sourcils frisent, passez dessus un peu de mascara transparent : ils tiendront mieux ;

• **Si vous avez les yeux gonflés,** trempez deux ronds de coton (genre Demak'up) dans du thé froid et appliquez-les cinq minutes sur vos paupières closes.
L'effet est garanti !

• **Si vous portez des verres de contact,** choisissez toujours des produits spécifiques. Ils sont en vente chez votre opticien.

C'est bien joli tout ça, mais moi j'ai des lunettes !
Et alors ? Ce n'est pas une tare ! Arrêtez de faire la tête : les lunettes peuvent faire intégralement partie de la séduction d'un visage, de sa personnalité. Il y a même des personnes qui en portent alors qu'elles n'ont en pas besoin !
Au lieu de vous lamenter sur ces « lunettes handicapantes », dites-vous, au contraire, qu'elles ajoutent à votre charme. De jolies lunettes bien portées, c'est comme un joli bijou. Derrière vos verres, figurez-vous, on voit vos yeux légèrement auréolés de mystère. Et quand vous ôtez vos lunettes, cela peut faire beaucoup d'effet. C'est un peu comme si vous offriez à quelqu'un une vision particulière de votre regard, de votre visage. Les yeux qui s'abritent derrière des verres ont souvent un aspect vulnérable, plus sensible que les autres, et quand ils se découvrent ils deviennent terriblement séduisants.
Ne faites pas de complexes inutiles et, surtout, amusez-vous. Jouez avec vos lunettes. Choisissez-les d'abord avec soin, de préférence avec quelqu'un (une amie, votre mère, votre petit copain). Généralement, les opticiens sont de bon conseil, et vous pouvez les écouter.
Ne prenez pas une monture qui ne va pas avec la forme de vos yeux et de votre visage. Exemple : évitez les grosses lunettes si vous avez un tout petit visage et ne vous ruez pas sur les mini-montures si vous avez plutôt un visage large.
Ne choisissez pas forcément la monture la plus discrète, celle qui est tellement triste qu'elle en devient transparente, mais n'optez pas forcément non plus pour la plus loufoque, la bariolée rouge et jaune dont vous pourriez vous lasser très vite (sauf si vous avez le caractère pour assumer).
Vos lunettes contribuent à donner une image de votre personnalité. S'il y a de nombreuses façons de les porter, il y en a une pourtant qui est à proscrire absolument : la façon « fardeau », qui donne l'impression qu'elles pèsent trois tonnes sur votre nez et que tout votre visage disparaît derrière.

• LA BOUCHE
Comme les yeux, la bouche est le siège de nos expressions. Il n'y a pas de critères de beauté standard : qu'on ait les lèvres épaisses ou fines, pulpeuses ou plus discrètes, une jolie bouche est avant tout une bouche vivante, pas morne. Vous avez toutes vu au cinéma les

moues boudeuses de Brigitte Bardot ou de Béatrice Dalle : ne vous forcez pas à les imiter.

Ne vous lamentez pas non plus si votre bouche ne vous permet pas les gymnastiques que vous aimeriez lui imposer. Vous avez votre bouche à vous, le tout est de la mettre en valeur. Pour cela, il y a quelques règles très simples à connaître :

- On peut la voir en premier, on la maquille toujours en dernier ;
- Préférez les couleurs naturelles au rouge « pétant », sauf si vous voulez faire un peu de provocation ;
- De même, il faut éviter les couleurs fluo, souvent vulgaires ;
- Quand vous portez du rouge à lèvres, il doit être assorti à votre tenue : ne mettez pas du rose si vous êtes habillée en rouge ;
- Il faut aussi qu'il soit assorti au blush : pas de rouge rose avec un blush mordoré. De même, si vous avez un blush orangé, choisissez plutôt un rouge à lèvres orangé (ni rose ni rouge) ;
- Si vos lèvres sont desséchées, utilisez un tube de produit hydratant (genre Dermophile indien). Pour que

votre rouge tienne, une petite astuce : passez une couche de rouge, essuyez en pressant vos lèvres sur un mouchoir en papier, poudrez légèrement et repassez une couche de rouge. Le maquillage de vos lèvres peut tenir ainsi toute une journée !

• Pour avoir une bouche parfaite, si vous ne voulez pas que le rouge file, dessinez discrètement le contour de vos lèvres avec un crayon assorti à la couleur de votre rouge à lèvres et passez ensuite le rouge au pinceau. Vous obtiendrez un contour plus net qu'avec un tube.

• Enfin voici deux conseils « correcteurs » : pour épaissir les bouches plutôt fines, faites un tour au crayon en bordant l'extérieur des lèvres. Restez dans les normes et n'augmentez pas plus de 1 millimètre ; pour les bouches plutôt épaisses, bordez l'intérieur des lèvres au crayon (toujours dans la couleur du rouge à lèvres).

Enfin, l'art du maquillage est aussi l'art du démaquillage. Évitez de passer la nuit avec votre khôl ou votre fond de teint. Pour ne pas abîmer votre peau et vous préserver des boutons, il faut vous démaquiller avec le même soin que vous mettez à vous maquiller, c'est à dire par-fai-te-ment.

Le parfum, le bronzage

Le parfum

Le parfum est un peu comme le langage de la peau. De la même manière que vous avez votre personnalité, votre caractère, votre peau a son odeur et son parfum.
Vous avez votre façon d'être, de vous habiller, de vous maquiller, vous avez aussi votre façon de vous parfumer.
Le parfum est une sorte de ponctuation apportée à la toilette, à l'habillement, au corps. Ses effluves signalent votre passage ou votre présence. Il fait partie intégrante de votre charme et souligne votre sensualité.
Le parfum est l'indice d'une personne, ce qui, indépendamment de ses vêtements, demeure comme la parure de son corps. On aime et on s'attache au parfum de quelqu'un. D'ailleurs, vous avez dû le remarquer, les hommes offrent souvent du parfum aux femmes qu'ils aiment.
Quand on choisit un parfum, il faut le faire avec soin. Un parfum qui vous va est un parfum qui vous ressemble. C'est aussi un parfum qui se fond harmonieusement dans votre peau.

Le mieux, pour choisir un parfum, est d'entrer dans une parfumerie et d'en essayer plusieurs modèles. Il faut toujours essayer un parfum sur votre peau à vous, le même parfum ayant souvent des odeurs différentes selon les types de peaux sur lesquels il est mis.
Un parfum s'essaie toujours à l'intérieur du poignet, là où la peau est la plus fine, et il ne faut pas en essayer plus de trois à la suite car après on n'arrive plus à bien sentir.
L'idéal, quand on essaie un parfum, est de pouvoir attendre une heure avant de se décider : la première note du parfum est alors partie et il reste ce qu'on appelle la « note de fond », celle qu'on garde sur sa peau toute la journée.
Il y a autant de parfums que de types de femmes, et selon que vous êtes blonde ou brune, sportive ou lascive, simple ou raffinée, vous choisirez un parfum épicé, musqué, fleuri ou plus capiteux.
Chaque âge aussi a son parfum : le vôtre va plus naturellement vers des notes jeunes et fraîches (et pour cause !).
Enfin, il y a les « gestes » du parfum. Un parfum se vaporise généralement en triangle, d'une épaule au plexus puis à l'autre épaule.
Il peut également se mettre par petites touches : une derrière chaque oreille, une entre les seins et une dans chaque pli des articulations (au poignet, dans le creux du bras, derrière le genou).
Vous pouvez aussi mettre un peu de votre parfum sur vos vêtements (attention aux taches sur les tissus délicats !).

Important : il ne faut jamais s'exposer au soleil avec du parfum sur la peau. Il pourrait en résulter des taches indélébiles.

Le bronzage

Comme le proclamait dans les années 70 un slogan publicitaire vantant une marque de crème protectrice : « Le soleil brille, l'imprudence brûle. » Autrement dit, le soleil c'est bien, le soleil c'est bon (pour le moral, pour le corps), mais il ne faut pas en abuser.
Nous avons besoin de soleil, mais il faut savoir comment le prendre et comment s'en protéger.
Quel que soit le type de votre peau, et surtout si elle très blanche ou parsemée de taches de rousseur, ne vous exposez jamais au soleil sans crème protectrice.
La gamme des crèmes solaires est très étendue, et vous devez trouver celle qui vous convient. Une bonne crème

Le parfum

solaire filtre à la fois les UVA et les UVB (les deux types d'ultraviolets desquels il faut vous protéger). Cette précision doit être marquée sur le tube (anti-UVA-UVB).
Les crèmes solaires protègent plus ou moins bien et ont des indices de protection qui varient, en fonction de la fragilité de votre peau, du chiffre 1 à l'écran total. Sachez qu'aucun produit n'arrête totalement les rayons du soleil et que, même avec un écran total, vous pourrez bronzer (ce qui réjouira celles qui ont la peau très blanche) ; ce sera simplement plus long, mais également plus sûr (vous éviterez les lésions de la peau).
Autre règle d'or : quand on s'expose au soleil, il faut y aller progressivement. Ce qui ne veut pas dire huit heures le premier jour et douze heures le deuxième, mais une heure le premier jour, puis deux, puis trois... Ce n'est pas non plus la peine d'attendre le moment où le soleil est au zénith (entre midi et 2 heures) pour aller faire dorer votre peau toute blanche. Choisissez plutôt des horaires plus doux (avant 11 heures le matin ou après 16 heures l'après-midi). Ce sont les heures où l'on bronze le mieux sans attraper de coups de soleil.
Vous n'êtes pas non plus obligée de vous dorer le côté pile puis le côté face avec l'immobilité d'un toast dans un grille-pain. Pour bronzer plus vite et mieux, marchez, bougez, faites du sport.

Autre principe très important : une crème protectrice s'applique toutes les deux heures. Il faut aussi vérifier si elle résiste à l'eau. Si elle n'est pas « waterproof », il faut en remettre après le bain si vous vous faites sécher au soleil.
À dose raisonnable, le soleil est bénéfique ; les « coups de soleil », en revanche, sont toujours très mauvais. Notre peau

les garde en mémoire et ils peuvent plus tard dégénérer en cancers cutanés. Il faut donc s'en préserver au maximum.
Dernier conseil pour affronter le soleil : il est inutile de vous badigeonner de graisse de vache ou d'autres produits aussi astucieux pour obtenir un bronzage « d'enfer ». D'une part vous abîmez votre peau, ce genre de produit ne contenant aucune protection; d'autre part, c'est vous donner beaucoup de mal pour pas grand-chose : le bronzage, de toute façon, disparaît en quinze jours...
Enfin, pour celles qui ont des boutons, sachez aussi que le soleil est un faux ami de l'acné : si le temps des vacances, les boutons dessèchent et même disparaissent, c'est pour mieux réapparaître à la rentrée, en plus grande quantité! Mieux vaut donc vous protéger en été, comme aux sports d'hiver.
Votre peau peut aussi mal réagir au soleil. Vous constatez alors l'apparition de petits boutons sur les bras et sur le décolleté : c'est la manifestation d'une allergie.
Les allergies au soleil ne s'arrangent pas en vieillissant et elles peuvent aussi gâcher des vacances. Sachez qu'il existe maintenant des traitements préventifs qui empêchent ces éruptions. Demandez conseil à votre dermatologue.

On connaît aujourd'hui les méfaits du soleil. Heureusement d'ailleurs, la mode des peaux bronzées est passée. On peut ainsi se contenter d'être délicatement dorée après les vacances, et ce n'est pas la peine de vous acharner et de brutaliser votre peau pour qu'elle devienne « noire ». La bonne mine a remplacé le bronzage, et le mot d'ordre est désormais au : « Protégez-vous, vous bronzerez ensuite. » Ce qui est sage et reste le meilleur moyen d'obtenir, sans douleur et sans y penser, le bronzage qui convient à votre type de peau.

Les vêtements

C'est parfois une idée fixe : avec ce blue-jean-là et pas un autre, ces bottes, ce blouson, c'est sûr, vous serez radicalement transformée, plus belle, plus libre, plus heureuse. Dans cette tenue miraculeuse, dès demain, vous aborderez une nouvelle vie. Vous y pensez le soir avant de vous endormir. L'idée de porter ces vêtements-là, précisément, vous comble de joie ; vous avez hâte de les mettre.

On a tous connu ces moments-là, où l'on attribue soudain à certains vêtements un véritable pouvoir de transformation ou de « sublimation » de nous-mêmes. Ça fait aussi partie de l'importance secrète qu'on attache quelquefois à notre apparence.

Vos vêtements vous ressemblent. Ils révèlent ce que vous êtes, la vision que vous avez de vous-même, l'état dans lequel vous vous trouvez, votre façon de vous traiter vous-même, de vous occuper de vous. Ils trahissent votre malaise ou expriment votre bien-être.

Quelquefois, on se sent tellement moche, tellement mal dans son corps qu'on s'habille pour se cacher. Quand on est triste ou déprimée, on a tendance à s'habiller de la manière la plus neutre possible, on porte des couleurs sombres, on affiche notre tristesse. Au contraire, quand on se sent mieux, on commence toujours par mieux s'habiller, on cherche à se mettre en valeur. Le vêtement exprime aussi notre rapport au monde. Parfois on s'habille pour plaire au monde, parfois on s'habille contre le monde, pour le choquer. Quand on ne sait pas toujours très bien se définir soi-même, on a du mal à trouver sa façon de s'habiller. On tâtonne. On change. Mais cela n'a pas d'importance.

Ce n'est pas toujours évident de savoir s'habiller, de savoir ce qui vous va. Indépendamment de ses goûts à soi, on est conditionnée par la mode, certaines contraintes familiales, des contraintes budgétaires, et d'autres contraintes plus personnelles : ses complexes ! On se trouve trop grosse, trop maigre, trop plate, trop grande, trop petite, on a l'impression que rien n'est fait pour soi et on ne sait pas quel vêtement porter pour parer ce corps « hors normes ».

Certains jours, on se sent si mal dans sa peau « qu'on ne sait pas quoi se mettre sur le dos », on se change trente-six mille fois dans le quart d'heure sans trouver le vêtement qui nous va. D'autres jours, on se sent plus à l'aise et on se trouve très bien avec un simple jean et un pull-over.

Moins que le vêtement lui-même, c'est la manière de le porter qui importe : que ce soit un jean troué ou une jupe droite, que vous soyez petite, grande, ronde, mince, classique ou excentrique, trouver votre style, c'est trouver les vêtements qui vous ressemblent, dans lesquels vous vous sentez bien, en accord avec vous-même. Un vêtement qui vous va, c'est d'abord un vêtement qui va à votre personnalité, même si celle-ci évolue. Vous vous habillez en fonction de vos humeurs, de vos états d'âme, de vos crises, de vos enthousiasmes, et alors ? Suivez votre mouvement, vous trouverez votre style.

S'habiller comme on en a envie

Certaines arpentent les boutiques pendant des heures pour trouver exactement le même blouson en jean que leurs copines. D'autres, au contraire, chercheront en vain les petites adresses qui ne font pas les mêmes habits que tout le monde. Certaines sont adeptes des marques, d'autres s'en fichent royalement.

On peut s'habiller pour ressembler aux autres ou au contraire pour se démarquer du groupe. On peut aussi s'habiller pour se camoufler, se protéger, dissimuler l'incertitude qu'on a de soi-même ou, au contraire, pour

Les vêtements

se montrer, mettre en valeur ce qu'on trouve de joli chez soi. À certains moments où l'on se sent fragile, les vêtements sont comme une seconde peau, et c'est pour cette raison que nous y attachons autant d'importance.
Si vous n'en avez pas envie, vous n'êtes pas obligée de suivre au pied de la lettre les diktats de la mode, de vos copines, de votre mère ou du lycée. Vous pouvez parfaitement vous habiller au gré de votre fantaisie à vous.
Vous n'êtes pas non plus contrainte de vous abonner à un « style ». Votre façon de vous habiller peut refléter les différentes facettes de votre riche caractère !
Jean, tee-shirt ou sweat-shirt, baskets et blouson : un jour vous serez plutôt « sportive », façon « unisexe ». Jupe, petit pull, collants, ballerines : le lendemain, vous serez résolument féminine.
« Destroy » la semaine dernière, en jean troué et en pull effiloché, on vous verra « clean » tout le reste du trimestre : eh oui, maintenant vous avez besoin de netteté !
Tout en noire un jour, on peut vous trouver multicolore le lendemain : c'est comme ça. Et si vous alternez le maxi et le mini avec une souplesse exemplaire, les gens de votre entourage n'ont qu'à s'y faire !
Inversement, vous avez le droit à l'invariabilité : jean-pull, pull-jean, si c'est ainsi que vous vous sentez le mieux !

Savoir s'habiller « pour les autres »

L'art de s'habiller, c'est aussi l'art de trouver des vêtements qui s'adaptent aux circonstances. De la même manière qu'il y a un savoir-vivre du comportement (*voir chapitre Savoir-vivre*), il y a un savoir-vivre du vêtement, et il faut apprendre à vous y adapter avec souplesse, sans en éprouver un sentiment de contrainte excessif.
Bien entendu, vous ne mettrez pas votre jupette et vos escarpins pour un week-end à la campagne.
Vous n'étrennerez pas non plus votre jolie petite robe noire décolletée au lycée.
Si vous avez un oral d'examen à passer, vous ne mettrez pas votre jupe tube mini, votre pull moulant et vos escarpins à talons (très mal vus des examinateurs, qui penseraient d'emblée que vous cherchez à jouer de vos charmes pour obtenir une bonne note...). Vous opterez plutôt pour une élégante simplicité : une jupe droite ou un pantalon classiques, et un chemisier ou un pull jolis mais de forme et de couleur discrètes.

● Savoir s'habiller, c'est savoir mettre en valeur ce qu'on a de bien et estomper ce qu'on a de moins bien. Nous avons toutes nos points forts et nos petits défauts.

Les vêtements

Les vêtements

Ça, vous le savez. Là où les contrariétés surviennent, c'est quand il faut vous habiller d'une certaine manière dans certaines occasions où vous ne vous sentez pas directement impliquée. Autrement dit, quand il s'agit de faire plaisir à vos parents, votre grand-mère ; ou quand il faut leur « faire honneur » devant des amis, des relations, des invités qui vous indiffèrent.
Vous, vous ne trouvez rien de scandaleux à arborer votre pantalon trompette, vos chaussures à semelle compensée (un exemple au hasard !) et votre mini-pull pour aller au mariage d'une « fille d'amie de vos parents », mais visiblement votre style n'est pas dans le ton et vous vous heurtez à un : « Tu ne vas pas tout de même pas aller au mariage de Clotilde dans cet accoutrement ! »
On a toutes entendu, de la bouche de nos parents, les « Mais tu ne vas pas mettre ça pour aller à la communion de ton cousin ! » ou bien les « Si tu sors avec nous, tu t'habilles convenablement », sous-entendu : « Le reste du temps, tu es une vraie clocharde. » Ça vous exaspère, et rien que pour ça vous auriez envie de virer punkette.
Ne vous mettez pas dans tous vos états. Essayez d'abord de discuter avec vos parents. Il ne s'agit pas de renoncer à votre style, mais d'en trouver un qui convienne à tout le monde. Faites certaines concessions. Exemple : « D'accord, je veux bien mettre une robe » — sans renoncer à votre personnalité —, « mais pas un tailleur

ennuyeux ! » Vous pouvez parfaitement opter pour une tenue « conciliante » qui satisfasse tout le monde. De temps en temps, vous pouvez aussi, sans vous mortifier, quand vous sortez par exemple avec votre mère, mettre cette jupe que vous ne portez jamais mais dans laquelle elle vous trouve « ravissante ». Après tout, regardez les choses froidement : cette jupe ne vous va peut-être pas si mal, elle vous va même pas mal du tout ! Évidemment, elle n'est pas tout à fait en accord avec l'image que vous vous faites de vous-même, elle est plus « habillée », mais enfin, c'est un style, et au fond ça vous va bien les vêtements un peu habillés... pour un soir.

À chacune ses parures

Savoir s'habiller, c'est savoir mettre en valeur ce qu'on a de bien et estomper ce qu'on a de moins bien. Nous avons toutes nos points forts et nos petits défauts. L'ennui quand on se trouve trop grosse ou trop maigre, ou trop ceci ou trop cela, c'est qu'on est tellement obsédée par nos complexes qu'on ne remarque même plus ce qu'on a de bien.
On a tendance à tout cacher, et le beau disparaît avec le reste. C'est regrettable. Souvent aussi, on n'ose pas se mettre en valeur ou bien on ne sait pas. C'est dommage ! Voici donc quelques petits « trucs » à piquer aux stylistes si vous en avez envie.

Les « plutôt rondes »

- Si vous avez les fesses rondes et la taille assez fine, choisissez des pantalons plutôt larges, bien serrés à la taille, que vous porterez avec un pull court et près du corps ;
- Optez pour les jupes droites et les vestes croisées qui mettent en valeur vos hanches ;
- Portez vos caleçons avec une longue chemise en guise de veste, ou une veste qui cache les fesses ;
- Vous pouvez aussi jouer sur les superpositions : une jupe « tube » ou un caleçon avec un pull un peu grand ;
- Dissociez toujours : haut moulant, bas flou, ou vice versa ;
- Choisissez des matières fluides ;
- Épaules, décolleté, poitrine... Montrez vos rondeurs, osez les pulls échancrés, les bodys, les décolletés en V ;
- Les imprimés (fleurs, pois, rayures horizontales) et les couleurs trop vives (rouge, vert, jaune) n'affinent pas

particulièrement la silhouette, mais si vous avez envie d'en porter, de vous amuser, et le caractère pour assumer, pourquoi vous en priver ?

- Sachez que les couleurs plutôt sombres, marron, noir, gris, marine, affinent la silhouette ;
- Évitez les pantalons à pinces qui bouffent sur les hanches, les jeans trop serrés qui boudinent ;
- Si vous avez de jolies jambes, montrez-les !

Les « plutôt maigres »

- Jouez avec les imprimés : grosses fleurs, pois, ou rayures horizontales ;
- Adoptez les superpositions. N'hésitez pas à porter du court sur du long : un pull court sur un pull long, un petit gilet d'homme court sur une chemise longue, sur un pantalon cigarette ;
- Osez les petits tailleurs bien ajustés ;
- Évitez les couleurs sombres, le noir qui fait ressortir la maigreur ;
- Sachez que le blanc ou l'écru grossissent ;
- Si vous voulez mettre en valeur votre poitrine menue, sachez qu'elle prendra du volume sous un pull chaussette et dans un soutien-gorge à balconnet ;
- Portez des minijupes avec des collants opaques si vous avez les jambes un peu trop fines à votre goût ;
- Certaines chaussures épaississent la jambe : les bottines, les chaussures montantes à lacets, les talons bobines.

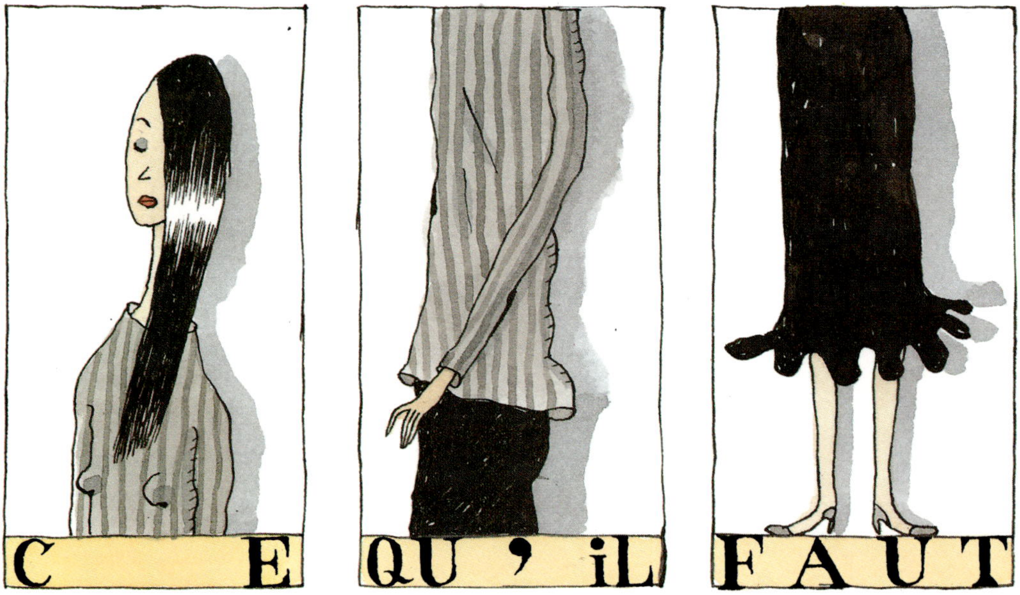

Les « petites »

- Portez du court ;
- Foncez sur les tailles hautes ;
- Marquez votre taille (veste spencer, veste à basques qui s'arrêtent aux hanches) ;
- Évitez le long : jupe et veste longues, qui « rapetissent » ;
- Évitez les gros imprimés, qui tassent ;
- Ce n'est pas parce que vous êtes petite que vous ne pouvez pas porter de ballerines, au contraire ! Les talons trop hauts font souvent ressortir la petite taille.

Les « grandes »

- Évitez les frous-frous : grande jupe plissée, jupe à volants ;
- Optez pour les jupes longues, simples, légèrement évasées en bas, ou les jupes droites très courtes ;
- Sachez que sur vous le style fait « grand style » : tout vêtement un peu marqué se remarque sur vous davantage. À vous de savoir si vous voulez jouer le jeu ou si vous préférez opter pour la sobriété. Vous pouvez alterner !

N'oubliez jamais qu'indépendamment des modes (qui changent) et des conseils (parfois « standardisés »), l'important est que vous vous sentiez bien dans les vêtements que vous portez. Bien, c'est-à-dire aussi le mieux possible, même quand ça ne va pas très bien ! Alors, autorisez-vous vos petites libertés...

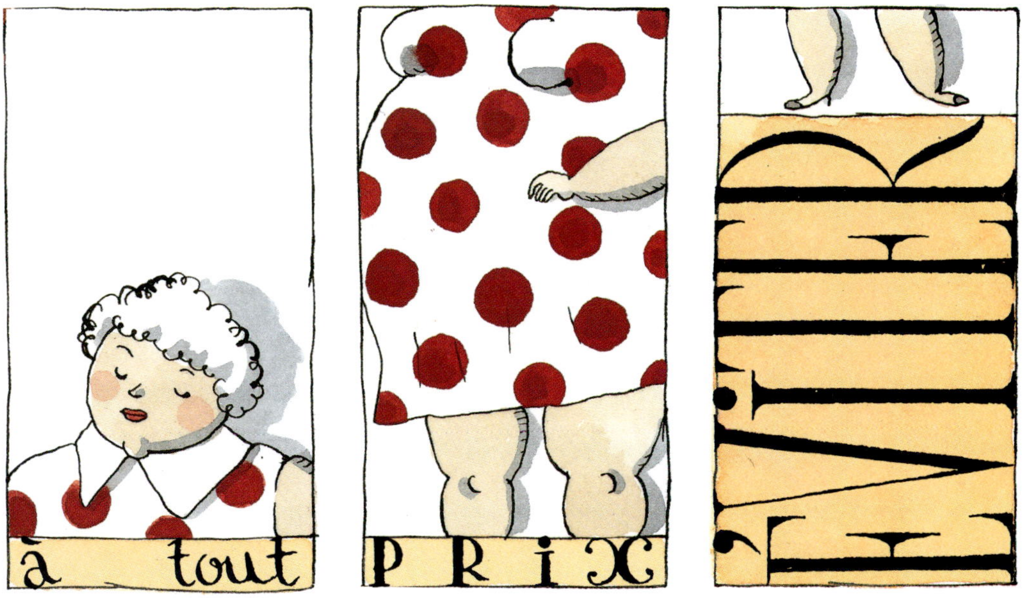

La
Vie amoureuse

Déjà, à cinq ans et demi, vous étiez amoureuse du petit Alfred avec son bonnet à pompon rouge. Vous vous donniez la main dans la cour de récréation, vous échangiez des bonbons. Un peu plus tard, un ami de votre cousin entrevu à un mariage vous fit battre le cœur. Il avait douze ans et vous neuf. Cette fois votre amour était sérieux. Il fut tenu secret, personne ne le sut, même pas lui.

Graves, émouvants, les amours d'enfance restent dans notre souvenir de tendres éblouissements, et tandis qu'en écho résonnent encore les enfantins « Elle est amoureuse ! Elle amoureuse ! » on se tourne déjà, presque étonnée, vers autre chose.

Votre corps change et de nouveaux désirs apparaissent. Des désirs que vous maîtrisez mal, qui vous effraient quelquefois, vous précipitent dans un monde encore inconnu, dont vous allez commencer à faire l'expérience : celui de « l'amour pour de vrai », qui engage le cœur et le corps. C'est une expérience que vous attendez et que vous redoutez en même temps. C'est normal. Les êtres humains sont ainsi faits qu'ils peuvent désirer très fortement quelque chose et en même temps en avoir peur. ▶▶▶

La vie amoureuse

Apprendre à vivre, d'une certaine manière, c'est aussi apprendre à comprendre ses peurs, à les dominer, à les dépasser. C'est souvent long, mais c'est aussi ce qui fait tout l'intérêt de la vie. Dans le domaine de l'amour et de la sexualité, s'autoriser à être ce que l'on est, sans se heurter ni se faire violence, c'est important. Se dire : je suis comme je suis, je vis les choses à ma manière, à mon rythme, n'est pas toujours facile. Il y a tellement de secrets enfouis au fond de soi, tellement de peurs ou de désirs qu'on comprend mal, tellement de contradictions aussi !
Et puis, face à tout cela, il y a ce qu'on est soi, mais il y a aussi ce que sont les autres, ou plutôt ce que vous voyez, ce que vous croyez savoir d'eux. Vous vous demandez souvent : mais comment se débrouillent-ils, eux, par rapport à toute cette nouveauté ? Et vous pouvez avoir le sentiment qu'ils se débrouillent mieux que vous.
Quand on se sent confuse, on a tendance à se comparer aux autres, à comparer ses expériences, ou son manque d'expérience.
Parler de vos doutes, de vos plaisirs, c'est rassurant. C'est souvent réconfortant de savoir ses amies dans la même situation que soi ! Mais, attention, il faut aussi apprendre à vous préserver, à ne pas vous mesurer aux autres. Les autres, souvent, n'en savent pas plus que vous (même s'ils prétendent le contraire) et ne se débrouillent pas mieux que vous (même s'ils en ont l'air). Chacun fait ce qu'il peut, comme il peut, avec ses propres moyens. Il n'y a pas de norme. Moralité : restez vous-même et vivez autant que possible comme vous en avez envie.
À l'image de la vie, parce qu'il est la vie, l'amour est un long apprentissage, constitué d'étapes qui ont chacune leur charme, leur plaisir, leur richesse et leur utilité ! Le mieux est de prendre le temps de vivre toutes ces étapes, un peu comme si on voyageait et qu'on se donnait les moyens de s'arrêter en route pour regarder le paysage.
La sexualité est liée à la vie amoureuse, elle accompagne tout au long de votre vie, la naissance et l'épanouissement de vos sentiments. Avant d'être une « technique à maîtriser », comme on le croit souvent au début, la sexualité s'épanouit avec l'amour. On s'embrasse, on se caresse, on fait l'amour le plus souvent parce qu'on s'aime, et c'est la

profondeur du sentiment qui fait la richesse et la plénitude de la sexualité.

Se rencontrer, se découvrir, s'embrasser, se caresser, faire l'amour, s'aimer, tout cela va ensemble. Ça a l'air simple mais ça peut aussi être compliqué (c'est même souvent compliqué). La vie amoureuse met en jeu des émotions et des sentiments nouveaux. Elle permet de se découvrir une nouvelle identité, d'exister en dehors de sa famille. C'est à la fois réjouissant et difficile.

Commencer sa vie amoureuse d'adulte, c'est s'exposer à toutes ces émotions, à toutes ces découvertes. C'est passionnant, mais ça demande du temps. Parce que ça demande aussi de la maturité.

Le mieux est donc de prendre les choses par leur commencement.

Le flirt

Même si le mot peut paraître aujourd'hui un peu désuet, le flirt est non seulement l'un des moments les plus délicieux de la rencontre, mais c'est aussi une étape essentielle dans l'apprentissage de l'amour et de la sexualité. Le flirt, c'est le temps de l'approche, de la connaissance de l'autre, des premières caresses.

Au début, quand on n'a encore jamais eu de relation sexuelle avec un garçon, on a surtout envie d'être avec lui, tout en douceur. On a envie de le connaître et de se faire connaître de lui. On a envie de partager des choses, de la tendresse, des émotions, mais on n'a pas forcément envie de s'impliquer physiquement totalement. On s'attarde au seuil de la relation sexuelle, peut-être pour y parvenir ensuite, peut-être aussi pour en rester là, parce que tout simplement on n'éprouve pas le désir d'aller plus loin.

Vous pouvez flirter pendant longtemps avec un garçon, tout le temps dont vous avez besoin pour vous sentir prête ensuite à passer à autre chose. Vous pouvez rester au stade du flirt pendant des années si vous vous y sentez bien, ce n'est pas la peine de culpabiliser ni de vous forcer à quoi que ce soit.

Quand on n'a jamais flirté avec un garçon, il arrive qu'on s'en fasse tout un monde, principalement à cause d'une chose : le baiser.

Le baiser

Depuis qu'on est tout petit, on donne des baisers sans réfléchir à la façon dont on embrasse, c'est naturel. Et puis tout à coup, on se retrouve face à un baiser qui n'est pas comme les autres, un baiser qui a l'air de nécessiter une technique très précise et très spéciale, un baiser étrangement intime, qui a l'air très compliqué, tellement compliqué qu'on peut se dire qu'on n'y arrivera jamais. C'est bien la première fois de notre vie qu'on se pose cette question : mais comment embrasse-t-on ?
On a toujours un peu peur la première fois qu'on embrasse quelqu'un. (Même plus tard, quand une femme rencontre un homme, le moment du premier baiser est toujours empreint d'une émotion particulière.)
L'appréhension du premier baiser, c'est en fait la peur du premier baiser « amoureux ». Jamais on n'est entrée en contact de si près avec un garçon. Il y a dans ce baiser une véritable relation d'intimité, la première relation d'intimité avec un garçon. Un organe interne (votre langue) entre en contact avec un autre organe interne (sa langue), et c'est la première fois. C'est comme une première sortie. D'ailleurs, on dit « sortir avec un garçon » à partir du moment où on l'a embrassé.
Accompagné de nombreuses expressions (« rouler une pelle », « rouler un palot »...), ce premier baiser est auréolé de mystère : mais comment s'y prend-on ? Est-ce qu'il faut tourner la langue ? Combien de fois ? Dans quel sens ?... Tout le monde s'est posé ces questions-là, et, cela devrait vous rassurer, tout le monde y a répondu ! Pour la simple et bonne raison que les choses se font na-tu-rel-le-ment.
Donc, faites ce que vous sentez, ça ira très bien.
Un petit détail pour relativiser les choses : on croit que notre premier baiser, on s'en souviendra toute notre vie. En réalité, il arrive bien souvent qu'on ne se rappelle même plus le nom du garçon à qui on l'a donné !

• LE PREMIER BAISER

Contrairement à ce que l'on croit, il n'y a pas de mode d'emploi.
On peut parler d'un « baiser type » : c'est un baiser où les lèvres se collent l'une à l'autre, où les bouches s'entrouvrent, où les langues vont se chercher l'une l'autre pour se mêler dans un lent mouvement qu'on dit de rotation, mais qui ne l'est pas forcément. En fait, c'est

Le flirt

un baiser durant lequel les langues se caressent, doucement, tranquillement, tendrement ou passionnément ! Ce n'est pas technique, c'est instinctif.

Loin des légendes de technique sophistiquée, le baiser amoureux est tout aussi naturel que n'importe quel autre baiser. On s'embrasse quand on le désire, et la nature se charge du reste. Alors, ne faites pas de fixation et laissez-vous aller !

À l'attention des grandes inquiètes du baiser : pour vous donner une idée, dans la famille du premier baiser, on peut en distinguer trois principaux :

1. Le baiser décontracté : on ne s'affole pas, on prend le temps, on commence par se donner des petits baisers sur le visage, puis sur la bouche fermée, puis sur la bouche entrouverte, le reste suit naturellement. C'est celui auquel on prend le plus de plaisir ;

2. Le baiser bien étudié : on se répète cinquante fois comment faire, et on le fait en pensant plus à comment il faut faire (d'après ce qu'on a vu, lu ou entendu) qu'à ce qu'on fait.

L'avantage : on est soulagée une fois que c'est fait (finalement, ce n'était que ça !).

L'inconvénient : trop absorbée par des performances techniques, on n'en a pas tellement profité. Qu'à cela ne tienne, la prochaine fois vous laisserez vos soucis techniques de côté et vous vous rattraperez !

3. Le baiser brusqué : nettement moins drôle. Trop impatient ou épuisé par vos hésitations, le garçon finit par enfourner sa langue dans votre bouche.

L'inconvénient : vous pouvez trouver cela brutal, dégoûtant. Mais mettez-vous à sa place : il n'a peut-être pas suffisamment de patience et d'expérience pour comprendre vos hésitations.

L'avantage : c'est un peu surprenant, peut-être, mais vous pouvez vous dire que cette première fois est enfin passée et que ce n'était pas si terrible que ça ! Cette expérience nouvelle vous a même laissé entrevoir que cela pouvait être agréable...

Toute plaisanterie mise à part, même si vous vous posez mille questions à propos du baiser, soyez sûre que vos appréhensions disparaîtront bien vite.

Avant toute autre chose, s'embrasser donne du plaisir, et le plaisir balaie toutes les craintes.

● Le flirt est l'un des moments les plus délicieux de la rencontre, c'est aussi une étape essentielle dans l'apprentissage de l'amour et de la sexualité. C'est le temps de l'approche, de la connaissance de l'autre.

Sortir avec un garçon

À quel âge normalement peut-on sortir avec un garçon ?

Rassurez-vous tout de suite, il n'y a pas d'âge standard. On a l'âge de ses désirs, c'est tout. Certaines filles échangent leur premier baiser avec un garçon à onze ans, d'autres à quinze ou seize ans, et chacune y trouve son plaisir. Ce qui est sûr, c'est qu'il ne faut pas se forcer, mais laisser les choses venir naturellement.

Je veux sortir avec un garçon pour voir comment c'est.

C'est tout à fait légitime ! On peut très bien être poussée davantage par la curiosité que par un réel sentiment amoureux. Souvent, la première fois, on a envie de sortir avec n'importe quel garçon pour « désacraliser », juste pour voir « comment ça fait ». Pourquoi pas ? Dans ces cas-là, il vaut mieux choisir un garçon doux et gentil, quoi qu'il arrive, car on est souvent moins indifférente qu'on ne le pense et un simple baiser peut aussi vous décevoir. Si vous êtes un peu romantique, attendez de rencontrer un garçon qui vous plaît.

Mes amies sont déjà sorties avec des garçons, pas moi.

Et alors ? Vos amies font ce qu'elles veulent, ce n'est pas une raison pour que vous en fassiez un complexe. La vie sentimentale n'est pas une compétition. Vous n'êtes pas inférieure aux filles de votre entourage si vous n'avez pas encore rencontré le garçon qui vous plaît ! Dites-vous qu'il ne tiendrait qu'à vous, si vous en aviez envie, de sortir aussi avec des garçons. Simplement, vous préférez attendre celui pour lequel vous éprouverez des sentiments. C'est plutôt une preuve de maturité.

Est-ce qu'il peut s'apercevoir que je ne suis jamais sortie avec un garçon ? Est-ce que ça se voit ?

Ôtez-vous de l'esprit cette crainte inutile. Si vous ne le lui dites pas, il ne s'apercevra absolument pas qu'il est le premier garçon que vous embrassez. Il n'existe aucun signe qui permette de se dire : ça, c'est un premier baiser ! Un baiser ne ressemble à aucun autre (heureusement !), et si vous le lui cachez, l'élu de votre cœur n'aura aucun moyen de déceler votre inexpérience en la matière.

Je suis sortie avec un garçon pour la première fois et « ça m'a rien fait ».

C'est souvent le cas ! Le premier baiser ne suscite pas toujours tout l'émoi qu'on en attend. Une première fois est toujours une première fois, et c'est rarement la bonne ! Il faut s'habituer aux sensations nouvelles pour y prendre goût, et c'est au fur et à mesure que l'on fait les choses qu'on apprend à en tirer de plus en plus de plaisir.

Je fais croire à tout le monde que je suis déjà sortie avec un garçon.

Vous revenez de vacances bredouille, mais vous avez honte de l'avouer. Alors vous faites croire à vos amies que vous avez rencontré un « super-mec ». Il était allemand, suédois ou italien (toujours un étranger, ça simplifie la tâche et explique pourquoi vous ne le revoyez pas, par exemple), et vous êtes sortie avec lui pendant quinze jours !
Parfois, on éprouve des hontes idiotes qui nous poussent à mentir et à jouer un rôle devant les autres. Franchement, qui n'a jamais raconté d'histoires ? L'ennui, c'est qu'on peut ne pas en tirer toutes les satisfactions qu'on en escomptait. Le mensonge est un faux ami. Il soulage sur le coup, mais laisse après une sensation d'amertume et de mécontentement. Beaucoup de gens friment, beaucoup de personnes en rajoutent, mais tous sont insatisfaits de ce qu'ils vivent. C'est sans doute aussi parce que vous n'êtes pas satisfaite de vous et de ce que vous vivez que

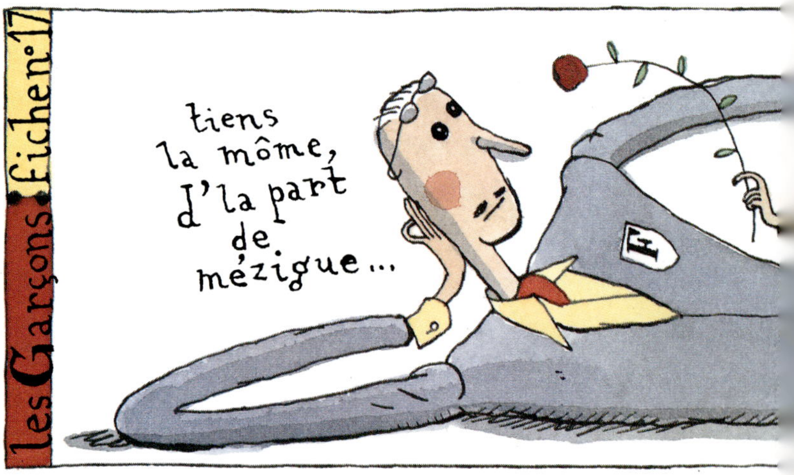

vous racontez des bobards. Après si ça se trouve, vous êtes encore plus malheureuse parce que cela ne fait qu'amplifier votre sentiment de solitude et d'exclusion. Encore une fois, chassez de votre tête l'idée qu'il y a des règles et des normes : ce n'est pas parce qu'on a quatorze, quinze ou seize ans et qu'on part en vacances qu'on doit absolument revenir avec la photo de son petit ami et des souvenirs à faire pâlir d'envie les copines ! Si vous êtes déçue de vos vacances, dites-vous que les prochaines seront meilleures. Si vous êtes ennuyée de ne rien avoir à raconter alors que les autres débordent d'anecdotes croustillantes, dites-vous que votre tour viendra et qu'il n'est pas nécessaire d'inventer un roman à l'eau de rose. Chaque chose que vous vivez n'est pas du temps perdu. D'ailleurs, prises sous un autre angle, vos vacances ont peut-être été réussies... Ce petit exemple pour vous montrer qu'avant toute chose ce qui importe est de vous défaire du regard des autres et de vivre à votre rythme et comme vous l'entendez.

Est-ce que je peux lui dire que je ne suis jamais sortie avec un garçon ?

Il est en face de vous, plein de bonne volonté, et tout à coup vous vous sentez paniquée à l'idée de l'embrasser parce que c'est la première fois. Si vous en éprouvez le besoin, vous pouvez toujours lui expliquer que vous êtes un peu timide parce que vous n'êtes encore jamais sortie avec un garçon. Les garçons aiment bien se sentir forts et expérimentés (même s'ils ne le sont pas plus que vous !), et cet aveu l'attendrira. Vous vous sentirez rassurée de le lui avoir dit, et tout se passera comme sur des roulettes.

Les relations sexuelles

On y pense souvent longtemps avant « de le faire la première fois ». On imagine ce que ça va être, comment ça va être. On s'y sent prête et en même temps on en a un peu peur. On peut retarder le moment où ça va se passer, et puis un jour ça arrive...

Les premières relations sexuelles marquent une étape importante dans votre existence : c'est votre entrée dans la vie de femme. Quelquefois, ça ne se passe pas exactement comme on l'avait imaginé. Il peut y avoir des déceptions, des désillusions. Il faut savoir aussi ne pas y attacher trop d'importance. On apprend les choses petit à petit, cela peut mettre du temps.

De toute façon, on ne sait jamais rien à l'avance. On fait les choses. Il y a des bonnes et des mauvaises surprises. On va de découverte en découverte, on se réjouit, on se trompe aussi. Quand on se trompe, on essaie de comprendre pourquoi, et on en tire les conséquences. Après, on croit qu'on ne se trompera plus, et puis on se trompe encore. On connaît de nouvelles déconvenues, mais on connaît aussi de nouvelles joies ! C'est comme ça que,

petit à petit, on apprend à vivre au plus près de soi. Ceci est valable dans tous les domaines de l'existence : l'amitié, l'amour, le travail, les relations sociales... tout.
Maintenant, votre corps apprend de nouvelles sensations, vous découvrez de nouvelles émotions : faire l'amour, c'est un échange, un mode de communication. C'est un investissement physique, un investissement affectif. C'est une chose sérieuse.
Cela ne veut pas dire que c'est une chose grave. On a le droit de se tromper, on a le droit d'avoir des expériences « ratées ». De toute manière, tout ce que vous vivez vous enrichit, toute expérience vous sert.

La première fois

• À QUEL ÂGE ?

Comme pour le premier baiser, il n'y a pas d'âge standard. On fait l'amour quand on en a envie, quand on s'y sent prête. Certaines filles ont leur premier rapport sexuel très tôt, d'autres attendent plus longtemps, cela dépend de votre maturité physique et psychologique. En moyenne, le premier rapport sexuel a lieu à l'âge de dix-sept ans.

• LA VIRGINITÉ

En 1994, une Française de dix-huit ans sur deux est encore vierge. Seulement 6 % d'entre vous n'attachent aucune importance au fait d'être vierge.
Pour toutes les autres, cette situation signifie donc quelque chose, et par conséquent perdre sa virginité est aussi un événement.
Il y a toujours une ambiguïté par rapport à la virginité : on ne se sent pas encore prête, pas suffisamment mûre pour avoir une relation sexuelle. On attend de rencontrer le garçon avec qui on aura vraiment envie de partager cette première fois et, en même temps, on peut en avoir assez d'être vierge. Cela peut peser.
« Tant qu'on est encore vierge, c'est qu'on n'est pas encore tout à fait une femme », se disent quelques-unes d'entre vous. Certaines filles, au contraire, sont fières de leur virginité. Elles considèrent que c'est un atout, une valeur, cette virginité qu'elles offriront au garçon qu'elles aimeront vraiment, auquel elles en feront cadeau, d'une manière un peu romantique. D'autres peuvent ressentir cela comme un fardeau. Pour peu qu'on fasse allusion à la virginité, elles bafouillent, rougissent, sont gênées. Être vierge signifie pour elles ne pas être « libérées », et elles

Les relations sexuelles

se sentent soudain ridiculement petite fille dans leur corps de femme.
« Je suis vierge, et alors ? » voilà ce que vous devez vous dire. Le passage de l'état de « jeune fille » à l'état de « femme » est une étape suffisamment importante pour ne pas la brusquer, ni la négliger.
Il ne faut pas avoir honte d'être vierge, même si certaines de vos amies ne le sont déjà plus. Qu'est-ce que ça peut faire ? Vous ne faites pas la course ! Vivez donc à votre rythme. Le temps fera les choses pour vous, et quand vous sentirez le moment venu, vous abandonnerez votre virginité tout naturellement.
N'oubliez pas : comme le dit la fable, « Rien ne sert de courir, il faut partir à point ».

• ÊTRE PRÊTE

Être prête pour faire l'amour, qu'est-ce que cela veut dire exactement ?
Pas grand-chose. Chacune d'entre nous a sa réponse personnelle, et on peut avoir envie de faire l'amour la première fois pour de multiples raisons. En terme général, on peut dire qu'être prête signifie qu'on a rassemblé un certain nombre de conditions qui conduisent tout naturellement à avoir une relation sexuelle avec un garçon :

PETIT COURS DE SCIENCES NATURELLES

La virginité est théoriquement l'état d'une jeune fille qui a toujours son hymen intact. Mais on peut aussi être vierge, c'est-à-dire n'avoir encore jamais eu de rapports sexuels, et ne plus posséder d'hymen, celui-ci ayant été déchiré par des activités sportives.

Qu'est-ce que l'hymen ?
L'hymen est la petite membrane située à l'entrée du vagin. Elle est perforée d'un petit trou qui laisse passer le sang des règles.
La taille du trou et la consistance de la membrane varient d'une femme à l'autre.

Comment s'aperçoit-on que l'hymen a craqué ?
Quand l'hymen se déchire lors du premier rapport sexuel, un écoulement de sang se produit. Beaucoup de jeunes filles qui font du sport peuvent avoir un hymen déjà déchiré, auquel cas elles ne saignent pas lors du premier rapport sexuel.

Est-ce que ça fait mal quand l'hymen craque ?
Lors du premier rapport sexuel, la membrane est déchirée par le sexe masculin. Cela peut faire un peu mal.

Est-ce qu'on peut mettre un tampon quand on est vierge ?
Oui, à condition de ne pas forcer si cela vous fait mal (*voir chapitre Règles*).

parce qu'on aime ce garçon, qu'on a confiance en lui, que notre corps le désire et que notre esprit s'accorde à nos désirs physiques. Mais une telle harmonie n'est pas toujours au rendez-vous.
Certaines filles font l'amour la première fois après y avoir longuement réfléchi. Pour d'autres, cela arrive « par surprise », sans qu'elles y aient vraiment pensé. C'est une première expérience que vous vivez, et, même si on peut en dégager quelques lignes générales, chacune a sa façon particulière de la vivre.

Faire l'amour parce qu'on est amoureuse
C'est tout de même ce qu'il y a de mieux, et ce qui se passe dans la majorité des cas. Une relation physique pleinement satisfaisante est indissociable des sentiments. Quand on aime quelqu'un, on a envie de se donner en toute liberté, et c'est de ce don que l'on retire le plus de plaisir. C'est dans une relation d'amour que votre corps apprend à vivre et à ressentir du plaisir avec le corps de l'autre. C'est aussi dans une relation d'amour que vous apprenez à donner du plaisir à l'autre. Même si c'est naturel, au début, ce n'est pas forcément facile, et l'apprentissage demande une attention, une patience, une générosité que seuls des sentiments sincères peuvent apporter.
Les premières fois sont rarement les plus réussies, même quand toutes les conditions sont réunies. Quand on s'aime vraiment, on peut davantage résoudre les petits problèmes qui se posent, passer au-delà des inconnues, surmonter les blocages qui existent souvent. Cette profondeur de sentiment est ce qu'il y a de plus précieux dans la vie. Même plus tard, elle est nécessaire pour lever les obstacles que l'on rencontre au cours d'une vie de couple.
Même si les sentiments varient, s'ils se portent, tout au long de la vie, sur des personnes différentes, être sincère et croire à ce qu'on fait au moment où l'on vit les choses apporte toujours une satisfaction. Le garçon dont vous êtes amoureuse maintenant et avec qui vous choisissez de faire l'amour pour la première fois ne sera peut-être pas celui que vous aimerez toute votre vie, mais c'est en tout cas celui que vous aimez maintenant, tel qu'il est et telle que vous êtes. C'est le principal.

Faire l'amour par curiosité
C'est un choix légitime. Un jour, on en a assez de « ne pas savoir comment c'est », on en a assez d'attendre. On a envie de se sentir une vraie femme. On n'éprouve pas

Les relations sexuelles

forcément de grands sentiments pour le garçon qu'on a choisi, mais on le trouve séduisant, gentil. Il nous attire. Alors, on décide de faire l'amour avec lui.

Faire l'amour la première fois peut être vécu comme une chose légère, cela dépend aussi de votre caractère. Vous pouvez ne pas y attacher une importance fondamentale. Vous pouvez penser que la vie est une suite d'expériences qui apportent des plaisirs différents. Vous vous dites qu'il faut profiter des choses, indépendamment de la profondeur des sentiments. Encore une fois, il n'y a pas de règles, de normes. On peut choisir ce qu'on veut. L'important est de se connaître suffisamment pour ne pas se faire mal inutilement.

Si vous faites l'amour par curiosité, autant savoir à quoi vous en tenir : une première relation sexuelle sans grand investissement affectif peut être très agréable, mais elle peut aussi se révéler décevante. On a imaginé des choses, et puis on se retrouve au lit avec un garçon pour lequel on n'éprouve pas de grands sentiments, qui peut-être n'éprouve pas grand-chose pour vous, et en guise de première fois et de découverte du plaisir on doit se contenter d'un « frottis-frottas » indifférent et un peu froid. Souvent, l'investissement physique est une chose beaucoup plus importante qu'on ne l'imagine, qui met en jeu votre sensibilité, vos sentiments, l'estime que vous avez de vous-même. C'est rarement inoffensif. Il faut avoir beaucoup d'expérience pour que cela le soit (et

encore!), et ce n'est pas votre cas. Vous devez donc faire attention à vous. Si vous êtes déçue, c'est sans doute que vous êtes beaucoup plus sentimentale que vous ne le croyiez ! Alors, ne soyez pas déprimée par votre déception ; vous voyez, vous aurez appris quelque chose sur vous-même !

Faire l'amour parce qu'on a confiance

Vous pouvez vous trouver en face d'un garçon pour lequel vous n'avez pas de grand élan amoureux, mais avec lequel vous vous sentez bien, en confiance. Avec lui, vous êtes sûre que ça se passera « bien » ; vous savez qu'il vous aime. De plus, il vous rassure, et cette confiance mêlée à votre désir de découvrir l'amour physique vous entraînent à le choisir comme premier amant. Il peut y avoir beaucoup de tendresse dans un premier rapport comme celui-ci, beaucoup d'attention. Il n'y aura pas cet investissement sentimental qui donne aux choses une véritable importance. C'est un peu comme si vous faisiez l'amour avec votre meilleur ami. C'est doux, agréable, mais ce n'est pas forcément palpitant. Une première relation sexuelle comme celle-ci est susceptible de rassurer certaines d'entre vous. Elles peuvent avoir l'impression qu'ainsi elles seront tout à fait prêtes pour le prochain garçon qui se présentera et dont elles seront vraiment amoureuses. C'est un peu comme une préparation pour l'avenir. Là aussi, il faut savoir à quoi vous en tenir : ce genre de relation ne vous remuera pas le cœur, et vous pouvez aussi en tirer une impression un peu fade à votre goût. À vous de voir ce qui vous convient.

Faire l'amour parce qu'il en a envie

Il se peut que votre petit ami se mette un jour à insister, à vous presser : « Mais pourquoi tu ne veux pas ? » « Tu verras, ça sera bien. »

De deux choses l'une : soit vous en avez envie, mais quelque chose au fond de vous fait que vous résistez. Si vous l'aimez, peut-être pouvez-vous lui accorder votre confiance. Tout en lui faisant comprendre que pour vous c'est une chose importante, qui vous effraie encore un peu, vous pouvez vous laisser progressivement aller, vous confier à lui. S'il vous aime, il saura vous comprendre sans vous brusquer ; soit vous n'en avez pas du tout ou pas assez envie pour vous laisser aller. Alors, il vaut mieux ne rien faire et vous contenter d'un simple flirt avec lui, en lui faisant comprendre que vous n'êtes pas prête encore pour faire l'amour. S'il ne le comprend pas, tant pis, vous n'allez pas vous forcer.

On peut céder au désir de l'autre et en tirer une satisfaction parce qu'au fond on éprouvait un désir aussi sans oser se l'avouer. Mais on peut également céder au désir de l'autre et se sentir flouée parce qu'on n'avait au fond aucun désir soi-même et qu'on s'est forcée.

Une première relation sexuelle vécue sur ce mode-là n'est pas satisfaisante. Ni physiquement ni psychologiquement. On ne fait pas l'amour avec un garçon parce qu'on craint qu'il vous quitte si on refuse. On fait l'amour avec un garçon parce qu'on en a envie, vraiment.

En aucun cas on ne doit se sentir obligée. Il faut penser à l'autre, mais il faut aussi penser à soi, à ce qui est bon pour soi, à ce qu'on veut soi. Il n'y a pas d'amour sans consentement.

Il peut arriver de faire l'amour avec un garçon pour lui faire plaisir, mais il faut aussi en éprouver soi-même. Si vous ne ressentez pas de plaisir, et que cela se répète, il serait sans doute bénéfique de vous interroger sur votre attitude : pourquoi faites-vous quelque chose dont vous n'avez pas envie ? Peut-être pouvez-vous en parler avec quelqu'un de plus expérimenté que vous, un médecin, un adulte, un proche ? Bien souvent, certains comportements découlent d'une crainte, d'une peur qu'on n'ose pas s'avouer, et le simple fait de se confier aide dans bien des cas à dénouer le problème.

Les relations sexuelles

Je ne me sens pas prête
C'est tout à fait votre droit. Si vous êtes seule, la question de l'autre ne se pose pas, et vous n'avez qu'à tranquillement attendre qu'un garçon que vous aimerez traverse votre existence. Si vous sortez avec un garçon, vous pouvez lui faire comprendre que vous ne vous sentez pas encore prête pour aller au-delà d'un simple flirt. Il peut le comprendre. Avec le temps, l'amour grandit, vous en aurez envie un jour, tous les deux, et cela se fera tout naturellement.

Je veux seulement « dormir » avec lui
Certaines filles éprouvent le besoin de dormir avec leur petit ami, sans rien faire d'autre. Cela fait partie de la douceur du flirt, c'est rassurant. Tout au début, les filles ont souvent besoin de tendresse plus que d'une sexualité accomplie. Pour elles, la tendresse est le début d'une relation sexuelle.
Vous vous imaginez parfaitement vous endormant dans les bras de votre amoureux sans rien faire d'autre avec lui. Pour l'instant, vous ne voulez rien de plus. Pour lui, ce n'est pas évident. Il éprouve des désirs plus impérieux, et le simple frôlement de votre corps contre le sien peut déclencher chez lui des envies irrépressibles ! Ne vous étonnez pas alors qu'il insiste auprès de vous pour « aller plus loin » que le simple câlin. Les envies de dormir avec votre petit ami sont légitimes, mais il faut que vous vous mettiez bien d'accord sur vos intentions pour ne pas qu'il se sente, au dernier moment, floué ou méprisé.

Les relations sexuelles

Souvent, on se prépare à un tendre sommeil, et puis ça se termine en dispute, ce n'est pas très amusant. Autant donc mettre les choses au point tout de suite : si vous êtes d'accord, vous pourrez alors vous endormir tendrement l'un contre l'autre. Soyez quand même consciente que, de la part de votre « fiancé », accepter ce « deal » est une jolie preuve d'amour !

• COMMENT ÇA SE PASSE LA PREMIÈRE FOIS ?

Même si tout va bien, qu'on est très heureuse de cette future « rencontre », on a toujours peur la première fois. On a toujours peur de toutes les premières fois en général, mais de celle-là encore un peu plus. C'est normal.

Bon. On ose espérer que vous n'êtes pas complètement écervelée et que vous avez pris les dispositions nécessaires (*voir chapitre Contraception*) pour que vous n'ayez pas de craintes inutiles en prime. N'empêche, vous avez quand même la tremblote, et c'est bien légitime. Déjà, pour vous rassurer, dites-vous que tout le monde passe par là, et que lui aussi, même s'il affiche le contraire, éprouve une certaine appréhension. À moins qu'il ne

soit très expérimenté, pour lui non plus ce n'est pas facile. Beaucoup de questions se bousculent aussi dans sa tête.
Soyez philosophe : un début reste un début. Il n'y a jamais de garantie de résultat ! Si c'est réussi, tant mieux ; si c'est raté, tant pis, n'en faites pas une maladie !
Il n'y a jamais de problèmes sans solutions, alors ne vous crispez pas sur vos questions : elles ne sont pas sans réponses. C'est souvent d'ailleurs la nature qui y répond le mieux. Quelques exemples :

● Les premières relations sexuelles marquent une étape importante dans votre existence : c'est votre entrée dans la vie de femme.

Je n'ai jamais fait l'amour, mais je n'ose pas le lui dire

C'est un peu idiot. De plus, il s'en apercevra très vite. Alors jouez franc-jeu. Il n'y a pas de coquetterie ni d'orgueil mal placés à avoir. Ce n'est pas une tare de ne jamais avoir fait l'amour, il faut bien un commencement à tout. Un garçon est toujours fier de savoir qu'il est le premier, même si cela lui fait un peu peur. Surtout s'il n'a pas non plus beaucoup d'expérience, il se sentira investi d'une mission. Il voudra que les choses se passent au

Les relations sexuelles

mieux pour vous, il fera attention à ne pas vous brusquer. Contrairement à ce que vous pouvez penser, les filles ont souvent un rôle moins difficile dans ces cas-là, elles portent moins de responsabilités, elles sont moins tenues à ce que ce premier rapport soit un succès. Le garçon, lui, est davantage préoccupé par l'idée que « ça marche ».
Dire au compagnon que vous aimez que vous n'avez encore jamais fait l'amour, c'est établir avec lui une relation de confiance. Cela ne peut que faciliter les choses.

J'ai peur qu'il me trouve moche
Dans « J'ai peur qu'il me trouve moche », il y a surtout cet aveu : « J'ai peur de me montrer toute nue devant lui. » C'est compréhensible. Ce n'est facile pour personne de se montrer nu pour la première fois devant quelqu'un. Même plus tard, quand on a eu plusieurs expériences, ce n'est toujours pas facile. La pudeur est un sentiment humain.
Quand on se montre nu, on se dévoile totalement, on s'expose au regard de l'autre, donc à la crainte de ses critiques. Soudain, on n'est plus très sûr de soi, de son corps, et on peut avoir envie de se cacher.
Généralement, rassurez-vous, les choses se font naturellement. On ne se déshabille pas comme ça, brusquement. Cela se passe progressivement, dans la tendresse, avec des caresses, c'est un préliminaire. Si vraiment vous êtes très gênée, vous pouvez très bien vous mettre sous les draps, c'est plus facile, vous aurez l'impression d'être davantage protégée, et la découverte de vos corps respectifs se fera dans l'intimité des couvertures.
Petit à petit, vous vous habituerez au fait d'être nue avec lui, devant lui, vous y trouverez même du plaisir. Vous oublierez tous vos complexes, et cela vous semblera la chose la plus naturelle du monde.

Dites-vous bien aussi qu'on ne trouve jamais laide la personne qu'on aime. Il n'y a donc aucune raison qu'il vous trouve moche, d'abord parce que vous ne l'êtes pas, ensuite parce que même avec tous vos défauts vous êtes pour lui la personne la plus désirable qui soit. La nature fait bien les choses : c'est aussi à travers une relation sexuelle satisfaisante qu'on apprend à aimer son corps et à s'y trouver bien. Le corps s'épanouit avec les caresses qu'on lui prodigue, les plaisirs qu'on lui procure, et petit à petit vous apprendrez à avoir une vision beaucoup moins crispée et beaucoup moins limitée de votre enveloppe corporelle.

Les relations sexuelles

Je ne sais pas quoi faire, comment m'y prendre, je me sens coincée

Il l'est peut-être autant que vous mais il le montrera moins. Si vous êtes tous les deux un peu embarrassés ou timides, vous serez peut-être plus rassurée, vous vous direz que vous en êtes au même point que lui, et du coup vous vous découvrirez peut-être plus de liberté que vous ne le soupçonniez. S'il a l'air plus expérimenté que vous, dites-vous que c'est une chance, il vous guidera. Ne vous affolez pas. Ne vous dites pas : il faudrait que je fasse ceci, il faudrait que je fasse cela. Si vous n'en avez pas envie, ne faites rien, laissez-vous faire, c'est ce qu'il y a de mieux. Là encore, il n'y a pas de gestes codés.

Toucher l'autre, le prendre dans ses bras, le caresser, sont des gestes instinctifs qui viennent tout seuls au moment où l'on en a envie. C'est aussi avec les gestes de l'autre que vos propres gestes naîtront. S'il est tendre avec vous, vous aurez envie d'être tendre avec lui, à votre manière. Si vous vous sentez en confiance, vous vous sentirez aussi plus libre.

Ne faites pas de complexe si vous vous sentez très « raide » la première fois. C'est fréquent. Ça ira mieux la fois suivante. C'est tellement nouveau, il vous faut le temps de vous habituer !

L'intimité ne se crée pas forcément tout de suite, et il faut que vos deux corps prennent le temps de se trouver bien ensemble. Dans ces moments-là, il se passe aussi beaucoup de choses dans votre tête, vous pouvez avoir des craintes, des idées auxquelles vous n'auriez jamais pensé en temps habituel, et cela peut vous bloquer. Ça aussi c'est normal.

Une sexualité pleinement vécue demande un temps d'apprentissage, la patience de passer chaque étape. Vous n'en êtes qu'au tout début, et il faut vous accepter avec vos petites défaillances. Progressivement, vous découvrirez votre liberté de mouvement, des sensations nouvelles. L'important, c'est que tout cela se déroule dans la confiance, sans contraintes.

J'ai peur que ça me fasse mal

L'amour physique, c'est avant tout du plaisir. Des plaisirs différents, plus ou moins intenses, plus ou moins profonds. Au début, on se familiarise avec ces plaisirs, on les découvre. Il se peut que cette découverte s'accompagne d'une crispation. Il se peut aussi que vous ne laissiez pas facilement aller votre corps, que vous ne le laissiez pas

vivre facilement tous ces plaisirs. C'est normal puisque c'est nouveau et que tout ce qui est nouveau est un peu déroutant.
Vous vous laissez plus facilement aller aux caresses, qui restent externes, mais l'acte sexuel vous impressionne davantage. Le garçon a ses propres craintes, il se demande s'il va y arriver par exemple. La jeune fille, si elle est plus passive, craint surtout que cela lui fasse mal. Il se peut que le premier rapport soit légèrement douloureux, pour plusieurs raisons (*voir Pénétration*), mais très vite ce léger mauvais souvenir s'efface au profit du plaisir que cela procure. Si vous avez mal, n'hésitez pas à en parler avec votre partenaire. La peur d'avoir mal est une appréhension commune à toutes les jeunes filles, mais, rassurez-vous, elle empêche rarement d'accomplir l'acte sexuel. Ça se fait simplement doucement, progressivement, comme toute chose à son début.

Est-ce qu'il faut se protéger ?
Évidemment, nécessairement, absolument! Dès le premier rapport sexuel, il faut vous protéger pour ne pas risquer d'être enceinte. Il faut aussi vous protéger pour ne pas risquer d'attraper le Sida (*voir Contraception*). Avoir des rapports sexuels, c'est entrer dans une vie d'adulte, il faut donc vous comporter comme tel. Être adulte, c'est être responsable de soi, mais également des autres dans la mesure du possible. Alors ne faites pas de bêtise, on compte sur vous !

Est-ce normal d'être déçue la première fois ?
Vous aviez imaginé des tas de choses, une étreinte magnifique, vous comptiez sur un plaisir suprême, une révélation, et puis soit cela ne s'est pas très bien passé (vous avez eu mal), soit vous n'avez rien senti. Vous êtes déçue. Vous vous dites « c'était donc ça !» et vous avez envie de pleurer parce que vous avez l'impression, d'une certaine manière, d'avoir été trahie.
Remettez-vous, c'est un sentiment très courant, et ce n'est pas aussi grave que vous le pensez. S'il n'y a pas de normalité dans le domaine sexuel, il y a quand même des points communs à toutes les expériences, dont celuici : c'est rarement bien la première fois. Même plus tard, quand vous faites l'amour pour la première fois avec quelqu'un, il est rare que cela marche vraiment très bien. Il faut toujours le temps d'apprendre à connaître l'autre, de « trouver ses marques ».

Pour vous, c'est doublement la première fois. C'est la première fois que vous faites l'amour. Et en plus c'est la première fois que vous faites l'amour avec ce garçon-là. C'est beaucoup en même temps. Il faut vous raisonner, et vous dire que ce sera mieux la fois suivante.
Si vous vous aimez tous les deux, les rapports suivants se dérouleront de mieux en mieux. Après tout, heureusement qu'on n'a pas tout dès le début, la vie serait bien ennuyeuse !

J'ai peur de l'amour

Vous pouvez avoir très envie de faire l'amour avec un garçon que vous aimez, mais ne pas vous résoudre à « passer à l'acte ». Certaines filles prennent même la pilule, elles prévoient tout, et puis au dernier moment elles calent. Quelque chose les bloque, elles ne savent pas quoi. Une peur les saisit, qu'elles n'arrivent pas à bien définir. Si vous êtes dans cette situation, ce n'est pas honteux, ce n'est pas absolument anormal, simplement il ne faut pas rester isolée avec cette peur. Vous pouvez en parler avec votre petit ami, vous pouvez aussi en parler à un adulte, de préférence une femme, qui saura vous écouter et vous comprendre parce qu'elle aussi aura connu ces mêmes hésitations. Si vous n'avez pas envie d'en discuter avec votre mère (cela se comprend, c'est votre vie à vous), parlez-en à un médecin, votre gynécologue par exemple. Souvent, il suffit d'un dialogue avec quelqu'un pour dénouer des problèmes qu'on croyait insurmontables.
En tout état de cause, évitez de rester avec des craintes qui vous encombrent et vous empêchent de vivre la vie que vous voulez. C'est trop dommage ! Autant vous en délivrer le plus tôt possible, surtout que la plupart du temps les problèmes sont sans gravité.

Les relations sexuelles

Les gestes de l'amour

Faire l'amour, c'est naturel, mais c'est aussi un apprentissage. Ce n'est pas « cric crac, et puis voilà ». Dans la relation physique, on apprend à se connaître, à connaître l'autre, à découvrir son corps dans de nouvelles dimensions. Toute la joie de l'amour réside dans ces découvertes successives qui se font dans une relation d'échanges et de dons mutuels. L'éveil du corps est inséparable de l'attention, de la générosité et de la tendresse. L'amour est tout un art, et c'est dommage de le bâcler.

• LES CARESSES

C'est avec les caresses qu'on apprend à découvrir le corps de l'autre et son propre corps.

Au début, on n'ose pas toujours se laisser aller aux caresses. Il y a des caresses timides, on peut être gênée parce qu'on a les mains froides, les mains moites, les mains qui tremblent un peu. C'est normal. Toucher pour la première fois le corps de l'autre, sa peau, est une expérience qui peut être intimidante. On ne sait pas toujours si ça lui fait plaisir, comment lui faire plaisir. On ne sait pas toujours comment s'y prendre. La timidité rend les gestes précipités, maladroits, tout cela c'est normal. On peut mettre un certain temps avant de trouver la tranquillité, l'apaisement dans les caresses. Se caresser, c'est se guider l'un l'autre, découvrir ensemble les endroits du corps où l'on aime être caressé. Si vous êtes avec un garçon un peu timide, n'hésitez pas à guider sa main doucement vers les zones sensibles de votre corps. Il y a à la surface du corps des zones qu'on appelle « érogènes », plus sensibles que d'autres et qui génèrent, quand on les touche, quand on les caresse, une forte excitation sexuelle.

Les parties érogènes classiques sont toutes les zones sexuelles, chez la femme comme chez l'homme. Mais chacun a ses préférences. Une simple caresse dans le cou, sur l'épaule, au creux des reins, à l'intérieur des cuisses peut déclencher une excitation très forte.

Se caresser, c'est apprendre à connaître votre corps et celui de l'autre dans ses moindres détails, ses moindres secrets. C'est une véritable exploration ! Cela demande du temps, de la patience, de la douceur, de la tendresse. Les caresses sont nécessaires. Elles sont le préliminaire de toute relation physique. Elles préparent le corps à l'accomplissement de l'acte sexuel.

Il y a des caresses qui vont d'elles-mêmes, qui sont d'emblée acceptées. Il y en a d'autres qui peuvent susciter en vous une surprise, une gêne, une peur parfois. Entre autres la fellation (excitation buccale du sexe de l'homme) et le cunnilingus (excitation buccale des organes génitaux féminins).

Dans l'amour physique, chacun a ses désirs, ses fantasmes, et vous ne devez pas en être choquée. Mais il ne faut pas non plus vous forcer à quoi que ce soit si vous n'en avez pas envie. Chaque geste de l'amour, pour qu'il soit accompli dans le bonheur, réclame un accord, un consentement plein et entier. Si vous ne sentez pas cette adhésion, ne vous faites pas violence. Chaque chose vient en son temps, et c'est le plus souvent le degré d'intimité, de maturité et d'expérience qui commande tout simplement les gestes de l'amour.

• LA PÉNÉTRATION

La pénétration du sexe de l'homme dans le vagin de la femme est l'accomplissement de l'acte sexuel. Pour qu'elle suscite du plaisir, la pénétration doit avoir lieu quand les deux partenaires en ont envie.

La première fois, cet acte peut être douloureux. Votre vagin n'est pas habitué à recevoir le sexe d'un homme. Vous pouvez alors ressentir un léger blocage un peu

Les relations sexuelles

douloureux. Votre vagin peut aussi être trop sec, parce que vous vous crispez, ce qui rend plus difficile la pénétration. Dans ces cas-là, il ne faut surtout pas forcer. Il vaut mieux attendre, reprendre les caresses et recommencer plus tard. Le désir et le plaisir que procurent les caresses provoquent des sécrétions qui humidifient le vagin et rendent plus facile la pénétration. Parfois, ces sécrétions sont insuffisantes. Vous pouvez alors utiliser des lubrifiants spécifiques vendus en pharmacie ou, plus simplement, un peu de salive ou un peu d'eau.

La peur que cela vous fasse mal ne doit pas vous empêcher d'accomplir l'acte sexuel. Il faut simplement y aller doucement, progressivement. Là aussi, cela dépend beaucoup de votre partenaire. Si vous le trouvez trop rapide ou trop brutal, n'hésitez pas à le lui dire et retardez le moment de la pénétration. Si vraiment vous souffrez trop, n'insistez pas la première fois. Mais si cela recommence par la suite, mieux vaut consulter. Vous déterminerez avec votre gynécologue les causes de cette souffrance.

Le plus souvent, la douleur au moment de la pénétration est due à des blocages psychologiques. En parler avec votre médecin vous soulagera et vous aidera à dédramatiser certains problèmes. En aucun cas il ne faut avoir honte de ses difficultés et rester seule avec ce « poids ». Il est préférable de s'en débarrasser le plus rapidement possible pour jouir d'une vie sexuelle satis-

● Miniature indienne, école de Kangra.

Les relations sexuelles

● Miniature moghole, XVIIIe siècle.

faisante. Dites-vous bien que vous n'êtes pas la seule dans votre cas. Tout le monde a ses petits problèmes, ses petites inhibitions, cela fait partie de la vie.
Avant d'avoir recours au médecin, vous pouvez aussi essayer de trouver des solutions ensemble : si la pénétration vous impressionne, si cela crée en vous des blocages, vous pouvez très bien, pendant quelque temps, avoir des relations sexuelles sans pénétration. Vous aurez ainsi le temps de vous détendre et d'éprouver vraiment l'envie d'un rapport plus complet.
L'acte sexuel, c'est aussi apprendre à sentir l'autre, trouver ensemble la façon, les positions qui vous donnent le plus de plaisir. C'est une longue initiation, cela ne se fait pas tout de suite. (Si vous ne voulez pas mourir idiote, vous pouvez jeter un coup d'œil dans le Kama-sutra, qui est, sur le mode oriental, le grand livre de l'amour.)

• FAIRE L'AMOUR PENDANT LES RÈGLES

On peut tout à fait faire l'amour pendant les règles, il n'y a aucune contre-indication. Certaines femmes simplement n'aiment pas ça ou n'en ont pas envie.

• LE PLAISIR

La jouissance, ou plaisir sexuel, varie selon les individus. Chacun a sa propre façon d'éprouver du plaisir, sa propre échelle d'intensité. Là non plus, il n'y a pas de

Les relations sexuelles

● Miniature moghole, XVIIIe siècle.

critères standard. L'important, encore une fois, n'est pas de vous référer à une norme ou à ce que vous disent les autres (attention, les gens à ce sujet dissimulent souvent la vérité !), mais de trouver votre propre plaisir et d'en être satisfaite.

Démarrer sa sexualité n'est pas une chose simple, et 65 % des filles sont déçues par leur premier rapport sexuel (sondage *Marie-Claire*, 1993).

Le plaisir est aussi un apprentissage. Le plus souvent, il n'est pas au rendez-vous la ou les premières fois. Il arrive plus tard, lorsqu'on est davantage familiarisée avec l'amour physique.

Il y a différentes formes de plaisir. Le plaisir procuré par les baisers, par les caresses, en particulier par la stimulation du clitoris, et le plaisir apporté par la pénétration.

Pour beaucoup, le plaisir procuré par les caresses est plus facile à atteindre. Et celui que provoque la pénétration est plus flou. Ne vous en faites pas. Chaque chose vient en son temps. L'important est que vous soyez bien.

On ne ressent pas toujours les choses de la même manière, et l'on peut parfaitement éprouver beaucoup de plaisir sans arriver forcément à l'orgasme. Au début même, c'est tout à fait normal.

Qu'est-ce que l'orgasme ?

L'orgasme, point culminant du plaisir, se caractérise (en

simplifiant) par des contractions successives des muscles du vagin qui se répercutent dans le ventre, puis dans tout le corps, accompagnées d'une sensation de chaleur. On peut avoir des orgasmes clitoridiens (provoqués par la caresse du clitoris) et vaginaux (provoqués par la pénétration). Quand on a un orgasme, on le sent, on se trouve après dans un état de détente et de satisfaction qui n'a pas d'équivalent.

J'ai du plaisir mais pas d'orgasme

Vous pouvez éprouver du plaisir par des caresses ou la pénétration mais ne pas avoir d'orgasme. Encore une fois, ce n'est pas la peine de faire une fixation. L'intensité du plaisir dépend aussi du degré de liberté que l'on a acquis par rapport à beaucoup de choses : ses peurs, son éducation, ses inhibitions.

D'une certaine manière, on éprouve le plaisir qu'au fond de soi on s'accorde, et cette autorisation qu'on se donne, souvent à notre insu, peut demander beaucoup de temps, parfois plusieurs années. Le plus important, dans la relation amoureuse, c'est d'éprouver suffisamment de plaisir pour être heureux, se sentir bien, sans frustrations d'aucune sorte et indépendamment des critères généraux d'appréciation. Le plaisir évolue de toute manière avec le temps et l'expérience. Il n'est jamais vraiment le même, et reste toujours une découverte.

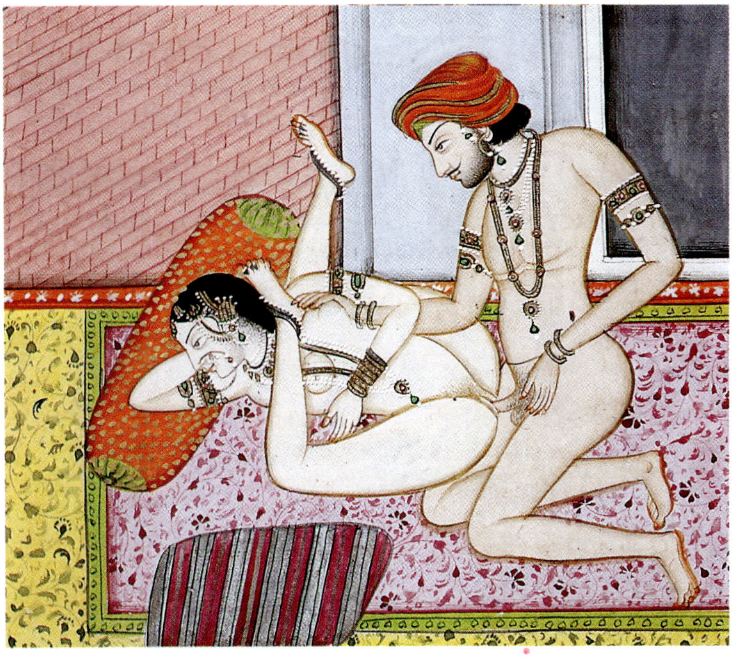

● Miniature érotique, indienne, XVIIIe siècle, coll. part.

La virginité

Longtemps liée en Europe à certaines valeurs morales et religieuses, la virginité est devenue aujourd'hui dans nos sociétés une affaire privée, intime. La libération sexuelle, la contraception, la quête de l'épanouissement individuel ont balayé pour un grand nombre de femmes les anciennes notions « d'honneur et de pureté » et la virginité n'est plus soumise qu'à la seule liberté de la personne concernée.

Pourtant, rares sont encore aujourd'hui, à travers le monde, les sociétés qui laissent la femme disposer librement de sa virginité. Auréolée de mythes et de tabous, elle est soumise à des lois et fait l'objet, selon les pays et les religions, de rites bien précis. Dans l'ensemble des pays musulmans, à quelques exceptions près, les filles ne peuvent arriver que vierges au mariage. Toute leur éducation consiste à sauvegarder ce bien le plus précieux, il y va de l'honneur de la famille.

Au Maroc, le code de statut personnel, le Madawana, affirme le droit du mari à la virginité de la femme. Le jour du mariage, la preuve de la virginité de la jeune femme doit être constatée et proclamée publiquement : une sage-femme, le jour des noces, vérifie « l'intégrité » de la jeune épouse et la proclame aux femmes de l'assistance. Celles-ci accueillent la bonne nouvelle avec des chants : les « youyous ». Du Maroc en Afghanistan, la preuve de la défloration doit être produite sous la forme d'un linge, drap ou chemise, taché du sang virginal que le mari, dès l'acte accompli, donne aux femmes de la famille qui attendent dehors : l'honneur de la femme est sauf et la virilité de l'homme est alors consacrée.

La valeur attribuée à la virginité s'impose également dans cer-

tains pays d'Afrique noire. Chez les Kotokoli du Togo, la virginité de la femme doit être constatée à plusieurs reprises : lors du premier coït conjugal, le rite veut que la nouvelle épousée se débatte et refuse l'étreinte : « Pour le premier coït, la femme résistera farouchement à son mari. C'est au prix d'une lutte âpre que l'homme connaîtra sa femme. »

Le père du marié s'enquiert ensuite de l'état dans lequel son fils a trouvé sa jeune épouse. « Je l'ai trouvée à la maison » ou bien « Ma femme est un nouveau-né » constitue la bonne réponse. S'ensuivent alors des envois de cadeaux (noix de kola blanche) et des remerciements à la famille. Inversement « Je ne l'ai pas trouvée à la maison » grève aux yeux du mari le prestige de son épouse. Le défaut de virginité peut aboutir ainsi, dans certaines tribus d'Afrique, à casser le mariage.

Chez les Indiens du Brésil, la virginité de la jeune femme a une telle valeur économique que la naissance d'une fille est davantage souhaitée que celle d'un garçon. Certaines femmes portent ainsi au cours de leur grossesse un cordon autour de leur taille pour s'assurer d'avoir une fille. Inversement, certaines sociétés accordent peu d'importance à la virginité de la femme : au sud du Sénégal, les relations sexuelles avant le mariage et la naissance d'enfants illégitimes sont parfaitement tolérées. D'autres sociétés privilégient avant toute chose la fertilité de la femme : les Masaï préfèrent ainsi épouser une jeune mère plutôt qu'une jeune femme vierge. Ils peuvent même renvoyer à son père une fille vierge et réclamer une génisse en dédommagement. Tant qu'il n'aura pas reçu la génisse, le futur mari peut refuser de déflorer sa femme.

● Auréolée de mythes et de tabous, la virginité est soumise à des lois et fait l'objet, selon les pays et les religions, de rites bien précis.

SOURCES

***La première fois ou le roman de la virginité perdue*,**
Bardet, Ramsay, 1982.

***Terre des femmes*,**
Panorama de la situation des femmes dans le monde, sous la direction d'Elisabeth Paquot, Éd. La Découverte Maspéro, Boréal express, 1982.

***The politics of reproductive ritual*,**
Karen Ericksen Paige,
University of California press, 1981.

Les relations sexuelles

Je n'ai pas de plaisir

Si vous n'éprouvez aucun plaisir, ni avec les caresses ni avec la pénétration, et que cette absence de plaisir dure, il faut essayer de comprendre pourquoi. Vous pouvez en parler avec votre petit ami, si vous avez suffisamment confiance en lui. Vous pouvez aussi vous confier à votre gynécologue. Il vous aidera à déterminer les causes de cette absence de plaisir, à voir plus clair en vous.

L'absence de plaisir est souvent due à des blocages enfouis au fond de nous, et le fait d'en parler peut être très libérateur. Si vraiment cela vous pose un gros problème que vous ne pouvez pas surmonter seule, il ne faut pas hésiter, ni avoir honte. Parlez-en éventuellement à un psychothérapeute. Il sera là pour vous écouter, vous orienter, vous aider à comprendre les causes de votre problème.

Vous pouvez aussi ne pas avoir de plaisir parce que votre partenaire est inexpérimenté. C'est alors à vous de le guider, autant que vous le pouvez. Vous apprendrez tous les deux à connaître vos corps.

Du côté des garçons

Le désir, chez le garçon, n'obéit pas à des fluctuations hormonales comme chez la femme. (Physiologiquement, une femme a plus envie de faire l'amour au moment de l'ovulation, c'est-à-dire à la période où elle peut avoir un bébé. La nature est bien faite tout de même !) De la même manière, le plaisir masculin est plus simple (même s'il ne l'est jamais tout à fait).

Vous n'êtes pas la seule à vous poser des questions. Sous leurs airs de fanfarons, et malgré tout ce qu'ils peuvent

bien clamer, les garçons s'en posent aussi : auront-ils une érection au moment fatidique ? Arriveront-ils à vous pénétrer ? Parviendront-ils à vous donner du plaisir ? Enfin, seront-ils à la hauteur ? Autant d'interrogations qui se bousculent aussi dans leurs têtes.
La peur la plus répandue chez les hommes, surtout lorsqu'ils sont jeunes, est l'éjaculation précoce : l'impossibilité de retenir ou de maîtriser l'éjaculation.
Comme vous, autant que vous, même s'ils ne le montrent pas, les garçons ont aussi besoin d'être rassurés. Vous n'êtes pas le centre du monde, et c'est aussi à vous de les mettre en confiance, avec douceur, compréhension et générosité.

• APRÈS L'AMOUR

Les relations sexuelles marquent une étape dans la vie amoureuse. Elles modifient les choses. Pour la plupart d'entre vous, le fait d'avoir fait l'amour avec le garçon que vous aimez est une chose importante. C'est une preuve d'amour, de confiance, de générosité. Vous avez l'impression de vous être investie, de vous être donnée totalement, et, dans une certaine mesure, vous attendez de lui des gestes de tendresse, d'attention, une reconnaissance à la mesure de votre amour. Veillez tout de même, pour certaines d'entre vous, à ne pas trop « idéaliser » ce moment. Une relation amoureuse, c'est d'abord deux volontés qui vont ensemble, et l'on peut parfois, en pensant trop à soi, avoir tendance à l'oublier...
Quand deux personnes s'aiment, on pourrait croire que les choses se font toutes seules. C'est formidable, on est sur la « même longueur d'onde », c'est le bonheur. Cela

arrive par moments, heureusement, mais tout n'est pas toujours aussi clair et limpide, et l'on peut parfaitement s'aimer énormément sans pour cela se comprendre au quart de tour. Une relation comporte toujours des zones d'ombres, d'incompréhension, rien n'est jamais acquis. Mais c'est aussi cette « inconnue » qui pousse deux êtres à rester ensemble.

Il se peut ainsi qu'au lendemain d'une nuit d'amour on soit déçue par la réaction de l'autre. On a vécu les choses d'une certaine manière, on s'attendait à ce que pour lui ce soit pareil, et on s'aperçoit qu'il n'en est rien. Il réagit au contraire d'une manière qui vous déconcerte. Avant de vous alarmer, essayez de comprendre ce qui se passe. Certes, l'autre ne réagit pas toujours comme on le voudrait. Il a sa manière à lui d'éprouver les choses, de les vivre, de les exprimer. Aimer l'autre, ce n'est pas vouloir qu'il soit comme vous, c'est au contraire accepter sa différence. Une relation n'est possible qu'à cette condition. Un petit conseil : ne perdez pas cette idée de vue lorsque vous commencez à vous poser des questions...

Il ne me témoigne pas assez de tendresse, pas assez d'attention

D'abord, que signifie « assez »? Souvent, l'inquiétude de ne pas être aimé peut entraîner une demande d'amour énorme. On exige alors de l'autre beaucoup plus qu'il ne peut donner, et cela provoque des malentendus.

Bon, cela dit, sans aller jusqu'à vous vénérer, vous aimeriez bien qu'il se montre attentif et tendre à votre égard. Or, s'il n'est pas moins gentil que la veille, il ne l'est pas plus, il est pareil. Comme si ce qui s'était passé n'avait rien changé entre vous, alors que pour vous justement, ça a tout changé.

Ne vous inquiétez pas tout de suite. Cela ne veut pas dire qu'il ne vous aime pas, il réagit différemment, c'est tout. Ce qui s'est passé entre vous a aussi certainement de l'importance pour lui, mais il ne le manifeste pas comme vous le souhaiteriez. Peut-être aussi ne sait-il pas se montrer attentif et tendre comme vous le voudriez. Sans doute est-ce à vous de le lui apprendre, en lui témoignant cette attention et cette douceur dont vous avez besoin.

Souvent la tendresse appelle la tendresse, l'attention appelle l'attention. S'il n'est pas réceptif à ce langage des gestes et du cœur, vous pouvez vous expliquer clairement avec lui, lui faire part de vos sentiments, lui dire

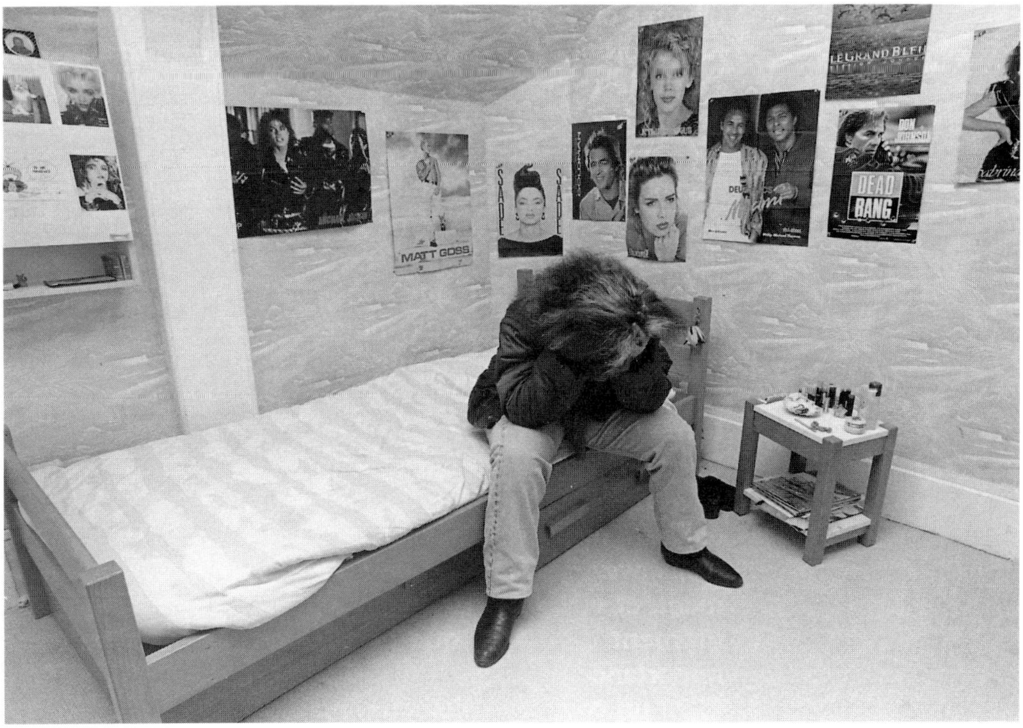

que vous avez besoin de vous sentir « rassurée » par lui. Peut-être qu'en discutant avec lui, vous vous apercevrez aussi que votre demande est un peu « exagérée ». N'exigez pas tout tout de suite. Laissez-lui le temps de vous comprendre. Prenez celui de vous apaiser. Si, à plusieurs reprises, il ne vous témoigne pas plus de tendresse et d'attention que ça, et que vous en souffrez, alors là vous pourrez commencer à vous interroger sur la nature de ses sentiments à votre égard.

● Aimer l'autre, ce n'est pas vouloir qu'il soit comme vous, c'est au contraire accepter sa différence. Une relation n'est possible qu'à cette condition.

Tous les deux, nous sommes déçus

Les peines comme les joies sont souvent partagées, et la plupart du temps on est deux à souffrir du même problème. Ainsi, vous aviez mis tous les deux beaucoup de cœur et d'espoir dans ce moment intime, mais tout ne s'est pas passé de la manière que vous souhaitiez. Au lendemain de la première étreinte l'enchantement disparaît : vous êtes déçus. Vous vous reprochez mutuellement des choses ou, au contraire, chacun prend les torts de son côté, vous vous chamaillez, vous vous regardez comme des étrangers, vous vous désespérez, votre réaction n'est pas nuancée. Bref, tout s'écroule. C'est aussi douloureux pour vous que pour lui. Avant de prendre de grandes résolutions, retrouvez votre calme.

Les relations sexuelles

Comme on l'a dit, cela ne marche pas toujours bien la première fois. Il ne s'agit pas d'avoir tout juste ou tout faux, il s'agit de trouver un accord entre vous. Et cet accord demande souvent du temps. Dans ces cas-là, au lieu de tout envoyer promener, on peut essayer d'assumer cette déception ensemble. L'amour, c'est aussi savoir faire face à deux aux difficultés, même si elles se présentent au tout début !

Il se peut cependant que vous ne soyez pas assez mûrs, ou pas assez amoureux, pour cela. Parlez-en tous les deux avant de prendre une décision.

Il me laisse tomber

Pour vous, faire l'amour avec lui signifiait vous lier à lui, si ce n'est pour la vie, du moins pour un bon bout de temps. Vous n'avez pas fait ça à la légère, c'était sérieux. Vous avez le sentiment de vous être engagée complètement, et voilà que vous vous apercevez, au sortir de ce moment d'amour, que cela n'avait pour lui aucune importance réelle.

C'est un constat douloureux, mais ce sont des choses qui peuvent arriver. Vous avez l'impression d'une véritable trahison, et cela fait mal. Votre orgueil en prend un coup, c'est certain. C'est même peut-être ça qui vous fait le plus souffrir. « Comment peut-il me faire ça à moi ?» «Comment peut-il ne pas m'aimer? » C'est toujours ce qu'on se dit quand on est quitté par quelqu'un. Ne vous attardez pas sur les blessures d'orgueil, elles sont peu de chose, et s'y complaire n'apporte rien. Avant de vous précipiter dans le désespoir, demandez-vous aussi si cela en vaut la peine. Finalement, ce garçon ne s'est pas investi dans votre relation, et en plus il n'a pas compris l'importance que vous y attachiez. « Tant pis pour lui! » Un garçon qui vous laisse choir après la première nuit d'amour ne vaut pas le coup d'être pleuré. Il ne mérite ni votre amour, ni la sincérité de vos sentiments, ni la poursuite de votre attachement à lui. Vous valez mieux que ça, et vous le savez. Vous en aurez la preuve très vite et, la prochaine fois, vous donnerez ce qui vous semble le plus précieux à quelqu'un qui sera en mesure de l'apprécier à sa juste valeur!

Au début, on est souvent très romantique, même trop, et on a tendance à projeter ce romantisme sur les autres. Ça ne tombe pas toujours bien. Mais rien n'est jamais perdu : vous, au moins, vous aurez vécu cette rencontre pleinement, sincèrement. Cela vous aura certainement apporté quelque chose de positif, vous vous en apercevrez une fois

Les relations sexuelles

votre chagrin passé. Plus tard, vous comprendrez peut-être aussi que si ce garçon ne vous aimait pas, même s'il s'en est aperçu a votre goût un peu tard, ce n'était pas non plus de sa faute. Tout le monde peut se tromper, et ce qui lui arrive peut aussi un jour vous arriver!

• EN PARLER

Quand il s'est passé quelque chose d'important dans notre vie, on a envie d'en parler. Faire l'amour la première fois est un événement, et cela peut susciter des questions, des interrogations. Il est bien normal que vous ayez besoin d'en parler à quelqu'un, ou dc comparer vos expériences avec des amies. Encore une chose importante : si quelque chose s'est mal passé ou vous a heurtée, n'hésitez surtout pas à en faire part. Ne restez pas seule avec vos doutes, votre déception, vos questions sans réponses.
Donc, à qui en parler?

À lui en premier lieu

Il est tout de même le premier concerné. Vous avez vécu quelque chose ensemble, vous avez partagé une intimité physique, vous devez donc normalement pouvoir parler ensemble et répondre tous deux aux questions qui se posent. Le dialogue avec l'autre est une marque de respect, de considération, une preuve de maturité.
Quand l'amour qui lie deux êtres est suffisamment fort, il suffit à résoudre tous les petits problèmes qui se posent. Il ne faut donc pas hésiter à aborder avec lui les questions qui vous semblent importantes. Quand on se parle bien, à cœur ouvert, cela renforce la relation, la confiance s'épanouit, et c'est d'autant mieux pour la suite.
Il se peut cependant que vous ayez encore trop de pudeur vis-à-vis de lui, qu'aborder certains problèmes avec lui vous gêne. Vous pouvez aussi considérer que ces problèmes vous sont trop personnels et que, pour l'instant, vous n'avez pas envie de les lui dévoiler. Adressez-vous à ce moment-là à d'autres personnes de confiance.

À votre sœur

Si vous avez une sœur aînée avec qui vous avez de bonnes relations, vous pouvez vous confier à elle. Ses propres expériences ne ressemblent sans doute pas à la vôtre, mais elles peuvent vous éclairer. Avec une sœur, on peut avoir une intimité suffisamment grande pour parler de choses très personnelles en toute liberté. Cela dépend des rapports que vous entretenez avec elle.

Les relations sexuelles

● Quand il s'est passé quelque chose d'important dans sa vie, on a envie d'en parler. Surtout, ne restez pas seule avec vos doutes, votre déception, vos questions sans réponses.

À votre mère

Certaines filles ont avec leur mère des relations de grande complicité. Elles lui confient tout. Il y a cependant un moment où l'on peut se sentir gênée de parler de certaines choses avec sa mère, et c'est bien normal. Inversement, votre mère peut aussi se sentir mal à l'aise. Votre sexualité vous appartient, c'est votre vie, et ce n'est peut-être pas une bonne idée d'aller lui raconter vos problèmes.

Une mère est toujours partie prenante, et ce n'est pas facile pour elle de vous donner des conseils objectifs. Quoi qu'il arrive, vous serez toujours sa petite fille, et il peut y avoir un grand décalage entre les questions que vous vous posez et les réponses qu'elle vous apporte.

Bien sûr, il y a des mères confidentes, des mères qui rassurent, mais n'est-ce pas mieux de laisser votre mère en dehors de détails trop intimes touchant à votre vie privée ? Vous pourriez regretter de vous être par trop épanchée auprès d'elle, et cela peut susciter en vous des confusions dont vous n'avez pas besoin. Il vaut mieux trouver ailleurs d'autres interlocuteurs, moins impliqués et donc plus objectifs.

À vos amies

Les copines, pour parler de la sexualité, c'est souvent ce qu'il y a de mieux. Avec une amie, il n'y a pas de pudeur. On peut parler des choses dans les détails, car c'est souvent sur les détails que vous vous arrêtez : « Comment ça se fait qu'il a fait ça ? » « Comment se fait-il que j'ai ressenti ça et pas ça ? » « Est-ce que toi aussi tu éprouves ça ? » « Je n'arrive pas à faire ça. » « Il m'a dit ça, est-ce que c'est normal ? »... Bref, autant de questions auxquelles vous essayez de répondre ensemble en comparant vos expériences et vos sensations. Parler avec les amies, ça rassure. Vous vous apercevez que vous n'êtes pas la seule dans votre cas, que les questions que vous vous posez sont bien communes, et ça soulage.

Quelquefois, pourtant, les copines n'ont pas assez d'expérience elles-mêmes pour apporter une réponse vraiment satisfaisante aux questions que vous vous posez.

Et puis, il y a parfois des questions très intimes dont on n'ose pas toujours faire part à ses amies, de peur d'être ridicule ou de passer pour une anormale. Dans ces cas-là, il est recommandé de vous tourner vers une personne à la fois compétente et qui n'est pas engagée affectivement dans une relation avec vous.

À votre gynécologue

Un médecin (homme ou femme selon votre préférence) est là pour répondre à toutes les questions que vous vous posez. Il n'y a aucune pudeur à avoir avec lui, il est prêt à tout entendre. Il vous donnera un point de vue objectif sur la situation, et cette objectivité vous rassurera totalement. Il vous donnera des conseils, vous dira quoi faire en fonction de votre situation. Un gynécologue n'est pas seulement là pour soigner, il est là pour vous écouter, pour vous aider à résoudre vos problèmes, quels qu'ils soient, pour vous orienter. Vous pouvez parfaitement avoir avec lui un dialogue franc, sans dissimulation. Même si vous êtes gênée au début de lui parler de certaines choses, faites un effort pour surmonter votre timidité, vous n'en serez que plus satisfaite.

Il n'y a aucune honte à se poser des questions, et vous n'êtes ni la première ni la dernière à qui cela arrive.Toutes les questions touchant à la sexualité sont les plus naturelles du monde, et tout être humain y est confronté un jour.

Les relations sexuelles

La masturbation

La masturbation a beau être une chose parfaitement naturelle, on éprouve toujours une certaine gêne à en parler. On a un peu honte, on peut penser que c'est une pratique « malsaine », inavouable, se sentir coupable.
La masturbation fait partie de la vie. Tout petits, les enfants se masturbent déjà. Les adultes se masturbent aussi. C'est une manière de se donner du plaisir. Avoir envie de se masturber et le faire, c'est normal. On peut aussi ne pas avoir envie de se masturber, c'est normal aussi. La masturbation est une façon de combler un désir. Elle peut être aussi un moyen de vivre une attente, l'attente de ce qu'on voudrait déjà être sexuellement : une femme qui s'offre au plaisir. L'attente de l'autre, de l'homme qui vous fera éprouver la même chose. On se donne un plaisir solitaire parce qu'on n'a pas encore l'occasion de vivre un plaisir partagé. La masturbation peut aussi apprendre à connaître son sexe, à découvrir son plaisir. Elle n'est pas un problème, quelque chose d'immoral ou de honteux. Elle fait partie de la sexualité. Simplement, il ne faut pas s'en contenter.

L'homosexualité

L'adolescence est une période de troubles. On découvre son corps, sa sexualité : cela peut effrayer. Parfois, pour se rassurer, on peut être tenté de chercher refuge auprès d'une personne du même sexe que soi. On peut aussi ne plus savoir où l'on en est.
« Il y a de l'homosexualité chez chacun de nous, mais sans que nous en ayons conscience et sans que nous ayons envie de passer à l'acte. Elle fait partie des forces qui soutiennent l'amitié. À l'adolescence, des attirances conscientes, des élans affectifs pour quelqu'un de notre sexe, des "flammes" arrivent à tout le monde. Elles sont passagères, et il ne faut pas s'en affoler. Il ne faut pas croire non plus que si une fois on a été amoureux de quelqu'un du même sexe, ou simplement attiré, on est homosexuel » (*Françoise Dolto, psychanalyste*).
Si vous avez des craintes, des doutes, des questions qui vous angoissent, il est important de ne pas les garder pour vous. Vous pouvez très bien en parler à quelqu'un de confiance, un proche, un médecin. Ici encore, on ne le répétera jamais assez, c'est dans le dialogue avec un adulte en qui vous avez confiance que vous verrez plus clair en vous et que vous pourrez dédramatiser certains problèmes.

Les relations sexuelles

La contraception

Normalement, la contraception est un ensemble de méthodes qui permettent à un homme et à une femme d'avoir des rapports sexuels sans risque de grossesse.
La contraception ouvre un espace de liberté : quand on est protégée d'un risque de grossesse, on se sent libre de son corps, de ses mouvements. Assumer une contraception est aussi une preuve de responsabilité. Aujourd'hui, on le verra, avec l'apparition du Sida, le problème de la contraception a changé. Et plus que jamais, cette responsabilité doit être pleinement partagée par l'homme et par la femme.

• LES PRÉSERVATIFS MASCULINS

Aujourd'hui, pour vous préserver d'une grossesse mais surtout pour vous protéger du Sida, les préservatifs masculins, ou « capotes anglaises », s'imposent. Ils doivent absolument être votre premier moyen de contraception. Même si vous pensez « J'aime ce garçon, je lui fais confiance », dites-vous bien que, quand il y a un risque de maladie mortelle, faire confiance ne veut rien dire! Dans cette situation, ce n'est pas une preuve d'amour, mais une preuve de stupidité.
Le Sida n'arrive pas qu'aux autres. Il n'est pas la maladie exclusive des groupes dits « à risques » : toxicomanes, homosexuels, hémophiles. Il touche aussi maintenant les hétérosexuels. Alors, ne faites pas confiance aveuglément, placez votre romantisme ailleurs et adoptez la seule attitude possible : protégez-vous. Même si c'est la première fois pour vous et pour votre partenaire.
Le préservatif ne doit pas être une contrainte, il doit faire partie intégrante de l'acte sexuel. Ayez l'habitude d'en avoir toujours avec vous. Apprenez à le mettre à un garçon. Vous devez considérer son utilisation comme une chose normale, naturelle.
Même si vous en avez assez des discours alarmistes, même si vous êtes fatiguée qu'on vous rebatte sans arrêt les oreilles avec ça, dites-vous que le meilleur moyen de ne pas céder à la panique, et de ne penser qu'à l'Amour avec un grand A, c'est de faire entrer une fois pour toutes le préservatif dans votre vie quotidienne.

Les relations sexuelles

Ce manque de liberté apparent dans les rapports sexuels peut vous paraître triste, absurde, injuste, aujourd'hui tout le monde est dans le même cas. Pour l'instant, on ne peut rien faire d'autre que prendre chacun ses responsabilités. C'est seulement à ce prix que vous retrouverez un espace de liberté.

Autant apprendre tout cela dès maintenant, dès votre premier rapport sexuel. Vous ne savez pas ce que l'avenir vous réserve, et si vous ne prenez pas dès maintenant l'habitude de faire l'amour avec un préservatif vous n'oserez jamais l'imposer plus tard à votre partenaire.

Où trouver des préservatifs ?

Les préservatifs s'achètent en pharmacie, dans les grandes surfaces ou les distributeurs automatiques. Ils doivent toujours porter sur leur emballage l'estampille NF (« norme française »). Choisissez-les avec un réservoir pour éviter tout risque de « craquage ».

Le garçon, comme la fille, doit acheter des préservatifs. Même si votre petit ami vous semble responsable, mieux vaut être prévoyante : prenez vous-même l'habitude d'en acheter. Entrer dans une pharmacie et demander une boîte de préservatifs doit vous paraître aussi naturel que d'acheter du pain chez votre boulanger. Il n'y a pas à en rougir, même si, rassurez-vous, tout le monde rougit la première fois.

Comment met-on un préservatif ?

D'abord, n'ouvrez pas la petite pochette qui enveloppe le préservatif avec des ciseaux, vous risqueriez de le couper en même temps. Attention aussi aux ongles !

Le préservatif se met sur le sexe en érection. Il se pose à l'extrémité de la verge et se déroule doucement. Vous devez vérifier qu'il n'y a pas de poche d'air au bout. Si le préservatif ne comporte pas de réservoir, ne l'enfoncez pas complètement ; il faut laisser un peu d'espace entre le bout du préservatif et l'extrémité de la verge, sinon le caoutchouc pourrait craquer.

Pour qu'il n'y ait aucun risque de dissémination du sperme à l'intérieur de votre vagin, le garçon doit toujours se retirer avant la fin de l'érection, en maintenant avec ses doigts le préservatif sur son sexe.

Il ne faut jamais utiliser deux fois de suite le même préservatif. Il ne faut pas non plus le rincer à l'eau pour le réutiliser. Tout préservatif qui a servi se jette obligatoirement à la poubelle.

Bien utilisé, le préservatif est un moyen de contraception très efficace.
Quand on le met mal, il peut cependant y avoir des accidents : il arrive que le latex craque parfois. Si un tel incident se produit, pour prévenir tout risque de grossesse il faut demander sur-le-champ à votre gynécologue la pilule du lendemain (*voir paragraphe Pilule*).

L'amour avec un préservatif

• Il ne veut pas en mettre
C'est tout de même de plus en plus rare, mais certains garçons encore inconscients peuvent refuser le port du préservatif. Dans ces cas-là, ne cédez pas : refusez tout rapport sexuel non protégé. Il finira bien par se rendre à la raison. S'il ne le fait pas, c'est qu'il est idiot, dangereusement immature ou bien qu'il ne vous aime pas.
• J'ai peur de ne pas savoir lui mettre le préservatif
Ce n'est pas une obligation. Il peut le mettre tout seul. Vous pouvez aussi lui demander de vous apprendre à le mettre, si vous ne savez pas. Et si pour lui c'est aussi la première fois, vous apprendrez à le placer ensemble !

PETIT RAPPEL

Pour comprendre comment fonctionne la contraception, il faut d'abord savoir ce qu'est la fécondation.
La fécondation, ou fusion du spermatozoïde et de l'ovule, aboutit à un œuf, qui devient embryon. L'ovule, d'abord expulsé par l'ovaire (*voir schéma page suivante*), est rattrapé par la trompe, dans laquelle il reste en attendant d'être fécondé.
De leur côté, les spermatozoïdes, déposés dans le vagin lors du rapport sexuel, rentrent (aidés par la glaire) dans l'utérus par le col utérin, traversent la cavité utérine et arrivent dans la trompe. Là, ils retrouvent l'ovule : la fécondation peut commencer. Sur des milliers de spermatozoïdes émis dans le vagin, seulement une partie d'entre eux ira dans l'utérus et un seul, l'élu, fécondera l'ovule.
Cette fécondation aboutit à un œuf. Ce dernier reste quarante-huit heures dans la trompe, puis il est expulsé dans la cavité utérine. Il se fixe alors sur l'utérus et s'enfouit à l'intérieur de la muqueuse utérine. La fécondation est terminée : la nidation commence.
Pour éviter une grossesse lors des rapports sexuels, il y a plusieurs moyens :
• On empêche les spermatozoïdes de passer : c'est la contraception mécanique, le principe des préservatifs masculins (capote anglaise) ou féminins (diaphragme) ;
• On détruit les spermatozoïdes dans le vagin : c'est la contraception chimique, le principe des spermicides ;
• On rend impossible la nidation : la fécondation a lieu, mais on empêche l'œuf de s'implanter dans la muqueuse utérine, c'est le principe du stérilet ;
• On agit sur l'ovulation, c'est le principe de la pilule.
Actuellement, le problème de la simple contraception est supplanté par la nécessité de se protéger du Sida. Tous les moyens contraceptifs choisis doivent donc obligatoirement s'accompagner de l'usage du préservatif.

Les relations sexuelles

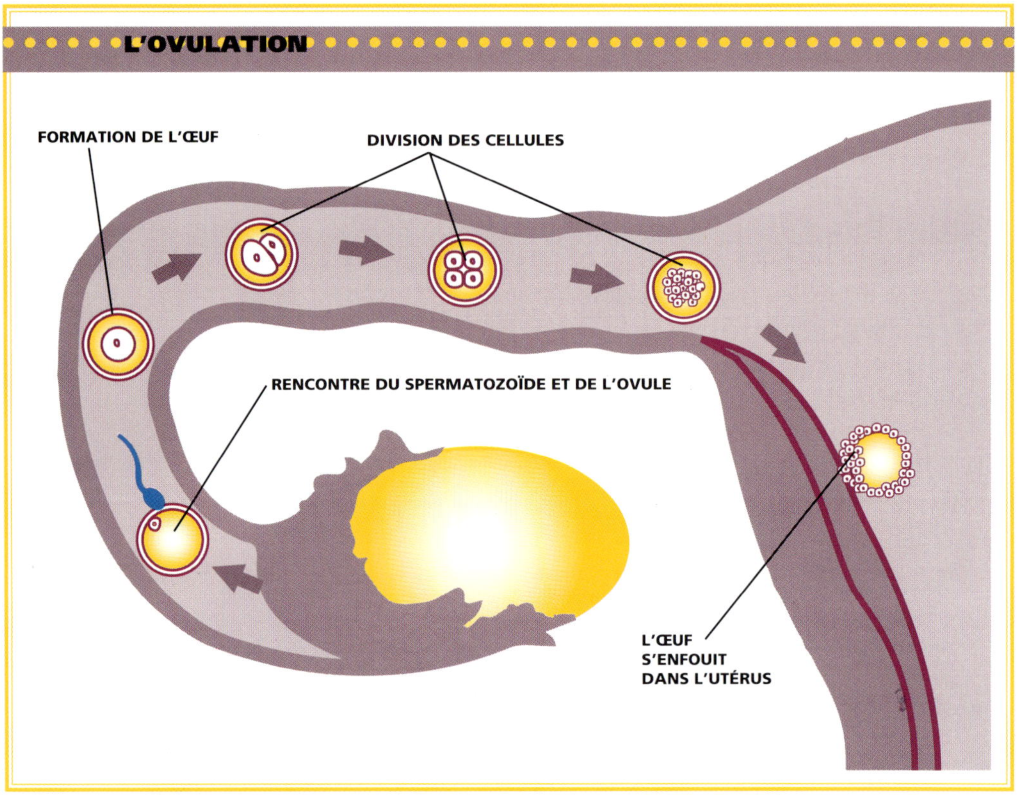

•Je n'aime pas ça

Les « Je n'aime pas ça », « On ne sent rien », « Ce n'est plus de l'amour, c'est une performance technique », bref toutes les bonnes raisons qui consistent à reculer devant le port du préservatif, ne sont pas valables. Ce sont des réticences psychologiques. Le préservatif n'empêche pas de bien faire l'amour et d'éprouver du plaisir.

Quant aux affirmations du genre « J'ai confiance en lui, il ne me trahira pas », évitez. Ne soyez pas stupidement romantique. Ce n'est pas une question de confiance ou de méfiance, c'est une question de responsabilité.

Si vous avez une liaison qui dure longtemps, vous pouvez parfaitement utiliser des préservatifs au début (au moins pendant trois mois), puis, après avoir pris les précautions d'usage (*voir paragraphe Sida*), utiliser seulement la pilule comme moyen contraceptif. Attention, cela demande d'avoir une parfaite confiance dans votre partenaire. Si ce n'est dans sa fidélité (personne, dans ce domaine, ne peut jamais prévoir), du moins dans son sens des responsabilités (s'il vous fait des infidélités, il doit utiliser un préservatif ! Dites-le-lui...).

Précisons que malgré toutes les campagnes d'information sur les risques de contamination par le virus du Sida, les premiers rapports non protégés sont encore fréquents. En France, « plus de 80 % des adolescents déclarent qu'ils utiliseront le préservatif pour échapper au Sida, 60 % comme moyen de contraception. Mais le préservatif n'est utilisé que par 50 % des jeunes lors du premier rapport sexuel et par 65 % des 16-24 ans qui ont plusieurs partenaires. » Alors ! Qu'est-ce que vous faites ?

• LA CONTRACEPTION ORALE ŒSTRO-PROGESTATIVE : LA PILULE

La pilule bloque l'ovulation (pas d'expulsion d'ovule de l'ovaire) et elle diminue la remontée des spermatozoïdes en modifiant la glaire cervicale (substance sécrétée en abondance au moment de l'ovulation par des glandes situées dans le col de l'utérus et qui favorise la remontée des spermatozoïdes). Elle rend également la muqueuse utérine impropre à la nidation. Il n'y a donc plus de cycles, plus d'ovulation. Le sang qui s'écoule entre deux prises de pilule est une hémorragie due à la chute des hormones, ou hémorragie de privation.

Très important : la pilule est un excellent moyen de contraception, mais en aucun cas elle ne protège du Sida.

Quand prendre la pilule ?

À cause du problème du Sida, il n'est plus impératif aujourd'hui de prendre la pilule dès le premier rapport sexuel. Le préservatif suffit. Si vous êtes une inquiète, vous pouvez toutefois doubler les précautions : prendre la pilule pour être sûre de ne pas tomber enceinte en cas d'« accident de capote » et adopter de toute manière le préservatif tant que vous n'êtes pas sûre de votre partenaire.

Certaines filles prennent la pilule avant même d'avoir un petit ami. C'est une façon de faire comme les copines ou, plus profondément, de se sentir une femme. Sachez que la pilule est tout de même un médicament. Si vous n'avez pas de problèmes autres nécessitant son utilisation, mieux vaut vous en passer.

Votre mère peut aussi, par inquiétude, vouloir que vous preniez la pilule. Si vous n'avez pas de petit ami en vue, expliquez-lui que vous n'en avez pas encore besoin. Vous lui en reparlerez le moment venu... C'est très bien d'avoir une mère qui s'occupe de vous, c'est même pré-

Les relations sexuelles

cieux, mais il faut aussi que vous appreniez à vous prendre en main. C'est la meilleure façon de poursuivre un bon dialogue avec elle.

À qui s'adresser ?

Si vous désirez prendre la pilule, surtout ne piquez pas celle de votre copine ou de votre mère sans avis médical ! La pilule est un médicament, et elle ne peut être prescrite que par un médecin. Vous devez donc vous adresser à votre médecin traitant, à un gynécologue ou à un centre de planification.

Vous pouvez parfaitement effectuer la démarche toute seule si vous êtes mineure et que vous ne voulez pas en parler à votre mère.

Dans les centres de planification, les consultations, examens médicaux et moyens contraceptifs sont délivrés gratuitement aux mineures, sans autorisation parentale. En plus, vous y rencontrerez des équipes de médecins qui vous conseilleront et vous aideront à affronter tous les types de problèmes. Un bon moyen de ne pas oublier tout ce que vous voulez leur demander : écrivez toutes vos questions sur un papier que vous emporterez avec vous à votre rendez-vous.

La prescription

Avant toute prescription de pilule, il faut procéder à un examen médical pour voir s'il n'y a pas de contre-indications. Il

s'agit d'un examen gynécologique et d'une prise de sang. On renouvelle cet examen après trois mois de prise de pilule (s'il n'y a pas de contre-indications), puis ensuite tous les ans. Une consultation médicale doit cependant avoir lieu tous les six mois.
Votre médecin vous expliquera le mode d'emploi de la pilule. Il y a aussi dans chaque boîte de pilules une notice explicative (la posologie).
La pilule se présente sous forme de plaquette de 21 comprimés. La première pilule se prend le premier jour des règles, puis tous les jours à la même heure si possible pendant les 20 jours suivants. Il y a ensuite un arrêt de 7 jours, pendant lesquels vous avez vos règles, avant de commencer la plaquette suivante. Vous êtes protégée dès la première prise de pilule, y compris pendant la période des règles. Quand on n'oublie pas de la prendre, la pilule est efficace à 100 %.
Si vous avez oublié de la prendre à l'heure habituelle, prenez-la le plus rapidement possible (moins de douze heures après) et reprenez la pilule suivante à l'heure habituelle.
En cas d'oubli de plus de douze heures, considérez que vous n'êtes plus protégée. Utilisez alors un moyen contraceptif local (préservatif, spermicides) et continuez tout de même votre plaquette jusqu'à la fin pour ne pas perturber votre cycle.
Le mieux dans ces cas-là, si vous avez le moindre doute, est de téléphoner à votre médecin ou au centre de planification.
Un petit conseil contre les oublis : prenez l'habitude de prendre votre pilule le matin, en même temps que vous faites votre toilette. Les horaires de lever sont plus réguliers que les horaires du coucher, et si jamais vous oubliez votre pilule vous avez toute la journée pour vous en rappeler et réparer cet oubli !

Les effets secondaires
On peut ressentir des choses qu'on n'éprouve pas d'habitude quand on commence à prendre la pilule. Si c'est votre cas, parlez-en toujours à votre médecin. Cela dit, il faut distinguer les réelles contre-indications à une prise de pilule, que seul le médecin peut déterminer, des petits inconvénients que la pilule entraîne éventuellement. Les polémiques sur les effets secondaires de la pilule datent de l'époque où celle-ci était très fortement dosée. Mais la recherche a fait des progrès dans ce domaine, et les pilules, aujourd'hui très faiblement dosées, ne provoquent pratiquement plus d'effets secondaires.

Les relations sexuelles

La prise de pilule peut aussi avoir des effets bénéfiques : elle régularise les règles, les rend moins douloureuses et elle évite les ennuis prémenstruels (mal au ventre, mal aux seins...). Sachez qu'il est formellement déconseillé de fumer lorsqu'on prend la pilule.

La pilule du lendemain
Elle se délivre exclusivement sur prescription médicale. C'est une méthode de contraception exceptionnelle, qu'on utilise le plus tôt possible en cas d'incident (rupture du préservatif) ou au lendemain d'un rapport sexuel non protégé. Vous pouvez demander la pilule du lendemain jusqu'à soixante-douze heures au maximum après un rapport sexuel (si vous avez commis une imprudence le samedi soir par exemple, ce n'est pas la peine de vous affoler, vous pouvez attendre le lundi matin pour voir votre médecin).
Attention : la pilule du lendemain n'est en aucun cas une contraception régulière.

• LE STÉRILET
Le stérilet est un petit objet qu'on met en place dans l'utérus et qui empêche la nidation de l'œuf.
C'est un moyen contraceptif en principe réservé aux femmes qui ont déjà eu le nombre d'enfants désirés. Il peut en effet aggraver une infection, qui peut à son tour entraîner une stérilité. Ce n'est donc pas pour vous !

• LE DIAPHRAGME
Le diaphragme est un disque en caoutchouc qu'on enduit de crème spermicide et qui se place au fond du vagin, autour du col de l'utérus, faisant obstacle aux spermatozoïdes. Pas très facile à placer, le diaphragme est aujourd'hui très peu utilisé en France. Ce n'est pas non plus une contraception idéale pour le début de votre vie sexuelle.

• LES SPERMICIDES
En crème, tampon, gel ou ovules, les spermicides se placent au fond du vagin et sont composés d'une substance chimique qui détruit les spermatozoïdes. C'est une contraception locale d'occasion, peu sûre, à utiliser quand on n'a vraiment rien d'autre.
Les tampons sont les plus pratiques d'emploi et les plus fiables (ils se placent au fond du vagin et leur efficacité dure vingt-quatre heures à condition de respecter les précautions d'emploi). Viennent ensuite les gels et les crèmes, puis, en dernier, les ovules.

Les relations sexuelles

• LES MÉTHODES DITES « NATURELLES »

Pour vous, elles sont à fuir ! Ce sont des méthodes qui nécessitent une parfaite connaissance de son corps et qui ont souvent prouvé leur inefficacité.

• La « méthode des températures » consiste à dresser sa courbe de températures pour déterminer sa période d'ovulation. La montée de la température signifie que l'ovulation vient d'avoir lieu. La fertilité de la femme est certaine dans les quelques jours qui précèdent et suivent l'ovulation. Mais il suffit d'un rhume pour que la température monte, et la plupart des cycles sont souvent irréguliers. Résultat : on ne compte plus les bébés Ogino (du nom de l'inventeur de cette méthode) dans le monde !

• La « méthode Billings » repose sur l'observation par la femme de la glaire cervicale, qui devient plus fluide et plus transparente au moment de l'ovulation ;

• Le coït interrompu (*coitus interruptus*), consiste dans le retrait du pénis avant l'éjaculation. Inutile de vous essayer à ce genre de gymnastique, elle est d'emblée vouée à l'échec. Avant l'éjaculation, il y a toujours un écoulement de ce qu'on appelle le « liquide séminal », qui contient des spermatozoïdes, et que le garçon, la plupart du temps, ne sent pas.

La pilule

On a toujours fait preuve de beaucoup d'imagination pour trouver un moyen de faire l'amour sans risque de grossesse. Marie-Françoise Grillot, dans son livre *La Pilule*, dresse un portrait historique vivant et documenté de la contraception. C'est sur un papyrus égyptien qu'apparaît, semble-t-il, la première recette contraceptive : un mélange à base de fiente de crocodile que les femmes devaient placer au fond du vagin avant tout rapport sexuel.

Fort de sa philosophie, Aristote prétendit plus tard (IVe siècle av. J.-C.) que l'on pouvait empêcher la conception en enduisant le vagin d'huile de cèdre ou d'encens mélangée à de l'huile d'olive. Hippocrate, célèbre par le serment qu'il laissa à la médecine, inventa quant à lui des recettes de potions destinées à empêcher la conception pendant un an !

Avant l'apparition de la pilule, on se débrouille comme on peut : coït interrompu, préservatif (alors en boyau animal), douche vaginale juste après le rapport et usage de toutes sortes de produits supposés détruire les spermatozoïdes : vinaigre, acide citrique, pastilles et poudres placées au fond du vagin. On utilise aussi le diaphragme.

Au début du XXe siècle, la contraception est encore un sujet tabou aux États-Unis et en Europe. Une loi est d'ailleurs votée en France en 1920, qui interdit toute publicité en faveur de la contraception et considère l'avortement comme un crime. Certains livres sont censurés. Cette loi restera en vigueur pendant près de cinquante ans.

C'est en 1956 que la pilule apparaît aux États-Unis. Sa naissance est le fruit de la volonté, de l'expérience et de la générosité de trois personnes : en 1912, une jeune infirmière new-yorkaise, Margaret Sanger, assiste, impuissante, à la mort d'une jeune femme qui a tenté d'avorter seule. Choquée par cette expérience, elle fondera en 1923, à New York, le premier bureau d'information sur la contraception, équivalent du premier centre de planning familial. Trois ans plus tard, les États-Unis en compteront 250.

De son côté, une veuve richissime, Catherine Mac Cormick, décide de consacrer sa fortune à la recherche du contraceptif idéal. En 1951, avec l'appui moral de l'une et l'aide financière de l'autre, le Dr Gregory Pincus ouvre, près de Boston, un centre de recherche en biologie où il travaille sur les hormones sexuelles. En 1956, son équipe met au point la première pilule, combinaison de progestérone et d'œstrogènes de synthèse. Cette pilule, ENOVID, testée à Porto Rico s'avère efficace. Les premières plaquettes seront vendues quatre ans plus tard aux États-Unis, puis

SOURCE

La pilule,
Marie-Françoise Grillot
(Casterman)

en Grande-Bretagne. C'est seulement en 1965 que la pilule fait son apparition en France. D'abord timidement : pour contourner la loi de 1920 toujours en vigueur, il s'agit officiellement d'un médicament destiné à régulariser les règles. Ses propriétés contraceptives ne sont pas signalées sur l'emballage et la plupart des médecins refusent de la prescrire. En 1967, la loi Neurwith autorise enfin l'importation, la fabrication et l'accès aux méthodes contraceptives. Les mineures doivent cependant avoir l'autorisation de leurs parents pour demander la pilule. C'est seulement en 1974 que la loi Weil libéralise totalement sa vente. Depuis trente ans, la pilule a fait des progrès. 1972 vit l'apparition de la mini-pilule, 1984 celle de la pilule dite « de troisième génération ». De mieux en mieux dosée, elles sont aujourd'hui de mieux en mieux tolérées.

Ce n'est pas fini : du contraceptif injectable une fois par mois au vaccin contraceptif efficace toute une année, en passant par les implants (petits bâtonnets glissés sous la peau du bras contenant une hormone qui se libère petit à petit dans le sang pendant cinq ans) ou l'anneau placé au fond du vagin et assurant, par un système équivalent, une protection pendant trois mois, les laboratoires poursuivent leurs recherches. Et comme on « n'arrête pas le progrès », on parle actuellement de la mise en vente prochaine d'une pilule… pour hommes !

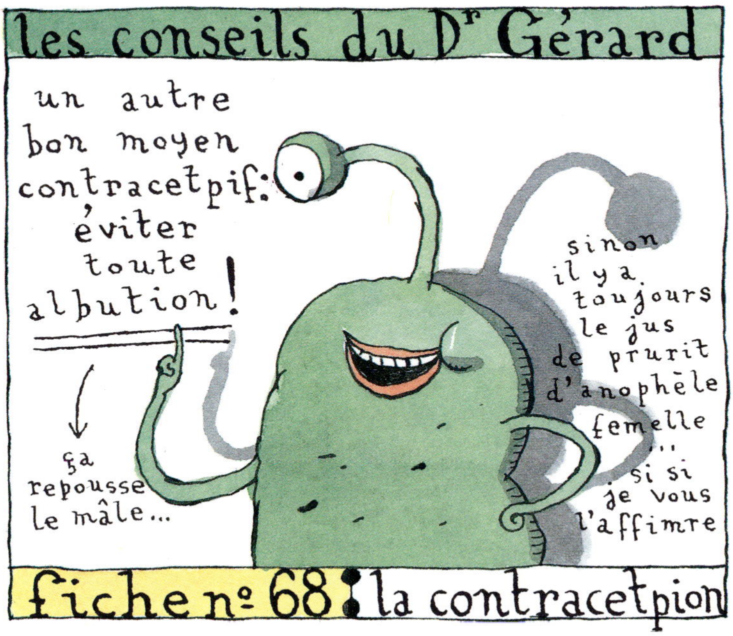

Les relations sexuelles

La grossesse

La grossesse est habituellement un événement désiré, important et heureux dans la vie d'une femme. C'est l'aboutissement d'une relation entre un homme et une femme. C'est le signe que cette relation est arrivée à maturité, qu'elle est assez équilibrée pour engendrer la venue d'un enfant et que le couple envisage ensemble un avenir.

Aujourd'hui, bien qu'on dispose de suffisamment de moyens contraceptifs pour qu'il n'y ait pas de grossesses non désirées, il y a toujours des ratés liés à des négligences, à des ignorances : ce sont les grossesses « accidents ».

Être enceinte quand on en a envie, c'est formidable. Dans le cas contraire, c'est très difficile à vivre. On se pose la question : que faire ? Si on ne veut pas de cet enfant, on se dit qu'il va falloir avorter, et l'avortement effraie. On est en proie à toutes les interrogations et à toutes les contradictions possibles.

À votre âge, cette situation est encore plus difficile à vivre. On se sent coupable par rapport à sa famille, à ses parents. On a honte. On a le sentiment d'avoir commis une faute inavouable. Quand on est mineure, les choses sont d'autant plus compliquées qu'on ne peut pas prendre seule la décision d'avorter, il faut en faire part à ses parents, tout au moins à sa mère (ou à son père si c'est de lui que vous vous sentez le plus proche), pour avoir son autorisation.

• JE SUIS ENCEINTE, QUE FAIRE ?

Déjà, il faut savoir s'en apercevoir suffisamment tôt pour pouvoir décider de la conduite à suivre.

Si vous pensez avoir commis une imprudence, avoir couru le moindre risque, et que vous avez un retard de règles, ne perdez surtout pas de temps : téléphonez immédiatement à votre médecin ou prenez un rendez-vous dans un centre de planification. On vous prescrira une prise de sang ou une analyse d'urine qui révéleront si vous êtes enceinte ou pas.

Si vous êtes effectivement enceinte, il faut prévenir tout de suite votre mère. Même si vous n'imaginez absolument pas lui en parler, même si cela vous demande un effort que vous pensez hors de votre portée, il faut le faire. Le plus tôt sera le mieux.

Souvent, on a l'impression que ça va être dramatique, et puis ça ne se passe pas si mal. Quelle femme peut affir-

Les relations sexuelles

mer n'avoir jamais tremblé devant un retard de règles ? Personne n'est à l'abri d'une imprudence ou d'une bêtise. Il ne faut pas se sentir coupable ni avoir honte. Devant un événement important, une mère peut se montrer beaucoup plus compréhensive qu'elle ne le paraît. Quelquefois, une telle épreuve rapproche encore plus une mère et une fille.

Si vous avez vraiment de grosses difficultés de dialogue avec votre mère, vous pouvez en parler d'abord à votre médecin, à l'assistante sociale de votre établissement scolaire ou au centre de planification de votre quartier. Là, des personnes compétentes, de confiance, vous écouteront, vous conseilleront et, au besoin, établiront un relais entre vous et vos parents pour faciliter le dialogue.

Si vous avez envie de garder cet enfant, sachez que vous n'avez pas besoin de l'autorisation parentale pour cela. Vous pouvez le décider seule. Néanmoins, prendre à votre âge une décision aussi importante ne doit pas se faire à la légère. Il faut bien réfléchir. Dans quelles conditions garderez-vous cet enfant ? Qu'en pense votre petit ami ? Est-il d'accord ? Êtes-vous certaine que ce garçon est bien celui que vous voulez comme père pour votre enfant ? Garder un enfant, c'est une décision qui implique sa vie entière, c'est aussi une décision qu'on prend à deux.

De toute façon, là aussi il vaut mieux en parler avec votre mère. C'est souvent important, l'avis d'une mère, quand il s'agit de réfléchir à ces choses-là. Si vraiment le dialogue avec elle est impossible, parlez-en avec votre médecin ou avec une assistante sociale. Vous pouvez également aller autant de fois que vous voulez au centre de planification. Il faut savoir aussi qu'il existe des foyers pour mères célibataires qui vous accueilleront et vous suivront vous et votre enfant.

• L'IVG

L'IVG, ou interruption volontaire de grossesse, est, comme son nom l'indique, l'arrêt d'une grossesse non désirée. Elle ne peut être pratiquée légalement que jusqu'à la fin de la dixième semaine de grossesse.

Les seuls cas d'IVG chez les adolescentes ne devraient résulter que d'accidents de contraception (pilule oubliée, préservatif déchiré...). Alors, n'hésitez pas à vous informer pour prendre vos responsabilités.

Si malgré toutes vos précautions, vous pensez avoir recours à une IVG, sachez que, si vous êtes mineure,

vous aurez besoin de l'autorisation de vos parents, ou de l'un de vos parents, pour décider de cette intervention. Avant l'intervention, vous parlerez d'abord avec un médecin. Ensuite, on vous laissera un délai de réflexion, au cours duquel vous pourrez avoir plusieurs entretiens avec un psychologue ou une assistante sociale. Ils vous informeront, ils parleront avec vous et vous aideront à mûrir votre réflexion. Vous ne serez pas seule.
Aujourd'hui, l'IVG est considérée médicalement comme une intervention légère et à moindre risque. Elle se déroule de deux manières :

- L'IVG par aspiration est pratiquée sous anesthésie, dans un milieu hospitalier, par un médecin. Elle consiste à aspirer l'œuf fécondé dans l'utérus. L'intervention en elle-même dure quelques minutes. Elle est indolore et comporte peu de risques de traumatisme physique ;
- L'IVG par voie médicamenteuse consiste à administrer un produit, le RU 486, qui déclenche l'avortement. Cette solution ne peut être choisie que jusqu'à la cinquième semaine de grossesse au plus tard et présente beaucoup de contre-indications. D'autre part, seul un médecin qui pratique cette méthode est habilité à vous la prescrire.

Un avortement n'est jamais facile à vivre. S'il entraîne aujourd'hui rarement un traumatisme physique, il peut provoquer des troubles psychologiques. Pour vous aider à surmonter ces difficultés, essayez de poursuivre quelque temps des entretiens avec un psychologue.
L'avortement n'est pas un moyen contraceptif. Aussi faut-il toujours, après l'intervention, envisager une contraception efficace. Au cours de la visite qui suit l'intervention, votre médecin vous prescrira la contraception qui vous convient. Un avortement, ça peut arriver. En revanche, un second avortement n'est pas un accident.

Les MST et le Sida

On désigne par MST les « maladies sexuellement transmissibles », dues à des germes (virus ou bactéries) contenus dans les sécrétions génitales de l'homme ou de la femme contaminés (sperme ou sécrétions vaginales). Ces germes se transmettent dès qu'il y a un contact avec les sécrétions génitales. On attrape et on transmet une MST par des rapports sexuels génitaux-génitaux, buccaux-génitaux ou ano-génitaux.
Il ne s'agit pas d'avoir une peur panique des MST qui vous priverait de toute liberté dans vos rapports amoureux. Il

Les relations sexuelles

LE SIDA EN CHIFFRES

Le Sida en France
Depuis le début de l'épidémie en 1978, **28 840** cas de Sida et **16 405** morts ont été enregistrés en France au 30 septembre 1993. Le taux d'accroissement du nombre de cas de Sida diagnostiqués atteint **7,5 %** entre le 1er octobre 1991 et le 30 septembre 1992. L'Ile-de-France est la région la plus touchée (**1 216** cas pour **1 million** d'habitants). Paris, avec **6 871** cas cumulés, concentre le quart des cas déclarés en France.

Le Sida en Europe
Au 30 juin 1993, l'OMS (Organisation mondiale de la santé) dénombrait **88 663** cas déclarés cumulés. En nombre, la France est le pays d'Europe le plus sévèrement touché, avec l'Espagne et l'Italie (ces trois pays représentent **71 %** des cas de Sida déclarés dans la CEE). En proportion, avec **447** cas pour **1 million** d'habitants, la France se situe juste derrière l'Espagne (**513** cas) et la Suisse (**468** cas).

Le Sida dans le monde
Le nombre de cas de Sida estimés en décembre 1993 était de **1 397 000**, dont **800 000** en Afrique, soit **57 %** des cas.

Les séropositifs dans le monde
En septembre 1993, il y avait **11 millions** de séropositifs estimés, dont **8 millions** en Afrique, **1 million** en Amérique du Nord, **1 million** en Amérique latine et dans les Caraïbes, **500 000** en Asie et **500 000** en Europe (*Libération*, 2.12.93).
La moitié de toutes les infections par le virus du Sida dans le monde a touché des jeunes de quinze à vingt-quatre ans (*Le Monde*, 1.12.93).

s'agit de savoir toujours et correctement vous en protéger.

• LES MST PROPREMENT DITES

Certaines MST sont graves par les conséquences qu'elles peuvent avoir sur l'appareil génital, essentiellement les risques de stérilité ou de cancer : ce sont, entre autres, l'herpès, la syphilis, les condylomes, les chlamydiae, les mycoplasmes. Traitées à temps, ces MST peuvent rester au stade de l'infection vaginale (vaginite) sans entraîner aucune conséquence. Pour cela, il faut savoir les déceler le plus tôt possible.

Ces MST ont l'« avantage » de donner des signes d'alarme, en tout cas chez la femme, qui doivent immédiatement motiver une consultation rapide et un traitement précoce.

Ainsi, si vous éprouvez la moindre démangeaison ou la moindre brûlure au niveau vulvaire ou vaginal, si vous avez le plus petit écoulement anormal, vous devez immédiatement consulter un médecin.

Si votre partenaire se plaint de brûlures en urinant, constate des rougeurs ou des boutons sur sa verge et souffre de douleurs au niveau des testicules, il doit également consulter un médecin le plus vite possible.

Attention : la plupart des MST donnent des signes chez la femme sans en donner forcément chez l'homme, alors que celui-ci est également porteur de germes.

La consultation d'un médecin et le traitement des deux partenaires sont donc dans tous les cas indispensables.

• L'HÉPATITE ET LE SIDA

Ces deux MST sont souvent classées à part, car elles entraînent des maladies graves, voire mortelles.

Elles se transmettent pas voie sexuelle (tous types de

rapports) et sanguine (échange de seringues déjà utilisées entre toxicomanes ou lors de transfusion).
Ces maladies ont en commun le fait qu'elles ne donnent aucun signe d'alarme dans l'immédiat : on ne s'aperçoit pas du moment où l'on contracte le virus de l'hépatite ou du Sida. On peut ainsi être porteur de ces virus et les transmettre à quelqu'un d'autre sans le savoir.

• L'hépatite

Elle se déclare dans un délai d'environ un mois après la contamination. Elle se guérit le plus souvent, mais peut entraîner de graves complications.

• Le Sida

On en parle partout : à la télé, à la radio, dans les journaux, sur les affiches dans la rue. Vous pouvez en avoir assez de ce battage, vous dire qu'on vous assomme avec ça. Vous pouvez aussi penser que votre sexualité ne se résume pas à la crainte d'attraper le Sida. C'est vrai. Mais justement, si vous voulez vivre vos rapports amoureux avec sérénité, il faut prendre les précautions nécessaires, adopter une prudence systématique qui vous permettra d'aborder votre sexualité sans être paralysée par vos craintes.

Le Sida, qu'est-ce que c'est ?

Le Sida est une maladie due à un virus (le virus HIV) qui attaque les défenses immunitaires du corps humain. C'est une maladie mortelle contre laquelle on n'a trouvé jusqu'à présent ni traitement ni vaccin. On peut soigner certaines maladies dues au virus du Sida, mais on ne peut pas aujourd'hui guérir du Sida. Dans l'attente de la découverte d'un traitement, on arrive à prolonger la vie des gens contaminés par le virus. Le Sida n'est pas une fatalité. On peut éviter d'attraper le virus du Sida.

Comment se transmet le virus du Sida ?

Il se transmet par voie sexuelle, lors de rapports non protégés avec une personne contaminée, et par voie sanguine, lors d'un échange de seringues déjà utilisées entre toxicomanes ou à l'occasion d'une transfusion. Il suffit de commettre une seule fois une imprudence pour contracter le virus du Sida. Contrairement aux idées reçues, le virus du Sida ne s'attrape pas dans les toilettes publiques ni à la piscine. Il ne s'attrape pas non plus en buvant dans le verre de quelqu'un ou en échangeant un baiser

À SAVOIR

L'hépatite B : l'hépatite B se transmet par voie sanguine et sexuelle. Elle est potentiellement mortelle. Aujourd'hui, il existe un bon moyen de se prémunir : faites-vous vacciner ! (le vaccin de l'hépatite B est remboursé par la Sécurité sociale).

Les relations sexuelles

ou une poignée de main. Encore une fois, le Sida ne s'attrape que par contact sexuel ou par voie sanguine.

La séropositivité, qu'est-ce que c'est ?
Quand le virus du Sida s'installe dans l'organisme, il ne le quitte plus. On fait le diagnostic de la présence, ou de l'absence, de ce virus par une prise de sang : on est séropositif (ou séronégatif, dans le cas contraire). Une personne séropositive n'est pas malade. Elle est porteuse du virus HIV. Elle est donc à même de le transmettre à quelqu'un. On peut être séropositif pendant plusieurs années sans avoir aucun symptôme, aucun signe de la maladie.

Quand et où faire le test de dépistage ?
Ça ne sert à rien de faire un test de dépistage le lendemain ou une semaine après avoir eu un rapport sexuel non protégé. Un délai de trois mois est nécessaire entre le moment de la contamination et l'examen sanguin pour déceler une éventuelle séropositivité. Pendant ce délai, même si on n'est pas encore séropositif, on est déjà porteur du virus et on peut le transmettre à quelqu'un.
Le test de dépistage du Sida s'effectue dans un centre de dépistage anonyme et gratuit. Il en existe dans chaque département. Demandez la liste à Sida Info Service (05 36 66 36, appel gratuit 24 h/24). Ce test peut aussi être fait dans un hôpital ou dans n'importe quel laboratoire d'analyses médicales, sur ordonnance.

• MOYENS DE PROTECTION CONTRE TOUTES LES MST

Le préservatif est actuellement ce qu'on a trouvé de mieux pour se protéger contre toutes les MST. Il faut l'utiliser à chaque rapport sexuel, même avec un partenaire connu.
Pour ce qui concerne le Sida, encore une fois, ne dites pas naïvement : « Je lui fais confiance. » C'est une maladie mortelle, et, face à ce danger, il ne faut vous fier qu'à vous-même et à votre sens des responsabilités.
Si vous avez une liaison durable avec un garçon, donnez-vous trois mois, puis faites chacun un test de séropositivité. S'il se révèle négatif, vous pouvez alors utiliser la pilule comme moyen de contraception.

Nos DE TÉLÉPHONE UTILES

Pour avoir des informations sur le Sida, trouver des lieux d'écoute et d'accueil :
• **Sida Info Service :** 05 36 66 36 (appel gratuit, 24 h/24) ;
• **CDAG (Centre de dépistage anonyme et gratuit).** Il en existe un par département. Vous pouvez vous procurer l'adresse du centre le plus proche de chez vous ainsi que ses coordonnées téléphoniques auprès de Sida Info Services (*voir coordonnées ci-dessus*) ou dans un Centre de planification ;
• **AFLS (Agence française de lutte contre le Sida) :** 2, rue Auguste-Comte, 92170 Vanves (46 62 44 10).

Les violences sexuelles

Si vous n'en êtes pas encore convaincue, il faut vous le mettre dans la tête : rien, absolument rien, ne justifie que l'on fasse preuve de violence à votre égard. Personne n'a le droit de vous toucher ou de vous caresser sans que vous en ayez envie, de ne pas respecter votre corps, votre nudité, votre pudeur. Votre corps est à vous et vous devez savoir dire non. Non, c'est non.

La violence sexuelle commence quand un acte sexuel est commis sur une personne sans son consentement.

« Constitue une agression sexuelle toute atteinte sexuelle commise avec violence, contrainte, menace ou surprise » (art. 222.22 du Code pénal).

Vous devez vous protéger contre cette violence et vous défendre. L'attentat à la pudeur et le viol sont punis par la loi (art. 330 et 331 du Code pénal), et les peines sont aggravées lorsqu'ils sont commis sur un enfant de moins de quinze ans ou lorsque l'agresseur est un parent ou une autre personne ayant autorité sur l'enfant.

Il y a des violences sexuelles de toutes sortes. Mais toute violence sexuelle est un abus de pouvoir.

Quand on se sent menacée, quand on a subi une agression, quand on s'est soumise par peur ou ignorance aux désirs de quelqu'un et qu'on se retrouve démunie ensuite, il faut absolument en parler :

- À vos parents ou à un adulte de confiance : un membre de votre famille, un médecin, un professeur, l'assistante sociale ou l'infirmière de votre lycée ;
- Aux personnes compétentes pour vous aider. Vous pouvez les joindre dans des lieux d'écoute et d'accueil :

LES CENTRES DE PLANIFICATION ET D'ÉDUCATION FAMILIALE : un médecin ou une conseillère familiale seront là pour vous écouter et vous aider. Pour avoir l'adresse du centre le plus proche de chez vous, renseignez-vous dans votre mairie ou appelez le MFPF, ALLO ENFANCE MALTRAITÉE, VIOL FEMMES INFORMATION (*voir Adresses utiles*).

AUX AUTORITÉS POLICIAIRES OU JUDICIAIRES COMPÉTENTES : le commissariat le plus proche de chez vous (demandez à parler au responsable de la brigade des mineurs), la gendarmerie ou le juge pour enfants (allez le voir à sa permanence au palais de justice de votre ville).

ADRESSES UTILES

- **MFPF (Mouvement français pour le planning familial)** : 4, square Saint-Irénée, 75011 Paris. Tél. : (16.1) 48 07 29 10.
- **Allô enfance maltraitée :** 11, boulevard Brune, 75014 Paris. Tél. : 05 05 41 41 (appel gratuit, 24 h/24).
- **Viol femmes information :** Tél. : 05.05.95.95 (permanence téléphonique du lundi au vendredi, de 10 heures à 18 heures).

Les **Relations** avec les **autres**

Sujet de dissert bien connu : « L'enfer c'est les autres » a écrit Jean-Paul Sartre, dans... ? dans... ? *Huis clos*. Bravo ! Mais les autres, c'est aussi la vie. On a besoin des autres pour vivre, pour se définir, se construire soi-même.

Les autres, pour que ce ne soit pas l'enfer justement, il faut apprendre à en faire « bon usage » : il ne faut pas leur accorder une importance démesurée. On ne doit pas non plus les mépriser ou les ignorer.

Vivre avec les autres, c'est toujours faire des compromis. Tout simplement parce que l'autre, ce n'est pas soi.

Que ce soit avec la famille, les copains, les amis, son petit ami ou les gens en général, construire de véritables relations avec les autres, c'est inventer des échanges au sein desquels chacun possède ses propres valeurs, respecte celles de l'autre, s'enrichit et s'épanouit.

Ce n'est pas forcément simple. Quand on se frotte aux autres, on comprend que rien ne nous est dû et qu'il faut travailler, donner de soi pour obtenir quelque chose à son tour. Cela ne va pas sans heurts, sans concessions, sans tristesse, sans déceptions. Mais ce sont aussi les relations accomplies avec les autres qui provoquent les plus grandes joies, apportent les plus grands bonheurs.

La famille

On ne choisit pas sa famille. Qu'on s'y sente bien ou mal, il faut de toute façon faire avec. Il n'y a pas de famille idéale. La famille, quelle qu'elle soit, est toujours, au mieux, un lieu d'harmonie et de tensions, de tendresse et de compréhension, d'incommunicabilité et d'exaspération. Elle devrait être, ce qui n'est pas toujours le cas, un refuge, un lieu d'amour et de paix.
Une famille, c'est toujours un peu compliqué. Les relations à l'intérieur d'une famille évoluent avec le temps. Il faut malgré tout que chacun y trouve sa place, ses marques. Ainsi, on arrive un jour à l'âge où, sans bien comprendre pourquoi, on se met à avoir petit à petit un autre regard sur ses proches. C'est bien, et en même temps cela fait souffrir parce qu'il faut alors abandonner certaines pensées de l'enfance, certaines illusions, et c'est douloureux.
Les sentiments envers la famille sont empreints de contradictions, et la découverte de ces contradictions est souvent difficile à vivre : on ne voit plus ses parents comme on les voyait avant. Soudain ils nous énervent, on ne peut plus les supporter même, mais on les aime, on a besoin d'eux. On a besoin de s'en séparer pour se construire et on a du mal à s'en séparer. On voudrait être libre et indépendant par rapport à eux ; en même

temps, sentir leur amour et leur attention sur nous nous est indispensable.
Avec les frères et sœurs c'est pareil. Ils nous énervent aussi, on se dispute tout le temps. Parfois on se dit qu'on aurait été plus tranquille si on avait été enfant unique, mais en même temps, on les aime. Au contraire, quand on est enfant unique, on reproche à ses parents de ne pas nous avoir donné de frères et sœurs !
À l'adolescence, on n'est jamais vraiment content de ce qu'on est, ni de ce qu'on a. On projette ce mécontentement, cette insatisfaction sur les autres, pour se sentir moins lourd, pour s'aider aussi à se définir soi-même. En se confrontant aux autres, on commence à apprendre qui on est, et à apprécier justement ce que l'on a !

Les parents

On peut les croire idéals, ils ne le sont pas. On les croit monstrueux, ils ne le sont pas non plus. Les parents sont comme tout le monde. Ils ont leurs bons et leurs mauvais côtés. Ils ne sont ni parfaits ni nuls. Ce sont un homme et une femme qui ont fait leur vie comme ils ont pu.
Quels que soient les parents qu'on a, arriver à composer avec eux, c'est arriver à comprendre ça. Grandir, prendre de l'autonomie, ce n'est pas seulement s'opposer brutalement à ses parents (même si parfois, il faut le faire quand on en a vraiment besoin), c'est aussi comprendre qu'ils ne sont pas faits comme vous, qu'ils ne ressentent pas les mêmes choses que vous, et que tant que vous vivez encore avec eux, il va falloir apprendre à négocier avec eux. (Dites-vous bien d'ailleurs que dans la vie tout se négocie...)
Vous changez, et pour vos parents ce n'est pas non plus facile de vous voir grandir. Ils se rendent compte qu'ils vieillissent, qu'un jour vous allez partir, ce n'est pas forcément drôle pour eux. Ils doivent apprendre à vous considérer autrement, à s'adapter à vous qui êtes en train de devenir adulte, de la même manière que vous devez apprendre à vous adapter à eux, au nouveau regard que vous portez sur eux, avec les renoncements et les découvertes que cela implique : vous n'êtes plus une petite fille dont la vie est constamment mêlée à la leur, vous êtes une personne qui commence à avoir sa propre vie, mais qui a toujours besoin de ses parents, d'une autre manière.
Parfois, on a envie de rejeter son père et sa mère, c'est normal. On se dispute avec eux, il y a des « crises », c'est normal aussi, ça fait du bien. Vous avez la liberté, le

droit d'en vouloir à vos parents pour telle ou telle raison, et il ne faut pas vous en sentir coupable.
Mûrir, c'est aussi accepter qu'on puisse en vouloir à ses parents sans pour cela être un monstre d'ingratitude ! Ils ne sont pas infaillibles. Mais il faut aussi savoir reconnaître ce qu'ils peuvent vous apporter : une écoute, un soutien, une discipline, des limites auxquelles il est nécessaire de vous confronter, une certaine compréhension peut-être ou, tout simplement, de l'affection. Et tout ça c'est précieux.
Les parents ne sont pas tous construits sur le même modèle. De plus, vous n'avez pas les mêmes relations avec eux selon qu'ils vivent en couple ou séparés, ou s'ils sont remariés. Vous pouvez penser, dans certains cas, que vous vous trouvez dans une situation familiale « désavantagée » par rapport à celle de vos amis. Mais là encore, il faut vous raisonner. De la même manière qu'il n'y a pas de famille idéale, il n'y a pas de modèle de parents idéal. Il y a des situations plus ou moins faciles à vivre, plus ou moins compliquées. L'important, c'est que vous sachiez en tirer le meilleur parti pour vous épanouir le plus tranquillement possible.
Vous vous apercevrez plus tard qu'il n'y a pas non plus d'éducation idéale. Chaque modèle a ses manques, ses faiblesses, ses forces.
Dans le meilleur des cas, on peut dire qu'une bonne éducation est celle qui vous permettra, au fur et à mesure que vous mûrirez, de vous éduquer et de vous construire vous-même ! Il n'y a pas de fatalité. Chacun est responsable de sa vie, et quel que soit le type de famille de laquelle vous êtes issue c'est en vous, et seulement en vous, que se trouvent les capacités à décider de votre vie, de votre liberté et de votre bonheur.

• PARENTS EN COUPLE

À une époque où les parents séparés sont nombreux (en France, un mariage sur trois en moyenne se termine par un divorce), on peut considérer comme un formidable avantage le fait de vivre avec son père et sa mère. Et pourtant là encore, les choses ne sont pas forcément idylliques.

Ils s'entendent bien

Avoir des parents complices, qui s'aiment et qui donnent une image authentique de leur amour, c'est, à priori, l'un des meilleurs facteurs d'équilibre que l'on peut vous souhaiter. Pour vous pourtant, ce n'est peut-être pas toujours facile à vivre. D'abord, ce n'est pas

parce que votre père et votre mère s'entendent bien que vous vous entendez bien avec eux, cela n'a rien à voir. Ensuite, devant un exemple que vous trouvez parfait, il est aussi possible que vous vous mettiez à établir des comparaisons. Vous pouvez vous sentir « écrasée » par ce modèle, vous dire que vous n'arriverez jamais à faire aussi bien qu'eux, vous, avec un garçon que vous aimerez.
Ne transformez pas les avantages en handicaps ! Il faut prendre ce que ce « type » de parents a de bon pour vous : une certaine image de l'amour (et non pas la seule, l'unique image !), une atmosphère calme, harmonieuse, où l'entente et le dialogue sont possibles, où un certain équilibre est réalisé.
Il ne s'agit pas d'idéaliser vos parents. Ils ne doivent pas vous servir de modèles, mais représenter un exemple positif : ils ne sont pas un couple « parfait », ils forment un couple « réussi ». Et puis, vous ne savez pas par quel chemin, quelles concessions mutuelles ils sont passés pour en arriver là.

● On ne choisit pas sa famille. Qu'on s'y sente bien ou mal, il faut de toute façon faire avec. Il n'y a pas de famille idéale.

La famille

Vos parents ont leur vie et vous avez la vôtre, qui ne ressemblera pas forcément à la leur, puisque vous la ferez vous-même avec ce que vous êtes !

Ils ne s'entendent pas

Avoir des parents qui se disputent trop souvent, c'est déjà difficile. Mais quand ils vous prennent à témoin de leurs disputes ou quand ils se servent de vous comme arbitre, c'est encore plus douloureux.

Vous ne vous sentez pas à votre place dans ces cas-là, vous ne savez pas quoi faire. On est toujours un peu démuni devant la mésentente de ses parents et le mieux est d'apprendre à vous en protéger. Vous, vos parents, vous les aimez tous les deux, et vous ne devez pas accepter d'être la tierce personne qui donne raison à l'un plutôt qu'à l'autre, même si vous avez votre opinion. Ce n'est pas votre rôle, ce n'est pas votre fonction.

Quand on aime ses parents, on a du mal à supporter qu'ils s'entendent mal. Ça fait toujours beaucoup de peine. Essayez de vous raisonner, de prendre de la distance : dites-vous qu'ils sont adultes et responsables de leur vie, ne prenez pas sur vos épaules le fait qu'ils ne s'entendent pas. Vous avez votre vie à vous, votre équilibre à construire, et c'est plus précieux que tout.

Vous pouvez aussi tenter d'expliquer à vos parents que vous n'avez pas à subir les conséquences de leur mésentente.

Si vraiment l'atmosphère à la maison est trop pénible, essayez de trouver un adulte à qui en parler (dans votre votre famille ou à l'extérieur).

Si vous avez des frères et sœurs, tâchez de trouver une solidarité entre vous. Quand les émotions ou les chagrins

sont trop lourds, c'est mieux de ne pas les garder pour vous toute seule.

Un dernier conseil : ne vous dites pas à tout bout de champ « mes parents s'engueulent tout le temps, je ne trouverai jamais un garçon avec qui je pourrai être heureuse ; pour moi, le couple c'est l'enfer ». Dites-vous plutôt « mes parents ont fait leur vie ainsi, c'est leur problème à eux. Moi j'ai ma propre vie, je la construis comme je l'entends. Et si je le veux vraiment, elle sera différente».

• PARENTS DIVORCÉS OU SÉPARÉS

Avoir des parents séparés n'est plus une exception, et nombreux sont les enfants qui vivent aujourd'hui avec un parent seul, généralement avec leur mère. Quand les conditions familiales le permettent, ces enfants voient aussi leur père, et c'est très important.

Ce n'est pas parce que vos parents sont séparés qu'il faut que vous en soyez, vous, séparée. Tout enfant a besoin d'un père et d'une mère, c'est naturel. L'évolution de la société, des mœurs, en décide parfois autrement. Mais en tant qu'enfant vous avez le droit de conserver, dans la mesure du possible, des relations avec votre père comme avec votre mère.

Les divorces ou les séparations se passent plus ou moins bien, et ce sont souvent les enfants qui en pâtissent.

Quand vous grandissez, vous pouvez avoir envie de retrouver un père que vous n'avez pas assez souvent vu. C'est légitime. Il faut répondre à cette envie, vous accorder ce droit, si on ne vous l'a pas offert.

À moins de circonstances dramatiques (décès de l'un des parents, problèmes familiaux très graves), vous devez toujours avoir la possibilité d'entretenir avec vos deux parents les relations nécessaires à votre bien-être, à votre équilibre.

Je vis avec ma mère, qui est seule

Vivre avec une mère seule, cela peut être très bien. Une grande complicité avec elle s'instaure, on se sent très proches. Et puis un jour, ça peut devenir étouffant.

Quand on a des frères et sœurs, un certain équilibre s'établit, mais si on est fille unique, cette situation est souvent lourde à assumer.

Votre mère peut avoir tendance à vous traiter toujours comme une petite fille. C'est d'autant plus difficile pour elle de reconnaître que vous grandissez qu'elle n'a pas, de son côté, l'appui et la compagnie d'un homme. Elle peut aussi vous considérer comme une amie.

Même si la situation présente des avantages (on se sent complices, confidentes), elle se révèle souvent pesante, surtout à un moment où vous avez besoin d'autonomie. Vous commencez à vouloir garder des choses pour vous, à ressentir le besoin d'une vie indépendante, vous n'avez plus envie de tout partager avec elle, et c'est bien normal.

Votre mère peut très bien le comprendre. Elle peut aussi avoir du mal à l'accepter. Dans ces cas-là, il faut arriver à le lui expliquer, c'est en quelque sorte à vous de fixer des limites, à vous de lui montrer que vous avez grandi, que vous avez besoin de plus de liberté et que vous êtes capable d'assumer une certaine autonomie : cessez de tout lui raconter systématiquement, de la consulter à la moindre décision à prendre ; commencez à sortir un peu ou à partir en vacances sans elle. Inversement, ne la laissez pas vous prendre comme unique confidente. Votre mère n'a pas à vous raconter toute sa vie ! Montrez-lui que vous

l'aimez, que vous avez toujours besoin d'elle, mais en tant que mère et non pas en tant qu'amie. Ce n'est pas toujours facile, mais ce n'est pas impossible. Ça doit se faire progressivement.
Quelquefois, certaines mères sont très possessives. Quand elles voient leur fille grandir et s'éloigner, elles peuvent parfois, sans le vouloir, exercer une forme de chantage du genre : « Ne me laisse pas tomber, moi qui t'ai tout sacrifié. » C'est très difficile de résister à ce type d'argument. Vous pouvez croire que votre mère est malheureuse à cause de vous, et vous en sentir coupable. Mais il ne faut pas tomber dans le panneau. Mettez-vous dans la tête que votre mère a sa vie et vous la vôtre. Vous n'êtes responsable ni de sa solitude ni de ses choix. Tout en continuant à l'aimer et à l'entourer comme vous le pouvez, vous devez songer en premier lieu à vous, à votre vie à vous et à votre bien-être.

Je vis avec ma mère et mon beau-père

Les relations avec un beau-père (comme avec une belle-mère) sont parfois très complexes. Ce n'est pas votre père « biologique », mais c'est lui qui vous a élevée, du moins pendant une partie de votre vie. C'est lui qui partage l'existence de votre mère, donc, d'une certaine manière, votre vie. Vous pouvez l'aimer comme un père, autant que votre père, mais différemment. Vous pouvez aussi, pour des tas de raisons, ne pas l'aimer.
Là encore, il faut essayer d'établir une séparation, vous dire : « Cet homme, ma mère l'a choisi, je dois respecter son choix, mais je ne suis pas obligée de lui vouer un amour que je n'éprouve pas. » Déjà, si vous vous débarrassez de cette obligation d'amour, peut-être que des sentiments pourront naître tout seuls : de l'estime, du respect, une forme d'affection. Il vaut mieux essayer de ne pas se crisper, de ne pas se bloquer. On ne sait jamais ce qui peut arriver : en y mettant chacun du sien, des tensions peuvent s'atténuer, des rigidités disparaître. En aucun cas (sauf dans des situations très particulières de mésentente ou de violence) il ne faut se montrer odieuse. Outre le fait que cela crée une situation impossible pour votre mère, c'est à vous que vous faites du mal en premier !
Si vous souffrez trop de cette situation, prenez des distances, parlez de vos soucis à quelqu'un de confiance (un adulte de votre famille ou à l'extérieur du cercle familial). Si vous avez des frères et sœurs, parlez-en entre vous. Ensemble, vous pourrez peut-être trouver des solutions.

La famille

L'entente avec les parents

Ils sont sévères, on les voudrait « cools » ; ils sont parents-copains, on les voudrait parents-parents ; ils sont laxistes, on les voudrait plus fermes : bref, les parents sont rarement ce que vous voudriez qu'ils soient ! Il faut se faire une raison. Ce n'est pas la peine d'espérer les changer, vous n'y arriveriez pas. Il vaut mieux les prendre tels qu'ils sont, et établir avec eux des relations agréables si possible, en fonction de ce qu'ils sont.
La famille devrait être comme une petite démocratie, où chacun a la parole, où les autres écoutent, où chaque opinion est prise en considération. Elle devrait être un lieu d'échanges et de respect mutuel. Ce n'est pas toujours le cas, et parfois vous pouvez vous sentir malheureuse et incomprise.
Essayer de s'entendre avec ses parents, c'est important. Quelquefois, cela dépend aussi de vous.

• LE DIALOGUE

On a parfois des échanges agressifs avec ses parents.On peut se disputer, exprimer sa colère, partir dans sa chambre en claquant la porte. Sur le coup, ça fait du bien, certains conflits sont sains. Ils deviennent pénibles quand ils constituent un mode relationnel constant.
Aux disputes et aux mésententes violentes ou agressives, on peut toujours tenter d'associer une parole calme et réfléchie (ce qui, évidemment, est plus facile à dire qu'à faire...).

La famille

Parler, quels que soient les parents qu'on a, c'est toujours nécessaire. Ça éclaire, ça soulage. Le dialogue arrange souvent beaucoup de choses et permet de résoudre des conflits.

Parler, cela ne veut pas dire tout raconter à ses parents, au contraire. Il faut faire la distinction entre ce qui relève de votre vie privée, que vous avez envie de garder pour vous, et ce qui peut être un sujet d'échanges.

Parler, c'est dialoguer, échanger des points de vue, prendre position. Quand on n'est pas d'accord, on peut toujours discuter.

Parler, c'est montrer à ses parents qu'on est une personne responsable, qui sait penser et agir par elle-même, mais qui est aussi capable de prendre en considération la pensée, les conseils, le point de vue des autres.

Si vous ressentez le besoin d'être écoutée et respectée, dites-vous bien qu'il en est de même de vos parents ! Pour vous, ce n'est pas toujours facile de grandir, de mûrir, de prendre des distances vis-à-vis d'eux. Pour eux, ce n'est pas facile de vous voir grandir, et l'idée de vous perdre leur est pénible. Vos parents vous donnent, dans la mesure du possible, l'affection, l'appui, la protection dont vous avez besoin. C'est aussi à vous de leur témoigner, indépendamment de vos divergences, une certaine forme de considération : plus vous respecterez vos parents, plus ils vous respecteront.

Attention : les respecter ne veut pas dire être d'accord avec eux sur tout. Vous n'êtes pas née et programmée pour penser comme eux ! Les respecter signifie tout sim-

plement les considérer, même si vous n'êtes pas toujours d'accord avec eux.
Vous avez votre pensée, votre territoire, votre façon d'appréhender le monde. De la même manière, vos parents ont aussi leur point de vue. Dans l'absolu, il n'y en a pas un meilleur que l'autre.
Avoir des oppositions plus ou moins fortes avec vos parents, c'est normal, c'est même nécessaire. Il faut en passer par là pour devenir soi-même. Mais il y a parfois des problèmes de communication qui vous font souffrir. Vous aimeriez bien les atténuer, seulement vous pensez que vos parents ne comprendront rien. Ne désespérez pas d'eux avant d'avoir essayé de débloquer la situation. Vous savez, quelquefois les parents sont maladroits. Ils ne savent pas toujours comment s'y prendre avec vous qui changez.
Eux-mêmes ont parfois beaucoup de mal à parler. Leur silence, que vous interprétez comme une fermeture, peut être au contraire une marque de respect, de discrétion. Il peut être aussi la manifestation d'une incompréhension ou simplement un manque de savoir-faire. Si leur attitude ne vous convient pas, montrez-leur que ce n'est pas parce que vous changez que vous n'avez plus besoin d'eux. Dites-leur, au contraire, que vous appréciez leurs conseils ; qu'un dialogue avec eux vous aiderait. Face à votre démarche, ils ne pourront que s'ouvrir un peu plus eux aussi.
À l'inverse, de peur de n'être pas assez présents, certains parents multiplient les questions et s'étonnent que leurs enfants ne consentent pas à y répondre. Là encore, c'est à vous de faire un tri : comprendre que ces interrogations sont le signe de l'intérêt que vos parents vous portent, mais leur expliquer toutefois qu'une attention excessive de leur part vous pèse. De toute façon, il y aura toujours des zones d'incompréhension et des différences entre vous et vos parents : c'est naturel. On ne grandit pas, on ne mûrit pas sans heurts. L'admettre, c'est déjà grandir.
À votre âge, on a toujours tendance à se dire « personne ne me comprend ». Personne effectivement ne peut évaluer pour vous le degré de solitude dans lequel cette pensée-là vous plonge. On peut se dire ça à propos d'un rien, un peu comme une enfant gâtée. Mais ce sentiment d'incompréhension peut aussi recouvrir une réalité plus douloureuse. On peut malheureusement avoir affaire à des parents très fermés, rigides, qui restent campés sur

leurs positions. Vous avez alors l'impression de vous trouver devant un mur d'incompréhension, et cette situation suscite souvent de grandes crises. Si vraiment vous n'entrevoyez pas de solution, ne vous acharnez pas. Essayez de vous confier à d'autres adultes plus compréhensifs, un oncle, une tante, des grands-parents, un ou une amie de la famille ou même éventuellement, si vous souffrez trop, un psychologue ou une assistante sociale. Quoi qu'il en soit, dites-vous toujours que vous avez en vous votre liberté, votre manière de penser, et que ça, personne ne peut y toucher. Le moment venu, vous aurez les moyens d'en avoir l'usage, en toute tranquillité. Essayez de vous concentrer sur cet objectif et faites ce qu'il faut (travaillez pour gagner un peu d'argent, faites-vous des amis) pour pouvoir conquérir le plus vite possible votre indépendance.

• LES AUTORISATIONS

Demander chaque fois la permission de faire telle ou telle chose, ce n'est pas toujours évident, ça peut paraître pesant.

Généralement, plus vous vous montrerez responsable et indépendante vis-à-vis de vos parents, plus les autorisations en tout genre seront faciles à obtenir.

Ces autorisations sont souvent délivrées dans la négociation : chaque partie donne quelque chose à l'autre en fonction de ce qu'elle reçoit. Il faut que l'une et l'autre partie soient satisfaites de cet échange, de ce contrat. Tout est une question de confiance.

La famille

Les sorties

Vous êtes invitée à une soirée et vos parents se montrent réticents.

Ce qu'il vaut mieux faire

• Jouez franc-jeu : le mieux, c'est de les rassurer d'emblée.

• Donnez-leur le nom et l'adresse de la personne qui vous invite.

• Dites-leur avec qui vous comptez aller à cette soirée et par quel moyen vous rentrerez.

• S'ils vous imposent un horaire de retour, efforcez-vous de le respecter. Vous aurez ainsi la permission de minuit la première fois, plus tard vous pourrez négocier la permission de 1 heure du matin.

• S'ils veulent venir vous chercher, ne montez pas sur vos grands chevaux. Même si vous trouvez que ça fait ridicule, acceptez et donnez-leur rendez-vous devant l'endroit où vous serez à une heure précise. Si vos copains se fichent de vous, faites face : dites-leur que vous trouvez ringards les gens qui trouvent ringard que les parents rendent des services. Vous, vous êtes justement suffisamment mûre pour ne pas avoir à rougir de vos parents et apprécier leur gentillesse.

• S'ils refusent que vous sortiez, demandez-leur pourquoi. En fonction des raisons qu'ils vous donnent, essayez de discuter :

C'est une question d'âge ? Expliquez à vos parents que vous avez l'âge de vous amuser, que sortir le soir de temps en temps fait partie des plaisirs de votre vie et qu'ils ne peuvent pas vous en priver. C'est normal d'avoir envie de se distraire ! En échange, offrez-leur des garanties : nom, adresse de la personne qui invite, retour à l'heure convenue...

C'est une question de « mauvaises notes en classe » ? Même si cela vous paraît absurde de mettre en balance travail et distraction, passez un accord avec eux : ils vous laissent sortir et, en échange, vous leur promettez de mieux travailler (et vous le faites !).

• Vous vous heurtez à un refus catégorique ? Restez calme. Expliquez à vos parents que vous êtes déçue : vous leur demandiez honnêtement quelque chose, et ils vous le refusent pour des raisons que vous estimez injustes. Essayez de leur montrer qu'en vous refusant les joies les plus simples ils faussent le jeu de la confiance.

• Ils persistent dans leur refus ? Insistez sur l'importance de la confiance que vous vous portez mutuellement. Si vraiment ils ne comprennent pas, tentez de jouer la grandeur d'âme : « Ils ont la chance d'avoir une fille franche, qui ne fait pas de cachotteries, qui prend leur avis en considération et en retour, ils la traitent comme une écervelée. Ils sont donc moralement dans leur tort. Vous pourriez vous révolter, faire les quatre cents coups, mais vous n'en ferez rien. » Obtempérez pour cette fois, après leur avoir dit ce que vous pensiez. Ne faites pas la tête, mais prenez l'air triste. Rassemblez vos forces pour avoir néanmoins une conduite exemplaire en classe, être gentille à la maison... Vous êtes une jeune fille modèle mais malheureuse ! Quand ils verront que vous êtes tellement parfaite, la prochaine fois ils ne pourront pas vous refuser une soirée.

• Ils refusent... et ils ont raison! D'une certaine manière, vous le saviez d'avance. Vous avez tenté votre chance quand même, mais bon. Vous obstiner ne servira à rien. Vous savez bien que vos parents n'ont pas « complètement » tort. Vous n'avez plus qu'à vous rendre à l'évidence. Après tout, convenez-en, ce n'est pas ça qui va gâcher votre vie.

Ce qu'il vaut mieux ne pas faire

• Tempêter, colérer, hurler, les insulter.

• Mentir : leur dire que vous allez dormir chez votre amie Zoé et puis aller tranquillement à votre soirée. Si vos parents appellent chez Zoé et qu'ils tombent sur le répondeur ou sur les parents de Zoé qui leur disent, très étonnés : « Ah ! non, elle n'est pas là », ça fait carrément mauvais effet. Si votre stratagème est découvert non seulement vous n'obtien-

drez jamais l'autorisation de sortir dans les soirées, mais en plus vous n'aurez même plus celle d'aller simplement dormir chez une copine !
On peut se permettre quelques ruses bien ficelées de temps en temps (qui ne l'a jamais fait ?), mais si ça rate il faut savoir qu'elles peuvent vous coûter très cher ! Avec des parents déjà méfiants, tout mensonge, toute tromperie dévoilés entraîne fatalement encore plus de sévérité. C'est à vous de prendre vos responsabilités.

L'argent de poche
Vos parents vous donnent de l'argent de poche, mais vous voudriez bien avoir une augmentation.
Ce qu'il vaut mieux faire
• En premier lieu, être consciente des moyens financiers dont vos parents disposent : ont-ils assez d'argent eux-mêmes pour vous augmenter ? Avant de leur réclamer quoi que ce soit, assurez-vous de leurs possibilités.
• Si vos parents n'ont pas les moyens de répondre à votre demande, vous devez les comprendre et ne pas insister. En revanche, vous pouvez toujours discuter avec eux des solutions à rechercher pour avoir un peu plus d'argent : garder des enfants, donner des cours particuliers, rendre service à des voisins...
• Si vos parents disposent de moyens financiers plus confortables, expliquez-leur les raisons de votre demande : l'argent n'est pas un dû, donc, à quoi voulez-vous l'utiliser ? Au besoin, établissez ensemble votre budget.
• Montrez-leur que vous êtes responsable : vous voulez économiser de l'argent pour les vacances, les sorties, éventuellement ouvrir un compte en banque.
• Offrez-leur quelquefois vos services en échange d'une modeste rémunération (laver la voiture, faire le marché, servir à table durant un dîner avec leurs invités, faire répéter ses leçons au petit frère ou à la petite sœur...). Attention, n'exagérez pas non plus : tous les services que vous leur rendez n'ont pas à être rétribués. C'est normal d'aider à la maison, ça ne mérite pas, en soi, une récompense.
Ce qu'il vaut mieux ne pas faire
• Insister inutilement : si vos parents n'ont pas les moyens de vous donner davantage d'argent, ça ne fait que remuer le couteau dans la plaie.
• Établir des comparaisons vaseuses : untel a tant, et moi je n'ai que ça !
• Voler de l'argent dans le porte-monnaie de ses parents ne mène à rien. Cela provoquera une grande déception

de leur part à votre égard, un manque de confiance, des conflits peut-être bien plus importants qu'un simple problème d'argent. Et puis, au fond, vous ne serez pas fière de vous.

• Marchander : certains parents récompensent leurs enfants quand ils ont eu de bonnes notes en classe. Ça doit faire plaisir de temps en temps, mais il ne faut pas que ça devienne pour vous une habitude, un dû. Vous n'avez pas à dire systématiquement à vos parents : « Si j'ai 15 en maths, vous me donnerez 50 francs. »

La « mob »

Vos copains en ont tous une et vous aimeriez bien faire comme eux. Mais vos parents, à cette seule idée, poussent de grands cris.

CE QU'IL VAUT MIEUX FAIRE

• D'abord, vous assurer qu'ils ont les moyens de vous offrir l'engin tant convoité. Si ce n'est pas le cas, n'insistez pas. Après tout, vous n'avez pas besoin de ça pour vivre.

• Vos parents hésitent :

Arguez du fait que cela vous donnera une indépendance.
Ils n'auront plus besoin de vous accompagner ici ou là ;
Promettez-leur de mettre toujours votre casque et d'être d'une extrême prudence ;

Assurez-leur que vous ne prendrez jamais personne sur votre porte-bagages ;
Proposez-leur d'en payer une partie avec vos économies.
• Si vos parents refusent, ne faites pas la tête, ça ne vaut pas le coup : cette merveilleuse petite machine n'est pas indispensable à votre équilibre. Écoutez leurs arguments, ils n'ont peut-être pas complètement tort.

CE QU'IL VAUT MIEUX NE PAS FAIRE

• Emprunter la « mob » d'un copain ou monter sur son porte-bagages pour vous venger de vos parents : c'est vous qui risquez de vous retrouver à l'hôpital, pas eux.

Les fréquentations

Vous vous êtes fait un nouveau copain, une nouvelle copine, mais vos parents, pour telle ou telle raison, ne les portent pas dans leur cœur.

CE QU'IL VAUT MIEUX FAIRE

• De deux choses l'une :
Ou bien ils ont tort, employez-vous alors à leur démontrer pourquoi. Invitez votre « nouvelle fréquentation » à la maison, présentez-le (la) à vos parents, confrontez-les. Ils finiront bien par changer d'opinion ;
Ou bien ils ont raison, et, même si vous en convenez un peu plus tard, vous pouvez, sans déchoir, reconnaître que cette personne-là n'était peut-être pas idéale pour vous.

CE QU'IL VAUT MIEUX NE PAS FAIRE

• Entretenir des relations, dont vous savez très bien qu'elles ne vous sont pas profitables (on sent souvent ce genre de choses, même si on ne veut pas se l'avouer), uniquement pour narguer vos parents.

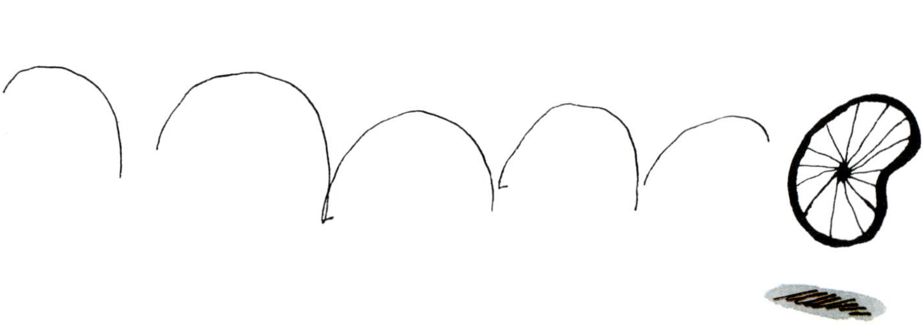

La place dans la famille

Trouver sa place dans la famille, c'est la trouver non seulement par rapport à ses parents, mais aussi par rapport à ses frères et sœurs, quand on en a.
On peut se sentir mal à la place qu'on occupe et envier celle des autres. Mais c'est de l'énergie perdue. Il n'y a pas de place idéale. Que vous soyez l'aînée, la cadette, fille unique ou la seule fille parmi d'autres garçons, dites-vous bien que chaque position a ses avantages et ses inconvénients.

• JE SUIS L'AÎNÉE

Être l'aînée d'une famille, c'est à la fois difficile et valorisant. L'aînée, c'est toujours celle qui essuie les plâtres. C'est elle qui lutte pour obtenir des droits qu'on accordera tout naturellement aux enfants suivants : la permission de

minuit, la fameuse « mob », aller dormir chez un petit ami... Pour cette raison, quand on est l'aînée, on peut avoir l'impression d'être moins gâtée que les autres. En fait, vous avez simplement eu plus de mal à obtenir certaines choses de la part de parents encore « inexpérimentés ».
Parfois, l'aînée est celle aussi vers qui se tournent tous les « espoirs » des parents. Si vous pouvez être citée en exemple — « Regarde ta sœur, fais comme elle ! » —, vous pouvez aussi illustrer le contre-exemple parfait — « Ne fais pas comme ta sœur, tu ne vas pas devenir comme elle j'espère ! » —, et ce n'est pas toujours facile à assumer.
Généralement, c'est à l'aînée qu'on accorde le plus de confiance. Elle est considérée comme plus responsable que les autres. Cette situation est parfois un peu lourde à porter, mais c'est aussi agréable de savoir que vos parents comptent sur vous.
L'aînée jouit aussi d'une certaine influence et d'une certaine autorité vis-à-vis de ses frères et sœurs. Son expérience sert à ses cadets. Vous pouvez être la grande sœur refuge, celle à qui on va raconter ses misères, celle à qui on demande de l'aide.

• JE SUIS LA CADETTE

À l'inverse de l'aînée, la cadette a une position plus facile à tenir, mais peut-être moins valorisante. Elle obtient les choses beaucoup plus aisément que sa grande sœur (ou son grand frère). Les parents sont plus expérimentés, moins crispés et, pour elle, ils se montrent plus permissifs. Ça c'est bien...
Quand on est la plus petite, on se sent aussi protégée par son ou ses aînés. On peut se confier à eux, leur demander, pour certains problèmes, de plaider sa cause auprès des parents.
En revanche, il n'est pas toujours facile de s'affirmer par rapport à ses aînés, d'être prise au sérieux. Les parents ont toujours tendance à vous considérer comme la petite, le « bébé », même si vous mesurez 1,70 m et que vous êtes plus costaude que tous. Pour eux, vous serez toujours « la puce » et c'est à vous de leur prouver le contraire. C'est souvent difficile, d'autant que vous êtes généralement la dernière à rester à la maison quand tous les autres sont déjà partis. Vous êtes celle sur qui repose la responsabilité de laisser vos parents « seuls » quand vous aurez décidé de vraiment vivre votre vie. Et cette responsabilité peut générer en vous un sentiment de culpabilité auquel les autres ont échappé.

La famille

• JE SUIS FILLE UNIQUE

Quand on est fille unique, au moins, on ne souffre d'aucune comparaison avec ses frères et sœurs. Pour vos parents, vous êtes toujours la plus belle, la plus intelligente, la plus tout. Forcément, vous êtes leur seule enfant. Cet état de grâce est à la fois une bénédiction et un piège. Vous vous sentez aimée sans réserve, protégée, gâtée, mais en même temps, vous pouvez vous sentir étouffée par autant d'amour polarisé sur vous. Vous êtes seule à supporter l'emprise de vos parents.

La difficulté de la fille unique, c'est de faire comprendre à ses parents qu'elle grandit, qu'elle a besoin d'une vie en dehors d'eux. C'est d'autant plus difficile que les parents, n'ayant pas eu d'autres enfants, ne possèdent pas de points de référence. Leur esprit n'est pas assoupli par l'expérience et ils ont tendance à se crisper quand il s'agit de lâcher un peu de lest.

● Trouver sa place dans la famille, c'est la trouver non seulement par rapport à ses parents, mais aussi par rapport à ses frères et sœurs, quand on en a.

La famille

Quand on est fille unique, on est généralement très choyée, mais il faut souvent user de beaucoup de force et de diplomatie pour obtenir, sans culpabiliser, sa liberté.

Rapports entre frères et sœurs

Les frères et sœurs, quand on a la chance d'en avoir, c'est très important. Même si on se dispute, même si parfois « on ne peut plus se voir », les relations entre frères et sœurs sont toujours, quelles que soient les difficultés qu'on peut rencontrer, enrichissantes.
Par rapport aux parents, les frères et sœurs servent en quelque sorte d'« adoucisseur ». Leur existence tempère les conflits qui surviennent éventuellement entre vous-même et vos parents.
Vous n'êtes pas seule face à eux, face aux problèmes qui se posent, face aux difficultés. Dans une famille nombreuse, les tensions sont partagées, comme les joies. La présence de frères et sœurs aide à « supporter » les parents, à faire front. Elle aide également à les comprendre, à mieux les aimer. C'est aussi avec les frères et sœurs qu'on partage les bonheurs familiaux.

• AVEC MA SŒUR (OU MES SŒURS)

Quand on est plusieurs filles dans une famille, il faut que chacune ait sa personnalité propre et sa place. Cela ne va pas toujours sans problèmes. On peut s'entendre parfaitement ou pas du tout. On peut être complices ou au contraire, se sentir très éloignées. Il peut aussi y avoir des problèmes de jalousie. Pour de multiples raisons. Tout cela fait partie des relations normales.
L'important, c'est que chacune ait son territoire bien défini. À partir de là, on peut discuter des problèmes s'il y en a ou profiter d'une complicité qui est précieuse. On peut se raconter ses secrets, partager beaucoup de choses — de la trousse de maquillage aux copains —, faire part de ses expériences mutuelles, de ses joies et de ses chagrins.
Si vous vous entendez bien avec votre sœur (ou vos sœurs), c'est formidable. Votre sœur est comme une amie, mais en mieux.
Si vous avez des problèmes entre vous et que vous en souffrez, vous pouvez parfaitement en parler. Au début, il faudra sans doute faire un effort, mais ça vaut le coup. Quelquefois, il suffit d'une bonne discussion pour changer les choses et retrouver en une sœur qui vous semblait étrangère ou hostile une véritable alliée.

• AVEC MON FRÈRE (OU MES FRÈRES)

Avec les frères, les problèmes sont différents. La rivalité ou la comparaison ne se situent pas sur le même plan : ce sont des garçons et vous êtes une fille.

Il n'y a pas de rivalité physique par exemple, mais la distinction peut vous peser lorsqu'il s'agit d'aider à la maison, de sortir le soir, de faire la vaisselle ou de servir à table : sous prétexte que vous êtes une fille, on ne vous accorde pas les mêmes droits qu'à un garçon. Ne vous laissez pas faire, ce sont des choses qui se discutent, surtout à notre époque ! Et ce n'est pas parce que « monsieur » est un garçon qu'il doit forcément échapper aux corvées de vaisselle !

Avoir un grand frère ça peut être formidable. Il vous protège, vous sort, veille sur vous, vous conseille et vous fait rencontrer ses copains...

Il peut aussi vous ignorer ou vous considérer comme une éternelle petite fille, et vous en souffrez. Là encore, vous pouvez parfaitement lui en parler, lui expliquer que vous avez besoin d'un peu plus d'attention de sa part. C'est le meilleur moyen de lui montrer que vous n'êtes plus une petite fille.

Les relations avec un petit frère sont souvent plus faciles. Même si on se dispute, on peut également être très complices. Votre position est aussi très valorisante : les petits frères admirent souvent leurs grandes sœurs, elles représentent toujours un peu pour eux un certain exemple de femme !

Vivre à la maison

La famille, c'est des gens. La famille, c'est aussi un lieu, maison ou appartement, qu'on doit partager avec d'autres. Il faut que chacun possède son territoire, que chacun trouve sa liberté dans le respect d'« autrui » et des « parties communes ». Ce n'est pas très difficile, il suffit de respecter certaines règles, d'être un peu attentive aux autres. Cela évite bien des disputes inutiles.

• LA CHAMBRE

Votre chambre, c'est votre lieu à vous, votre univers. Il ne faut pas hésiter à l'aménager, à la décorer comme vous le voulez. Organisez-vous donc comme vous l'entendez pour bien y vivre.

Décorez votre chambre comme vous le désirez

Peinture ou papier peint, tissu, affiches, posters, photos, collages, vous pouvez inventer votre décor, un décor qui vous ressemble, qui vous rappelle les choses et les gens que vous aimez. Si vos parents cherchent à vous imposer leurs goûts, expliquez-leur que vous avez besoin de choisir vous-même le cadre qui vous convient. Pour les convaincre, dites-leur que vous travaillerez mieux, que vous vous épanouirez davantage dans un environnement qui vous ressemble, choisi par vous : ce sont des raisons contre lesquelles ils ne pourront rien dire !

Rangez votre chambre comme vous l'entendez

Vous pouvez très bien avoir votre propre notion de l'ordre. Si vos parents poussent des hauts cris quand ils entrent dans votre chambre, expliquez-leur que l'important c'est que vous vous y retrouviez, vous (à condition que ce soit vrai). Votre chambre est votre domaine et vos parents, du moment que vous faites votre lit, n'ont pas à intervenir.
Votre chambre doit être pour vous un lieu de détente, un endroit où vous pouvez vous laisser aller, où pour vous il fait bon vivre, où vous pouvez aussi travailler correctement !

Instaurez un code d'accès à votre chambre

Votre chambre peut être un lieu de passage, quand ça va, quand vous êtes de bonne humeur. Mais elle doit être aussi un refuge, quand vous êtes triste ou énervée, quand vous voulez travailler ou quand simplement vous voulez avoir la paix. Dans ces cas-là, vous pouvez

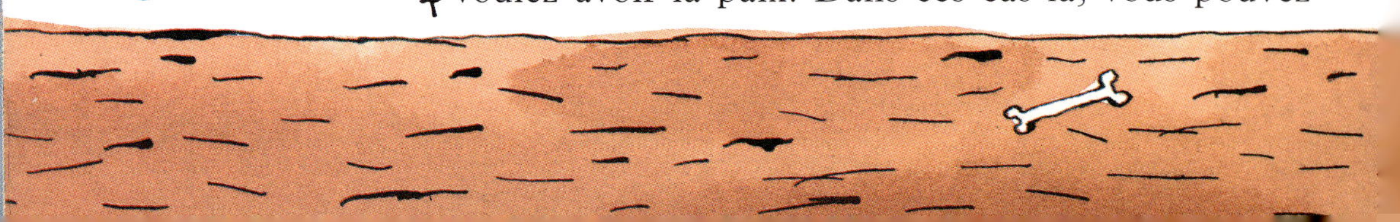

La famille

la la la
dorothy woche ze dichise ... yeah
... je veux sortir ce soir... je veux sortir ce soir ...
je vais dire que je passe la soirée avec Charlotte ...
quand le temps vaaaa ...
amandiiiine... c'est pour toi!
un certain Charles-Edouard ...
tu sais chéri, pour Dorothée parfois, je me demande ...
ça baigne... y' a personne...
HAUT

demander qu'on frappe à la porte de votre chambre avant d'entrer (au besoin, installez un écriteau).
Vous pouvez aussi fermer la porte à clef, à condition de ne pas vous servir du verrou comme d'un chantage. On est libre de s'enfermer pour avoir la paix, se concentrer, mener sa petite vie. Mais on ne doit pas s'enfermer pour faire pression, affoler son entourage ou laisser croire qu'on est en train de faire n'importe quoi ! Disposer d'une clef pour fermer la porte de sa chambre, c'est avoir suffisamment le sens des responsabilités pour s'en servir correctement.

Changez de décor de temps en temps
Rien de tel quand les choses ne vont pas que de « changer de décor ». Ce n'est pas la peine d'employer les grands moyens et d'entamer un ravalement total de votre chambre, vous pouvez vous y prendre autrement : modifier la disposition des meubles pour créer un espace nouveau, enlever certaines affaires et les remplacer ou non par d'autres, ôter les vieilles affiches et en mettre de nouvelles, bref aérer votre lieu, le faire évoluer avec vous.
Quand on ne se sent plus bien dans sa chambre, c'est aussi qu'on a grandi soi-même et qu'on a l'impression d'être dans une chambre de petite fille, trop jeune pour soi. Dans ces cas-là, il ne faut pas hésiter à « mettre au grenier » votre collection de poupées ou de grenouilles en porcelaine auxquelles vous teniez tant. Ne les jetez pas, bien sûr, mais dites-vous que vous les gardez pour vos futurs enfants ! C'est un exemple, mais chacun a vu

ses objets d'enfance lui paraître un jour subitement encombrants. Et le simple fait de vous en débarrasser peut redonner à votre chambre l'espace dont vous avez aujourd'hui besoin.

Je partage ma chambre avec ma sœur, mon frère

Quand on partage sa chambre avec un frère ou une sœur, la première chose à faire c'est de définir chacun votre espace : votre lit, les tiroirs de commode, les étagères, les pans de murs... À partir de là, vous êtes déjà plus tranquille. Évidemment, le partage d'une pièce est une négociation permanente. Il faut accepter qu'il ou elle mette ses posters de chevaux (même si vous détestez ces chevaux), mais, en contrepartie, il ou elle doit accepter que vous puissiez exposer vos posters de danseuses (même si il ou elle déteste la danse !). Il faut que chacun y mette du sien : ne pas écouter de musique si ça gêne l'autre pour travailler, ne pas envahir l'espace de l'autre avec son désordre, ne pas fumer dans la pièce si l'autre déteste l'odeur de la cigarette... Ça peut paraître très pesant parfois, mais vous n'avez pas le choix. Alors essayez de ne pas faire d'histoires inutiles et profitez des bons côtés de la cohabitation : elle développe la tolérance, le sens du partage, la faculté d'adaptation (qualités précieuses dans la vie), et puis on se raconte ses histoires le soir avant de s'endormir...

• LA SALLE DE BAINS

On peut avoir sa salle de bains pour soi toute seule, c'est un luxe. Il peut y avoir aussi la salle de bains des parents et la salle de bains des enfants, c'est un privilège. Le plus souvent, on partage la salle de bains avec sa famille.

Comment faire bon usage de la salle de bains familiale

- Respectez les horaires de chacun : si tout le monde est pressé le matin, accordez-vous dix minutes pour faire une toilette rapide, en réservant, si possible, un accès libre pour les autres : ce n'est pas la peine de vous enfermer à clef pour vous brosser les dents !
- Déterminez en fonction des autres vos jours de bain « longue durée ».
- Efforcez-vous de ne pas laisser une baignoire ou un lavabo dégoûtants et plein de cheveux collés en vous disant que les autres nettoieront.
- Réservez-vous un emplacement personnel de rangement.

La famille

• Si vous empruntez les affaires des autres, remettez-les à leur place, tubes rebouchés, crayons recapuchonnés, couvercles de pots revissés. Ne faites pas avec les affaires des autres ce que vous n'aimeriez pas qu'on fasse avec les vôtres !

• LE SALON, LES AUTRES PIÈCES

Autant vous faites ce que vous voulez avec et dans votre chambre, autant vous devez respecter toutes les autres pièces de la maison. Vous n'avez pas à vous approprier les lieux pour votre usage personnel, et devant certains abus les colères de vos parents sont légitimes !

Comment profiter des lieux sans embêter les autres

• Ne squattez pas toutes les pièces en laissant traîner vos affaires partout.

• Laissez les choses et les lieux dans l'état dans lequel vous les avez trouvés !

EXEMPLES :

Après avoir écouté de la musique sur la chaîne familiale, rangez les disques et éteignez la chaîne.

Si vous mangez une banane, ne laissez pas la peau traîner sur la table basse du salon.

Si vous empruntez un livre dans la bibliothèque familiale, remettez-le à sa place, que tout le monde ne le cherche pas après partout.

Si vous recevez vos copains dans le salon, veillez discrètement à ce qu'ils se « tiennent bien » (qu'ils n'entrent pas avec des chaussures sales, qu'ils ne fassent pas de trous dans les fauteuils avec leurs cigarettes, qu'ils ne renversent pas de Coca sur le canapé...). Après leur départ, ramassez les verres, videz les cendriers, aérez la pièce, rangez les disques, passez l'aspirateur, nettoyez les taches sur la moquette s'il y en a... Que vos parents ne retrouvent pas leur salon complètement dévasté.

Il y aurait mille exemples à citer dans le genre mais vous avez sans doute compris : tout est une question de délicatesse et de respect mutuels.

Vous avez tout à y gagner : encore une fois, dites-vous bien que plus vous respecterez l'espace des autres, plus les autres respecteront le vôtre.

• LA TÉLÉVISION

La télé, c'est très bien à condition d'en faire bon usage (*voir chapitre Loisirs*). Le problème dans une maison, c'est

qu'il y a généralement un seul poste pour plusieurs personnes et que parfois, tout le monde n'a pas forcément envie de regarder la même émission au même moment. Si un conflit pointe son nez, usez de ruse et de diplomatie.
EXEMPLES :
• Vous ne voulez rater pour rien au monde votre feuilleton « débile mais super », or vos parents se sont mis dans la tête que cela vous abrutissait; d'ailleurs, il y a un débat passionnant sur l'autre chaîne.
NE LEUR DITES PAS : « C'est dingue, on n'a même plus le droit de se distraire dans cette maison ! »
DITES-LEUR PLUTÔT : « Vous devriez regarder ce feuilleton, il est très révélateur de notre époque. » C'est le genre de phrase floue mais qui en impose. Vos parents verront ainsi que vous êtes douée d'un bon esprit d'analyse, que vous n'êtes pas une spectatrice « passive » et que vous savez tirer un enseignement enrichissant de « toutes ces inepties qu'on nous déverse à longueur de temps ».

La famille

• De la même manière, si votre petit frère trépigne parce qu'il veut voir le dessin animé sur l'autre chaîne.
NE LUI DITES PAS : « Tais-toi, c'est moi qui décide » (vous auriez droit à une crise d'hystérie).
DITES-LUI PLUTÔT : « Mais enfin Alphonse, les dessins animés c'est pour les bébés ! C'est beaucoup mieux pour toi de regarder un film pour les grands ! » (Les petits sont toujours heureux qu'on les traite comme des grands, et ça marche à tous les coups ou presque).
• Si vous vous faisiez une joie depuis une semaine à l'idée de regarder *Autant en emporte le vent* et que, manque de pot, ça tombe le soir de la finale de la Coupe du monde de football, que ni votre père, ni vos frères n'imaginent rater, n'insistez pas, vous seriez perdante. Enregistrez votre film au magnétoscope (si vous en avez un) ou allez tout simplement le voir ailleurs (vous avez bien une grand-mère ou une copine qui préférera les passions de Scarlett O'Hara à celles d'un stade en délire).
• Évidemment, vous avez le droit de vous vautrer (de temps en temps) devant la télé avec un paquet de chips et une bouteille de Coca (plutôt avec un jus de fruit frais et une barre de céréales, pardon !), mais assurez ensuite un nettoyage des lieux en bonne et due forme, surtout si le poste se trouve dans la chambre de vos parents et que vous avez choisi leur lit comme base d'accueil.
• Enfin, si vous vous sentez une âme d'organisatrice, vous pouvez aussi définir les soirées TV de la semaine en fonction de la famille et des souhaits de chacun !

• LE TÉLÉPHONE

Le téléphone, c'est souvent comme la télévision, il n'y en a qu'un dans la maison (ou tout du moins il n'y a qu'une ligne) pour plusieurs personnes. Ça tombe mal : le téléphone est in-dis-pen-sa-ble à votre vie et si vous n'avez pas vos deux heures de conversations quotidiennes vous êtes en manque.
Comment bien vivre votre début de soirée si vous ne pouvez joindre, dès 17 h 15, votre amie Zoé (quittée à 17 heures !) pour savoir ce qu'elle fait, ce qu'elle mange, ce qu'elle pense, ce qu'elle va mettre demain, toutes questions essentielles. Mais ça évidemment personne ne le comprend !
Là, les négociations sont plus difficiles : outre le fait que vous monopolisez la ligne quand d'autres en auraient besoin, on vous accuse aussi d'être responsable de l'augmentation des factures (ce qui est sans doute vrai).

DONC : QUOI FAIRE ?

• Choisissez un moment où vous pourrez passer votre coup de fil tranquille (le soir quand tout le monde regarde la télé ou après le lycée quand personne n'est encore rentré...).
• Si la conversation dure trop longtemps, demandez éventuellement à votre interlocuteur (ou votre interlocutrice) de vous rappeler : les frais de la communication seront partagés.
• Instaurez avec vos correspondants privilégiés des règles d'appel : une fois l'un, une fois l'autre.
• Respectez les horaires des communications à tarif réduit : le dimanche, après 22 heures, après minuit, etc.
• Suggérez à vos parents d'installer un signal d'appel (c'est possible sur un téléphone à touches), système grâce auquel vous pouvez prendre, au milieu d'une conversation, une autre communication, sans que votre ligne ne sonne jamais occupée (mode d'emploi très simple).
• Ce qui est embêtant avec le téléphone, c'est qu'il trahit aussi votre vie privée : il appelle pour la première fois et quelqu'un répond à votre place. Déjà c'est énervant. Infailliblement, on vous demandera : « C'est qui ? » Prenez alors un air détaché et répondez simplement : « Un ami. » Ou alors faites semblant de ne pas avoir entendu la question.
• Ce n'est pas facile non plus de faire ses confidences ou de dire des douceurs entre les allées et venues des uns et

La famille

les cris des autres : si le fil du téléphone n'est pas assez long pour aller jusqu'à un endroit calme, optez pour la cabine téléphonique la plus proche !

• LA CHAÎNE

Vous pouvez faire hurler l'ampli si vous êtes seule avec vos copains et que les voisins ne s'en plaignent pas. Mais si ce n'est pas le cas, sachez qu'il faut respecter les oreilles des autres. Tout le monde n'est pas forcé d'aimer la musique que vous adorez. Si vous ne pouvez pas écouter de disques dans votre chambre, utilisez la chaîne du salon mais à un volume acceptable pour tout le monde, c'est la seule solution.

LE « SAVOIR-VIVRE » EN FAMILLE

Efforcez-vous d'adopter un comportement « civique » :
• Ne prenez pas la maison pour un hôtel : informez les instances supérieures, vos parents en l'occurrence, de vos allées et venues. Prévenez quand vous sortez, dites où vous allez, à quelle heure vous rentrerez. Si vous avez du retard, prévenez vos parents pour ne pas qu'ils s'inquiètent... Pensez que c'est non pas un devoir mais une politesse, ça vous semblera naturel ;
• **Respectez si possible les horaires familiaux** (repas, réunions de famille...). Mettez la main à la pâte quand vous le pouvez (courses, ménage, vaisselle, débarrasser la table...) ;
• **Respectez l'ordre établi en dehors de vos frontières** (*voir ci-dessus*) ;
• **Ne prenez pas les autres pour des punching-balls :** vos parents, vos frères et vos sœurs ne sont pas là pour supporter toutes vos humeurs. Vous avez le droit de faire la tête de temps en temps ou de provoquer quelques disputes, mais il ne faut pas que cela devienne une habitude. Ce n'est pas très agréable pour les autres de vous voir faire le « plat de museau » à longueur de journée. Sans compter que cela donne du crédit à toutes ces réflexions qui vous exaspèrent du type :« Tu es vraiment dans l'âge ingrat », « Ah ! Vivement que cette puberté se termine ! » « Bon sang ! Quand est-ce que tu vas sortir enfin de l'adolescence ? »... et autres amabilités qui vous donnent envie de les planter là tous autant qu'ils sont ;
• **Surprenez votre entourage : coopérez.** N'oubliez pas les dates anniversaires. Efforcez-vous de ne pas aggraver les tensions s'il y en a. Écoutez les autres, conseillez-les, essayez aussi de les comprendre, occupez-vous d'eux un peu. N'hésitez pas à prendre des initiatives : « Ce soir, je m'occupe du dîner ! » « Vous pouvez aller au cinéma, je garde Alphonse. », « Aujourd'hui, c'est moi qui sors le chien ! » « Je vais faire réciter sa leçon de géo à Lucie »... Toutes ces bonnes résolutions vous permettront, le moment venu, de refuser plus facilement certaines tâches qui vous embêtent vraiment.
Sans vous transformer en petite sœur des pauvres ou en jeune fille modèle, vous pouvez de temps en temps faire preuve de bonté et de générosité. C'est gratifiant pour vous, ça fait plaisir aux autres, et ça ne vous coûte pas trop...

● La famille, c'est des gens. La famille, c'est aussi un lieu. Il faut que chacun possède son territoire, que chacun trouve sa liberté dans le respect d'« autrui ».

La famille

Le jardin secret

Avoir sa vie à soi, c'est savoir préserver son intimité. Il y a des choses qu'on n'a envie de raconter à personne et qu'on a pourtant besoin de sortir de soi, d'extérioriser. Ça fait du bien. Ça permet aussi d'y voir plus clair.

Le journal intime

Votre journal, c'est votre confident. Il est le témoin de vos heures de gloire et de vos défaites. Vous lui confiez vos joies et vos chagrins, mais aussi des sentiments et des pensées très intimes. Dans votre journal, vous pouvez écrire comme vous voulez, quand vous voulez, dire tous les mots que vous voulez, vous pouvez le décorer, le déchirer, raturer, gribouiller, c'est un formidable espace de liberté.

Ce n'est pas du tout ridicule ou niais de tenir son journal. Ça ne fait pas « jeune fille rangée ». Au contraire, un journal, ça contient de la gaieté, du bonheur, de la tristesse, des doutes, des pleurs, c'est plein d'émotions, c'est riche, c'est vivant.

Votre journal, c'est aussi le témoin de votre évolution. Quand vous le relirez plus tard, vous vous apercevrez du chemin que vous avez parcouru, vous vous direz en souriant : « Dire que je pensais ça ! », « Dire que je disais ça ! » Et cela vous semblera très loin.

Votre journal n'appartient qu'à vous et personne n'a le droit de le lire sans votre autorisation.

Tenir un journal, ce n'est pas compliqué. Il faut : un cahier sur lequel vous aimez écrire ou bien un ordinateur ; un stylo avec lequel vous aimez écrire ; une bonne planque (si vous avez des frères et sœurs trop curieux) ou un code d'entrée spécial dans le programme de l'ordinateur ; et cette délicieuse liberté que vous devez vous accorder pour dire tout ce que vous pensez, y compris toutes ces choses que vous croyez inavouables !

Les pensées, les sensations

Elles vous passent par la tête. Elles reviennent régulièrement. Elles vous obsèdent. Elles se contredisent. À cause d'elles, vous croyez que vous n'êtes pas comme tout le monde, que vous êtes une « exclue » de la vie, une pauvre petite créature pleine de complexes à la surface du globe... Et pourtant, on a tous eu un jour ces pensées-là, ce sont les pensées les plus vieilles du monde, celles qu'on partage avec le plus grand nombre...

● Un journal est un confident. Il est le témoin de vos heures de gloire et de vos défaites.

Je suis **moche**

Je ne vaux rien

Je suis **jalouse**

Personne ne **m'aime**

Personne ne me **comprend**

Je ne peux pas m'empêcher de dire des **méchancetés**

Je ne me réjouis pas du **bonheur** des autres

Je ne me réjouis pas du bonheur...

Je ne me réjouis pas...

J'aimerais être **quelqu'un d'autre**

J'aimerais faire de **grandes choses**

Je déteste le **monde** dans lequel on vit

Je ne serai jamais **heureuse**

Je ne trouverai jamais ce qui me plaît dans **la vie**

Je n'ai pas demandé à **naître**

J'ai envie de ne **rien faire**

J'ai le **cafard**

Je n'aime pas la vie

...à compléter

Je n'aime personne
Je pleure tout le temps
Je rougis tout le temps
Je ris pour un oui pour un non
Je suis exceptionnelle et personne ne le sait
Je n'ose jamais dire ce que je pense vraiment
Je suis la seule à souffrir autant
Je les déteste tous
J'en ai marre
Je ne peux pas m'empêcher de faire la tête
Je ne peux pas m'empêcher d'être agressive
Je n'ai pas envie de grandir
Je voudrais être déjà grande
Je me sens bête
Je suis seule

Le savoir-vivre

Évidemment vous le savez bien : ce n'est pas parce qu'on est polie, élégante, courtoise, propre et distinguée qu'on est obligatoirement « raide et coincée ».
Loin d'être une stricte obéissance à des codes rigides, le savoir-vivre est avant tout une preuve de considération de soi et de l'autre. C'est un moyen de s'affirmer soi-même en accordant à l'autre, aux autres, la place qu'ils ont, sans excès de respect et sans négligence excessive.
Parfois, on se tient mal, on parle mal par timidité. On croit qu'on s'en fiche, que c'est une preuve de liberté : on se trompe. Cette attitude révèle souvent des complexes qu'on ne veut pas s'avouer.
Parfois aussi on préfère « ruer dans les brancards » plutôt que de se plier à toutes ces règles bourgeoises « nulles ». On croit qu'on affiche une très forte personnalité, qu'on échappe à la conformité et que, de toute façon, on a raison. En réalité, on paraît seulement très immature et encore plus prisonnier des codes que n'importe qui !
À partir du moment où vous vivez en société, vous n'avez pas le choix : être soi-même, être libre, ce n'est pas nier ou ignorer sciemment toutes les règles de conduite qui régissent la société (ou alors il faut aller vivre sur une île déserte !). Être libre, paradoxalement, c'est assimiler ces règles de manière qu'elles ne vous

pèsent plus, mais qu'elles contribuent au contraire à révéler ce que vous êtes.

La vie en société a ses conventions. Elles varient d'un pays à l'autre, d'un groupe humain à l'autre. Elles peuvent sembler parfois arbitraires, inutiles, ou excessivement normatives. On n'est pas obligé de s'y plier ; les connaître en tout cas, c'est s'en faire des alliées, s'assurer un « passeport » pour évoluer dans tous les milieux, être à l'aise partout et avec tout le monde, « ce qui est un grand avantage dans la vie » !

Savoir parler

On ne parle pas tous de la même manière. Même si l'on dispose d'un tronc commun de mots, chacun les emploie en fonction de ce qu'il est et on a tous notre langage, notre façon de parler. Pour bien en user, il faut pourtant admettre certaines règles :

• Parler, c'est s'exprimer, exprimer sa personne, sa pensée. Savoir parler, c'est se sentir bien, à l'aise avec les mots qu'on emploie. Il ne s'agit pas de connaître tous les mots du dictionnaire et toutes les règles de grammaire. Il faut simplement essayer d'utiliser des mots justes, fidèles à vous-même. « Ce qui se conçoit bien s'énonce clairement » disait Boileau.

D'une certaine manière, on peut dire que savoir parler, quel que soit son langage, c'est respecter sa propre pensée, se respecter soi. C'est donc aussi respecter les autres.

• Savoir parler, c'est également s'adapter, quand il le faut, à l'âge et à la qualité de vos interlocuteurs. Vous ne parlez pas de la même manière à vos copains qu'à des adultes que vous ne connaissez pas et vous devez parfois respecter les codes et traduire pour eux vos expressions habituelles.

EXEMPLES :

• Remplacer « Ça me gonfle» par « Cela m'ennuie » ; « Ça prend la tête » par « C'est compliqué » ; « Ce mec est trop ! » par « Ce monsieur a une allure originale »… etc.

Rien ne vous empêche, en revanche, de tenir ces oreilles délicates au courant des éventuelles évolutions du langage. Mais là encore, il faut le faire avec douceur.

• Savoir parler, c'est aussi savoir écouter, témoigner de l'intérêt à son interlocuteur.

• Savoir parler, c'est savoir se défendre (et ça, c'est très important !). C'est en quelque sorte avoir une arme pour neutraliser un éventuel adversaire.

Le savoir-vivre

• Savoir parler enfin, ça peut être aussi savoir se taire. Au lieu de jouer les : « Vous ne me demandez pas mon avis mais je vous le donne quand même », opter plutôt pour un silence réfléchi, et donner davantage de poids aux mots qu'on prononce.

• QUELQUES PETITS TRUCS À SAVOIR

Les présentations

On présente toujours :

• Une personne jeune à une personne plus âgée. Exemple : « Grand-maman, je te présente mon amie Nathalie . »

• Un homme à une femme. Exemple : « Nathalie, je te présente Julien. » (J'espère que ça va marcher !)

La conversation

• Une ruse infaillible pour vous faire bien voir : si vous voulez vraiment enchanter votre interlocuteur, faites-le parler de lui, c'est le sujet qui l'intéresse le plus !

Il sera ravi, persuadé qu'il a eu avec vous une conversation passionnante (puisqu'il aura parlé de lui tout le temps) et que vous êtes vous-même la personne la plus intéressante du monde (puisque vous l'aurez écouté) ! C'est ce qu'on appelle la comédie sociale, bien utile dans certains cas... (On peut ainsi obtenir des renseignements, des autorisations, des services, des aides, des faveurs... Rappelez-vous ce que disait La Fontaine : « Tout flatteur vit aux dépens de celui qui l'écoute » !)

En règle générale, évitez de :

• Chuchoter si vous êtes timide : on vous répondra « Quoi ? Comment ? » Vous serez alors obligée de vous répéter, ce qui ne fera que redoubler votre embarras.

• Parler fort pour braver votre timidité : il n'y a rien de

plus pénible pour les autres. Personne n'osera vous dire de baisser d'un ton sauf vos proches, et vous serez définitivement cataloguée comme la « soûlante ».

• Parler à tort et à travers (pour braver votre timidité également) : vous priverez les autres de leur conversation, et ils vous en voudront ! (N'oubliez pas que tout le monde aime se mettre en valeur.) En parlant trop, vous ôtez aussi à vos interlocuteurs l'envie de vous écouter : l'excès de mots dévalorise les mots...

• Couper la parole : on déteste toujours être interrompu, même quand on ne dit rien d'intéressant.

• Poser des questions indiscrètes : c'est à vous d'évaluer jusqu'où vous pouvez aller. Cela dépend des gens que vous avez en face de vous. Certains se choquent très vite, d'autres sont plus décontractés. Respecter les autres, c'est aussi apprendre à connaître leurs limites. Même s'ils vous paraissent ridicules, ce n'est pas la peine de les brusquer. On obtient souvent plus par la douceur, en contournant les obstacles, que par la violence, en fonçant dans le tas. À vous de jouer...

• Répondre à l'insolence par l'insolence, aux insultes par l'insulte, à la grossièreté par la grossièreté. Si quelqu'un vous manque de respect, gardez votre calme et redoublez de courtoisie, il ou elle sera bien embêté(e). Vous pouvez dire : « Excusez-moi, je ne comprends pas votre langue » ou bien « Écoutez, moi je ne vous parle pas de cette manière ». Si on vous traite de « pauvre andouille » souriez et lâchez : « C'est un joli nom », en détournant gracieusement la tête pour marquer votre volonté de clore le débat. Bref, apprenez la maîtrise de vous-même.

(Inversement, si vous haussez le ton et poussez le dialogue un peu trop loin, sachez vous excuser ensuite. Savoir s'excuser est toujours une preuve de maturité.)

Le savoir-vivre

• Tutoyer un adulte que vous ne connaissez pas s'il ne vous a pas autorisée à le faire : c'est carrément grossier.
• Terminer une histoire drôle que quelqu'un a commencée pour montrer que vous la connaissez : c'est horripilant.
• Raconter un secret à l'oreille de Paul devant tout le monde : c'est gênant.
• Entamer une conversation avec Jacques alors que Pierre était en train de vous parler : c'est vexant.
• Planter là Roger alors qu'il n'a même pas terminé sa phrase : c'est humiliant.
• Médire de Juliette qui n'est pas là si c'est justement une amie de Stéphane qui vous a invitée : ça vous dévalorise vous-même.
• Si vous êtes reçue chez des gens, les parents de vos amis par exemple... ne dites pas « Bonjour monsieur Durand... ! » mais simplement « Bonjour monsieur ! » (Idem pour madame...)
• De la même manière, quand vous faites vos adieux, ne lancez pas aux parents « Allez, salut ! » ni « Au revoir et bonne continuation ! » ni « Au plaisir ! » ni même « Bonjour chez vous ! » Dites simplement « Au revoir (monsieur, madame) ! »

Au téléphone

• On se présente toujours lorsqu'on appelle quelqu'un au téléphone. Ne dites pas « Allô ! passez-moi Pierre » ou bien « Allô ! je voudrais Pierre s'il vous plaît », mais « Allô ! Bonjour madame. Gudule Bertrand à l'appareil, pourrais-je parler à Pierre s'il vous plaît ? »
• Si vous téléphonez à une heure tardive, redoublez hypocritement de politesse, ajoutez, si vous y parvenez : « Je vous prie de bien vouloir m'excuser de vous appeler à une heure aussi tardive », ou plus simplement « Je suis désolée de vous déranger à cette heure-ci, mais... »

Savoir « se conduire »

Ça inclut évidemment ce qui vient d'être dit ci-dessus. L'idéal ensuite, c'est de joindre le geste à la parole.

• DANS LA VIE

ON PASSE SUR LES DÉTAILS ÉLÉMENTAIRES : la propreté, la netteté... Mis à part le fait que vous êtes plus jolie bien habillée, bien coiffée... n'oubliez pas que les autres ressentent l'importance que vous leur accordez en fonction de la manière dont vous vous présentez à eux. Si vous

vous montrez échevelée et débraillée, ils auront l'impression que vous les traitez comme vous vous traitez vous-même, c'est-à-dire comme une « quantité négligeable ».

Ne laissez à personne l'occasion de vous dire :

• « Tiens-toi droite » : pour vous, c'est naturel.

De la même manière, vous marchez sans traîner les pieds, vous vous asseyez sans vous affaler ou vous vautrer, les jambes joliment croisées ou savamment repliées l'une contre l'autre.

• « Mets ta main devant ta bouche quand tu bâilles » (« quand tu tousses », « quand tu éternues »...). Dans les grandes occasions, vous connaissez une manière très discrète de bâiller, sans ouvrir grand la bouche mais en serrant les dents et en esquissant un bâillement dans un soupir, la bouche fermée. Vous savez également refréner un éternuement bruyant s'il le faut : en pinçant discrètement votre nez ou en fermant délicatement la narine qui chatouille avec le revers de l'index.

• « Il a encore du goût ton chewing-gum ? » : naturellement, vous ne mâchouillez jamais ostensiblement quand vous parlez avec quelqu'un.

• « On ne t'a pas appris à dire bonjour ? » (ou « merci », ou « au revoir ») : manque de pot, vous savez serrer franchement la main qu'on vous tend et remercier chaque fois qu'il le faut.

• « Les excuses, toi tu connais pas ! » La preuve que si : vous présentez toujours vos excuses lorsque vous bousculez quelqu'un, commettez une indiscrétion ou lorsque vous êtes, pour une raison ou pour une autre, dans votre tort.

Plus vous respecterez les autres, plus ils vous respecteront (vous l'avez parfaitement compris). Vous savez que le respect passe aussi par :

• L'exactitude : c'est, comme chacun sait la « politesse des rois ». N'arrivez jamais en retard à vos rendez-vous, quels qu'ils soient. C'est une habitude.

Les attentions :

• Si vous fumez, vous demandez toujours avant d'allumer votre cigarette si cela ne gêne personne.

• Si vous buvez dans un dîner, n'attendez pas le moment où vous serez « pompette » pour vous arrêter.

• Vous êtes serviable : vous ramassez un objet qu'une personne plus âgée que vous a laissé tomber, vous la laissez également passer en premier dans une pièce, un ascenseur... Vous portez les paquets les plus lourds si vous êtes avec quelqu'un plus « faible » que vous.

• On vous loue pour votre originalité et vos délicatesses : à une époque où le téléphone a remplacé la correspondance, vous n'hésitez pas à écrire, à votre manière, des petits mots de remerciements, de vœux, des cartes d'anniversaire, ça fait toujours tellement plaisir à ceux qui les reçoivent!

• À TABLE

Inutile de le rappeler, n'est-ce pas, vous êtes une convive ex-em-plai-re.

- Vous ne commencez jamais à manger avant la maîtresse de maison.
- Vous ne mettez jamais vos coudes sur la table.
- Vous ne vous vautrez pas sur la table comme si vous alliez piquer un petit «roupillon»; au contraire, vous vous tenez droite.

- Vous ne nouez pas votre serviette autour du cou, vous ne la glissez pas non plus dans l'échancrure de votre corsage. Vous la posez sur vos genoux. À la fin du repas, vous ne la repliez pas soigneusement (sauf chez vous!).
- Vous ne mangez pas la bouche ouverte.
- Vous ne parlez pas la bouche pleine.
- Vous ne parlez pas uniquement à votre voisin de gauche en oubliant systématiquement celui de droite parce qu'il est moins séduisant.
- Vous ne prenez pas le fromage avec vos doigts. Vous n'en faites pas des tartines. Vous en mettez délicatement un petit morceau sur une bouchée de pain.
- Vous ne coupez pas la salade.
- Vous ne saucez pas allégrement votre assiette jusqu'à ce qu'elle soit nickel.
- Vous tenez votre fourchette de la main gauche (si vous êtes droitière) uniquement quand vous vous servez de votre couteau.
- Quand vous avez fini de manger, vous ne laissez jamais vos couverts sur la nappe, vous prenez le soin de les poser sur votre assiette.

Le savoir-vivre

• Vous demandez l'autorisation de fumer avant d'allumer une cigarette (pas de cendre dans l'assiette !).

AU RESTAURANT :
Pour ce qui est de la conduite à tenir à table, reportez-vous à ce qui vient d'être dit ci-dessus.
Votre extrême délicatesse fait ses preuves au moment où arrive l'addition :

• On vous a invitée à l'avance : très bien. Vous attendez que votre hôte ait réglé l'addition pour le remercier, en vous dispensant naturellement de demander combien ça a coûté !

• Vous dînez avec des copains : c'est normal que chacun partage et vous ne vous livrez pas à des comptes d'apothicaire du style : « Mais moi je n'ai pas pris de dessert ! »

• Vous dînez avec un garçon, mais vous ne savez pas s'il vous invite ou non : même si vous espérez qu'il vous invite, vous ne faites évidemment pas comme si c'était un dû. Vous sortez votre porte-monnaie et proposez de partager. S'il refuse, vous le remerciez gentiment. S'il accepte, vous ne tiquez pas en payant votre part. Vous le faites naturellement.

• Si vous êtes invitée par un ou une ami(e), vous savez lui rendre l'invitation la fois prochaine.

• DANS LES MAGASINS

Il n'y a rien de plus exaspérant que les filles qui entrent dans les boutiques en disant à peine bonjour aux vendeuses, déplient tous les vêtements ou les font déplier, dérangent tout sur leur passage et ressortent sans rien acheter. Vous, si vous allez dans les magasins et que vous n'avez rien de précis à acheter en tête, vous faites toujours en sorte de n'embêter personne et vous respectez le travail des vendeuses.

• Vous dites systématiquement bonjour quand vous entrez (même si personne ne vous répond).
• Si une vendeuse vous demande quelque chose, vous répondez en souriant que vous regardez seulement (vous en avez le droit, sans être pour cela obligée d'acheter).
• Généralement, chaque article est exposé sur un cintre, alors ne mettez pas la pagaille dans les rayons.
• Vous ne tripotez pas non plus les vêtements avec des mains pleines de graisse, d'encre, ou de chocolat...
• Vous n'essayez pas toute la boutique si vous savez pertinemment que vous n'achèterez rien.
• Quand vous partez, vous dites systématiquement « Au revoir, merci » (même si personne ne vous répond).

On peut être tenté un jour de « piquer un petit truc » dans un magasin, juste pour voir. Le vol est comme un pari. Le défi du « pas vu pas pris ». Aujourd'hui, les articles présentés dans les magasins sont protégés par des étiquettes magnétiques. Des caméras sont placées à tous les rayons et des inspecteurs en civil circulent « incognito » dans les grands magasins. Alors méfiez-vous ! Ce genre de petit défi peut vous coûter très cher !
Si votre envie de voler est systématique, parlez-en à quelqu'un en qui vous avez confiance. Le manque d'argent est parfois à l'origine du vol. Mais les vols répétés peuvent aussi être la manifestation de problèmes affectifs dont on n'a pas forcément conscience. On peut comprendre pourquoi on vole ou pourquoi on a envie de voler, cette découverte peut modifier votre comportement. C'est plus enrichissant que de posséder des objets dont on n'a pas payé le prix.

• DANS LES TRANSPORTS EN COMMUN

• Quoi qu'il arrive, vous restez fair-play : vous ne jouez pas des coudes et ne bousculez pas tout le monde pour entrer dans un bus ou un métro bondés.
• Sans rivaliser de goujaterie avec le type en face qui ne lève pas son derrière de son siège, vous cédez spontanément votre place aux personnes âgées, aux femmes enceintes ou accompagnées d'un enfant en bas âge.

• AU CINÉMA

• Vous avez compris que ce n'est pas la peine de jouer les plus malignes dans la file d'attente : il y a toujours des plus malins que vous qui remarquent votre petit manège et vous crient bien fort : « Eh vous là-bas, à la queue ! »

Résultat, vous vous retrouvez au bout d'une file encore plus longue que celle que vous avez voulu éviter !

- Pendant le film, vous évitez de confier à haute voix vos impressions à vos voisins, vous attendez la sortie.
- Vous ne choisissez pas non plus le moment le plus palpitant pour ouvrir un paquet de bonbons et déballer une à une les friandises, sachant pertinemment que même quand on essaie de ne pas faire de bruit, le froissement du papier qu'on déplie est horripilant pour vos voisins.

L'amitié

Quand on commence à sortir de sa famille, on éprouve le besoin de se trouver de nouvelles marques, de nouveaux repères. On veut exister en dehors de sa famille et, en même temps, on éprouve le besoin de se recréer une sorte de cocon, avec des gens qui ont les mêmes préoccupations que nous, qui nous ressemblent, avec lesquels on se sent à peu près bien.
Vous vous tournez vers les autres, vous cherchez leur regard, vous guettez leur approbation ; vous avez besoin qu'ils vous aiment et qu'ils vous donnent le sentiment d'appartenir à leur « communauté ». Pas forcément la communauté de ceux qui s'« éclatent », mais celle des êtres qui partagent une même jeunesse, avec les joies mais aussi les problèmes qui l'accompagnent.
C'est le temps des copains, des amis, des « découvertes humaines ».

Les copains

Avec les copains, on entretient des relations d'amitié « légère ». On se comprend sans avoir à s'expliquer, tout simplement parce qu'on appartient au même groupe d'individus. Les copains sont là pour partager certains moments de votre vie (loisirs, sports, études), ils vous entourent, vous vous serrez les coudes. Avec eux, vous êtes un peu dans la même « galère », ils font partie de votre univers familier, c'est rassurant. Les copains, c'est bien pour s'amuser, se divertir, travailler, se soutenir. Ils vous aident à vous définir, à vous inscrire dans votre milieu social : le lycée, celui des gens de votre âge. Il ne faut pas les confondre avec les amis.

Les copains de lycée

C'est avec eux qu'on rigole, qu'on travaille ou qu'on se passe des antisèches, avec eux qu'on est collée, qu'on écume les cafés entre les cours, ou qu'on lutte pour des causes qui nous paraissent justes. Le matin c'est agréable de savoir qu'on va les retrouver, c'est une des joies du lycée.

Les copains

• COMMENT SE FAIRE DES COPAINS ?

Il n'y a pas de mode d'emploi : comme tout le monde a besoin de copains, on finit toujours par s'en faire. Il faut simplement se montrer ouverte et disponible :

• Si vous êtes dans le même lycée depuis plusieurs années et que vous retrouvez toujours le petit noyau des « mêmes », évitez de vous cantonner à eux et faites attention aux autres, aux nouveaux. Un groupe de copains, ça s'élargit, ça bouge, ça change, c'est ce qui fait son agrément.

• Si vous êtes « nouvelle » et que vous arrivez dans un lycée ou dans une classe où vous ne connaissez personne, redoublez d'efforts. Au début, ce n'est pas forcément facile, mais tâchez de prendre sur vous. Montrez aux autres que vous avez de la considération pour eux, et n'hésitez pas à leur adresser la parole en premier. Entre : « T'as compris les maths ? » ou « Tu pourrais me montrer où est la cantine ? », vous avez mille et une occasions de le faire. Le plus difficile, c'est toujours d'entamer la conversation. Une fois que c'est fait, le reste suit.

• Il ne faut pas hésiter à proposer des choses aux gens : travailler ensemble, aller à la bibliothèque, prendre un pot après les cours ou les inviter chez vous si vous le pouvez, aller au cinéma. Plus vous convierez les autres à partager des activités communes, plus ils vous associeront à leur tour à leurs activités.

• N'ayez pas peur de mélanger vos copains, les anciens avec les récents, les branchés avec les intellos. Tout le monde aime voir des têtes nouvelles, et le fait que vous connaissiez des gens si différents montre votre esprit d'ouverture et votre tolérance !

• J'AI DU MAL À ME FAIRE DES COPAINS (OU : JE N'AI PAS DE COPAINS)

• C'est sans doute parce que vous êtes timide, comme beaucoup, mais que vous en souffrez un peu plus que la moyenne. Vous avez alors tendance à vous replier sur vous-même et à ruminer vos pensées.

Un jour vous vous dites : « Je suis inférieure à tout le monde, les autres valent mieux que moi » ; un autre jour au contraire, vous vous réfugiez dans l'idée que vous êtes supérieure à tout le monde et que personne ne vous arrive à la cheville !

Ces deux formes de pensées excessives ne servent qu'à vous protéger des autres, vous le savez bien. Elles n'ont aucune valeur dans la réalité. Vous n'êtes ni supérieure ni inférieure aux autres : vous êtes comme eux.

Les copains

● Avec les copains, on entretient des relations d'amitié « légère ». On se comprend sans avoir à s'expliquer, tout simplement parce qu'on appartient au même groupe d'individus.

Ne restez donc pas sur votre quant-à-soi. C'est un cercle vicieux. Plus on se sent seule, et plus on s'isole. Dites-vous que les autres sont comme vous. Souvent, ils sont aussi timides que vous. Ils n'osent peut-être pas non plus vous aborder, surtout si vous cachez votre timidité (ce qui est souvent le cas) derrière une apparente suffisance, du genre: «Je n'ai besoin de personne, vous n'êtes pas assez bien pour moi!»
Les autres ne comprennent pas toujours que vous avez l'air snob et distante parce que vous êtes simplement timide. Ils s'arrêtent à votre apparence et vous prennent alors pour une pimbêche.
Essayez de briser cet isolement qu'au fond vous ne voulez pas. La solitude est parfois nécessaire, et il ne s'agit pas d'être sans arrêt collée aux uns ou aux autres, mais elle ne prend sa vraie valeur que quand on sait aussi vivre

Les copains

avec les gens qui nous entourent et partager des choses avec eux. Sinon, la solitude devient une démission, une lâcheté : on préfère être seul(e) parce qu'on a peur.

- Commencez par être plus sincère avec vous-même et acceptez l'idée que vous avez besoin des autres.
- Quand on vient vers vous, ne prenez pas de faux airs d'indifférence, mais montrez-vous agréable (sans avoir l'air excessivement reconnaissante) et impliquée.
- Essayez de repérer dans votre classe une fille ou un garçon qui vous semble sympathique, et allez vers elle (ou lui).
- Le mieux, c'est de commencer par vous faire une copine. Ne choisissez pas forcément celle qui a l'air le plus lugubre, optez plutôt pour celle qui semble une bonne vivante. Elle a certainement des copains, et elle vous les fera connaître. Bien souvent, on rencontre une personne et puis le reste fait boule de neige.

Les copains

Les copains de vacances

Les copains de vacances, c'est encore autre chose. Il ne suffit pas de s'en faire, il faut aussi pouvoir les garder. Vous partagez avec eux des moments de détente, vous rigolez, vous faites la fête, et puis après on se dit « Au revoir, on s'écrira », et chacun repart de son côté.
Pour conserver des copains de vacances, il n'y a pas trente-six solutions : prenez leur adresse, surtout s'ils habitent une autre ville ou un pays étranger, et efforcez-vous d'entretenir avec eux une correspondance régulière. Les relations à distance demandent beaucoup d'efforts et de persévérance. Mais quand elles durent, elles peuvent se transformer en véritable amitié. Écrivez, téléphonez, envoyez des cassettes, arrangez-vous pour vous voir aux prochaines vacances. Si l'un ou l'autre est de passage dans votre ville, accueillez-le chez vous, si c'est possible. Vous pouvez aussi leur rendre visite.
Avoir des copains à l'étranger est très enrichissant, ça ouvre de nouveaux horizons. Vous avez des «points de chute» quand vous voyagez, en dehors du côté pratique, c'est la meilleure façon de découvrir un pays.

La bande

Quelquefois, un groupe de copains est tellement soudé qu'il forme une « bande ». Une bande ça a ses bons et ses mauvais côtés.
Faire partie d'une bande c'est très rassurant. C'est comme faire partie d'une autre famille. On se sent forte, protégée. On a sa bande : on obéit aux mêmes codes, on parle, on s'habille de la même manière, on forme un groupe à part.
Il faut malgré tout faire attention : souvent, quand on est en bande, on croit détenir une certaine vérité et en fonction de cette vérité on adopte un comportement arrogant, on se permet de critiquer les autres, ou de les exclure.
Appartenir à une bande, c'est très bien dans la mesure où vous y trouvez un appui, une sécurité, une gaieté qui vous aident à vous épanouir. Ça devient moins bien si vous vous privez d'autres rencontres ou si vous devez vous conformer à des valeurs qui ne sont pas les vôtres.

EXEMPLES :
- Toute la bande fume alors il faut fumer sinon on a l'air d'une andouille.

• Toute la bande roule sans casque alors il faut rouler sans casque sinon on a l'air mijaurée.
• Toute la bande chahute le prof de maths alors il faut en faire autant sinon on est fayote.

La bande doit être un lieu d'échanges et de réconfort. Quand elle devient une dictature, il vaut mieux ne pas s'y soumettre. Au risque même d'être exclue du clan.

Il ne faut jamais se nier soi-même pour se faire admettre par les autres. On n'y trouve jamais son compte. Parfois, il est bon de savoir faire la différence entre « avoir l'air libre » et « être libre ».

« Avoir l'air libre », c'est par exemple prendre de la bière au café parce que tout le monde en boit, alors qu'on n'aime que le jus d'orange.

« Être libre », c'est boire de la bière uniquement si on en a envie, et pouvoir librement commander un jus d'orange même si on est la seule à en prendre !

C'est à cette condition qu'on s'affirme, qu'on se respecte soi-même, et qu'on est vraiment respectée par les autres. Lorsqu'on est entraînée à avoir des comportements qu'au fond de soi on réprouve, on finit toujours par se mépriser et par mépriser les autres.

Si vous ne pensez pas comme le groupe, et que ce groupe est incapable de respecter votre système de pensée, mieux vaut vous en éloigner et chercher ailleurs des relations plus saines, plus satisfaisantes. Vous aurez tout à y gagner.

Les amis

Les copains, on peut en avoir plein. Mais les amis, on en a peu. On les choisit. Si on peut les compter sur les doigts de la main, c'est déjà beaucoup !
Un(e) ami(e), ce n'est pas un(e) copain(ine). On est plus exigeant avec lui (elle), on lui en demande plus. En échange on lui offre plus de nous-même.
L'amitié est une forme d'amour. Ça commence par une rencontre, c'est une découverte. C'est aussi une relation qui demande beaucoup d'attention, de générosité et d'égards. C'est très précieux.
L'amitié qu'on porte à quelqu'un, l'amitié que quelqu'un vous porte a une valeur, il faut savoir la reconnaître et la préserver.
L'amitié réclame de la fidélité, de la loyauté, de la confiance, de la tolérance, et ce n'est pas toujours facile à accorder !
Souvent, on est tenté de réclamer plus que ce que les autres peuvent nous donner, particulièrement dans les moments difficiles. Et si vos amis ne vous apportent pas ce que vous espériez, vous pouvez être déçue et triste, trouver cela injuste. On a des élans d'amitié, des bonheurs d'amitié ; on peut avoir aussi des déceptions d'amitié et des chagrins. Comme en amour on peut aussi se tromper en amitié, prendre quelqu'un pour un ami alors que ce n'est qu'un copain.

L'amitié est comme toute autre relation : il faut apprendre à accepter l'autre tel qu'il est, avec ses forces et ses faiblesses. Ne pas lui demander plus que ce qu'il peut vous apporter. C'est ainsi qu'on en tire le plus de profit.
La sagesse voudrait qu'on suive les conseils de La Bruyère (un classique !) : « Il ne faut regarder dans ses amis que la seule vertu qui nous attache à eux, sans aucun examen de leur bonne ou de leur mauvaise fortune. »

Les amies

• LE GROUPE D'AMIES

Vous n'avez pas forcément une seule et unique amie, vous pouvez en avoir plusieurs. On vous appelle « les inséparables ». Vous vous faites vos confidences, vous allez dormir chez l'une ou chez l'autre, vous vous conseillez, vous vous soutenez dans les épreuves, vous faites bloc contre l'adversité.
Quand on est ainsi plusieurs amies, il y a des moments de véritables partages et de grandes joies. On a l'impression qu'on s'aime toutes autant et qu'il en sera toujours ainsi.
Parfois pourtant, il peut y avoir des secousses douloureuses.
Dans un groupe d'amies, il se crée, selon les jours, tout un jeu d'affinités et de préférences qui n'est pas toujours facile à « gérer ».
Quelquefois, l'une invite l'autre sans inviter la troisième ; l'une confie un « secret » à l'autre et la troisième est vexée de ne pas avoir été mise dans la confidence ! Ce n'est pas simple de ménager les susceptibilités.
Vous pouvez aussi croire que Gertrude est définitivement votre meilleure amie, et puis vous apercevoir qu'elle est tout autant amie, si ce n'est plus, avec Juliette. Ces mouvements font partie des relations humaines, vous devez vous y faire.
Dans tous les cas, mieux vaut essayer d'aplanir les situations, de ne pas envenimer les choses, éviter d'être trop « passionnelle », se raisonner en prenant sur soi.
• Vous pensez que Gertrude vous préfère Juliette ?
D'abord, le terme « préférer » est sans doute un peu enfantin. Peut-être pouvez-vous vous dire : Gertrude s'entend aussi bien avec Juliette qu'avec moi. Si c'est le cas, ça ne vous enlève rien. Cela ne vous empêche pas de garder votre relation avec elle. En amitié, il faut aussi apprendre à partager ses amies avec les autres.
• Gertrude et Juliette forment un « clan » à part ?

Les amis

● Avoir une meilleure amie, c'est un privilège de la vie. Une meilleure amie, c'est comme une sœur, sans les complications qui peuvent exister entre sœurs.

Vous le sentez, elles se voient plus souvent toutes les deux ensemble, elles se téléphonent davantage entre elles, bref, vous avez le sentiment d'être la troisième roue du carrosse.

Évidemment, vous vous sentez exclue et cela vous fait souffrir. Essayez de ne pas vous crisper. Montrez-vous égale à vous-même, avec l'une et avec l'autre, et laissez la situation évoluer d'elle-même. De toute manière, vous ne pouvez pas empêcher les complicités de s'établir. Si vous voyez que les choses tournent trop à votre désavantage, prenez en votre parti et continuez à mener votre vie sans elles. Après tout, vous avez d'autres amies, vous aussi ! Si vraiment la situation est trop douloureuse à vivre pour vous, rien ne vous empêche d'avoir une bonne conversation avec l'une, l'autre, ou les deux. Vous saurez à quoi vous en tenir. Ça peut être très salutaire de s'expliquer vraiment, sans agressivité. Vous découvrirez éventuellement certaines choses que vous ignoriez de vous-même, par exemple que vous êtes un peu trop possessive, ou bien tout simplement que vous vous êtes fait des idées !

- Vous êtes seule à pouvoir juger de la fiabilité et de l'honnêteté de vos amies, mais, là encore, mieux vaut le faire l'esprit reposé et en étant prête à accepter vous-même vos excès et vos petites erreurs.
- Si vous essuyez une réelle déception c'est normal que vous soyez très malheureuse. Mais ce n'est pas une raison pour en vouloir à la terre entière. Re-la-ti-vi-sez : la vie est cruelle peut-être, mais la roue tourne. On est chacun, selon les moments, dans un bon ou un mauvais rôle. Il se peut bien qu'un jour vous fassiez à votre tour, sans même le vouloir, le mal que vous vous étiez jurée de ne jamais commettre. Aujourd'hui, c'est vous qu'on « laisse tomber ». Mais n'oubliez pas que demain vous pourriez aussi, avec une Gertrude quelconque, laisser tomber une pauvre Juliette !

• LA MEILLEURE AMIE

« Si l'on me presse de dire pourquoi je l'aimais, je sens que cela ne peut s'exprimer qu'en répondant : "Parce que c'était elle, parce que c'était moi." » Ça c'est de l'amitié ! Et ce n'est pas vous qui contredirez Montaigne ! Parce que c'était vous, parce que c'était elle, vous avez noué avec votre meilleure amie des liens qui vous semblent indestructibles.

Avoir une meilleure amie, c'est un privilège de la vie. Une meilleure amie, c'est comme une sœur, sans les complications qui peuvent exister entre sœurs ; c'est comme une « mère protectrice », sans les relations hiérarchiques et conflictuelles qu'il y a avec une mère.

Une meilleure amie, c'est un alter ego (une autre soi-même), mais en différent ! À elle vous confiez tout, pour elle vous seriez prête à presque tout. Elle se réjouit de votre bonheur, elle s'afflige de votre malheur, et tout cela est réciproque.

Une meilleure amie, on a toujours l'impression qu'on ne la perdra jamais. Ça arrive parfois : on garde à l'âge adulte sa meilleure amie de jeunesse. Mais il peut aussi arriver que les aléas de la vie ou des conflits vous séparent, et quelquefois cela vous laisse très démunie :

Les amis

Quand un garçon pointe son nez

Vous étiez tranquilles ensemble, et puis soudain l'une de vous deux tombe amoureuse. Elle se montre moins disponible et, au fur et à mesure, plus réservée. Il y a des choses qu'elle ne confie plus à l'autre, qui font partie de sa vie privée, qu'elle ne partage qu'avec son amoureux. Tout cela est naturel. Au début, ça paraît difficile d'accepter ce « tiers », que l'on considère comme un intrus. À cela peut venir s'ajouter une lueur de jalousie: «Elle a trouvé un amoureux, et pas moi!». Même si vous êtes heureuse pour elle, vous ne pouvez pas vous empêcher de ressentir votre solitude.

Dans ces cas-là, il est bon de comprendre qu'une relation amoureuse n'empêche pas une amitié. Elle ne lui enlève rien. Ce sont deux relations de nature différente. On peut tout à fait être amoureuse et garder sa meilleure amie!

Quand on rencontre un garçon, on est souvent complètement investie dans cette nouvelle relation. On n'a d'yeux que pour celui qu'on aime et on a tendance à

« délaisser » un peu ses amitiés. Si ça arrive à votre amie, il ne faut pas lui en vouloir. Ça peut vous arriver aussi. Il faut toujours un peu de temps pour que la relation amoureuse prenne son « rythme de croisière » et ménage tranquillement les amitiés qu'il y a autour.
Votre amie n'est pas tenue non plus à « tout » vous raconter de sa relation avec son petit ami. D'ailleurs, dans son cas vous réagiriez de la même façon.
Le mieux est d'avoir confiance dans la solidité de votre amitié, de montrer à l'autre que vous comprenez sa situation et surtout que vous ne lui en voulez pas !
Si un garçon vous sépare vraiment l'une de l'autre, c'est qu'il y a un problème. Parlez-en toutes les deux ensemble, c'est le meilleur moyen de rétablir les choses et de savoir à quoi vous en tenir.

La déception
Vous traversez une épreuve (quelle qu'elle soit), et votre amie n'a pas la réaction que vous pensiez qu'elle aurait. Vous attendiez d'elle beaucoup, et elle vous donne peu. Vous la pensiez capable de tellement plus ! Vous êtes déçue.
Une déception amicale c'est toujours douloureux. Ça ressemble à une déception amoureuse. On a investi toute sa confiance dans une personne, et soudain elle ne se montre pas à la hauteur. Vous lui en voulez de vous décevoir.
Avant de sombrer dans la mélancolie, demandez-vous d'abord si vous ne lui en demandez pas trop, si même vous n'exigez pas d'elle l'impossible. Plus votre demande est forte, plus votre insatisfaction sera grande. Cela ne veut pas dire que votre exigence est légitime et que votre déception est fondée.
On peut donner beaucoup mais chacun d'entre nous ne peut donner que ce qu'il a ! Il faut donc vous raisonner, considérer ce que votre amie vous donne et ne pas chercher à en vouloir plus.
Ça fait un peu « ancien combattant » de dire ça, mais dans la vie chacun est seul. La personne la plus aimée, la plus entourée, a toujours en elle un endroit où elle est seule, dans le bonheur comme dans le malheur. Il y a un degré de sentiment qu'on ne peut partager avec personne. C'est la vie ! C'est la solitude de l'être humain. Même la meilleure amie du monde ne peut accéder à certaines régions secrètes que vous avez au fond de vous. Et d'ailleurs c'est mieux comme ça, c'est une force.

Si vraiment vous jugez que votre amie n'a pas été à la hauteur, vous avez plusieurs solutions : ou bien, en y réfléchissant vraiment, vous comprenez que les choses viennent de vous (c'est souvent le cas quand on est déçue). Vous avez trop investi dans votre amie, vous avez projeté sur elle un idéal de perfection, et elle n'y peut rien. L'autre c'est l'autre, et personne ne peut combler tous vos désirs. Votre amie est comme elle est, vous l'aimez ainsi : c'est à vous de réviser le regard que vous portez sur elle ; ou bien vous ne « digérez » pas ce qui s'est passé, mais vous ne dites rien au risque de voir votre relation se détériorer. Dans ce cas, il faut accepter que cette personne qui vous était chère sorte de votre cercle intime. Ce sont des choses qui arrivent, et c'est à vous de savoir ce que vous voulez ; ou bien enfin, vous parlez à votre amie de votre déception. Le risque est alors de vous heurter peut-être à une incompréhension de sa part. Mais c'est toujours mieux de s'expliquer quand on en a envie. Une relation amicale, c'est aussi une relation où chacun peut progresser, et il y a des choses qu'on peut comprendre mutuellement dès lors qu'il s'agit de conserver quelqu'un qu'on aime. (Attention, ce qui vaut pour l'autre vaut aussi pour vous ! Vous pouvez également ne pas vous montrer, vous, à la hauteur d'une situation. Dans ces cas-là, c'est à vous de comprendre la déception de votre amie.)

La trahison

La trahison en amitié, ça fait très mal, et on a l'impression qu'on ne s'en remettra jamais. La trahison peut être un abandon (*voir paragraphe Amies*), mais aussi des mensonges ou des secrets divulgués. Par exemple, vous vous êtes confiée à Elle et Elle a été répéter vos confidences à quelqu'un d'autre. Elle aura beau vous dire : « Mais je ne savais pas que c'était si important pour toi ! » le mal est fait, et vous avez reçu « un coup de poignard » dans le cœur.

L'important, ce n'est pas que quelqu'un d'autre soit au courant (après tout, ça ne changera pas la face du monde !), l'important, c'est que votre amie ne se soit pas montrée digne de votre confiance. Sans vouloir vous faire de mal, elle n'a pas compris la valeur que vous attachiez à ces confidences. Ce sont des choses qui arrivent. Avant de vous brouiller définitivement avec elle, essayez de relativiser les choses. En fonction de ce que vous avez dit (ce n'était peut-être pas si important que ça...), de la personne à qui elle l'a répété, de l'intention dans laquelle

elle l'a fait, vous seule savez si vous pouvez lui pardonner ou non.
On pardonne en amitié comme on le fait en amour, à condition toujours de ne pas se nier soi-même et que cela rééquilibre la relation.
Si les choses vous paraissent irréparables, si vous vous sentez trop touchée, trop blessée par ce qui s'est passé, vous n'avez plus qu'à interrompre cette relation pendant un moment. C'est très dur, mais ça ne veut pas dire que ce sera définitif. Vous reviendrez peut-être vers elle, qui sait ? Avec le temps, les douleurs s'apaisent, les gens finissent parfois par comprendre, admettre leurs torts et leurs excès. Et l'on peut parfaitement retrouver une amie que l'on croyait à jamais perdue.
Certaines trahisons détruisent définitivement une amitié. Il faut savoir l'accepter, et en prendre son parti. (Attention, là encore, vous pouvez être celle qui trahit. Dans ce cas-là, c'est à vous de comprendre pourquoi et de tenter de réparer les dégâts.)

Changer de meilleure amie
En amitié comme en amour, on a beau se jurer une fidélité éternelle, cela ne veut pas dire qu'on s'y tiendra. La vie en décide parfois autrement, et les amitiés vont et viennent au rythme du temps.
Vous pouvez parfaitement avoir Chloé, puis Gertrude, puis Juliette comme meilleures amies successives. En ce moment, vous changez beaucoup et vos affinités aussi se déplacent d'une personne à l'autre. C'est normal. Une relation d'amitié peut également s'épuiser. À un moment, vous ne trouvez plus chez l'autre ce dont vous avez besoin (c'est valable dans l'autre sens) et vous avez envie de changer d'amie. Vous trouvez des complicités différentes avec d'autres personnes. Parfois, cette séparation se fait naturellement; mais souvent elle provoque des « déchirements » (*voir paragraphe Amies*).

Quelquefois, même en essayant d'épargner l'autre, même en restant la plus gentille et la plus délicate possible, on ne peut pas éviter de lui faire du mal. Il faut aussi l'accepter, et c'est difficile.
Que voulez-vous? Vous n'êtes pas une sainte et vous ne pouvez pas vous contraindre à conserver une amitié exclusive si cela vous pèse!
(Encore une fois, ce cas de figure peut se produire dans les deux sens. Alors soyez prête à réagir avec philosophie si c'est de vous qu'on se lasse!)

L'ami

«Avoir un ami est une douce chose...»
Oui, mais ce n'est pas facile ! Vous le savez parfaitement, c'est très difficile d'entretenir une amitié sans ambiguïté avec un garçon. C'est souvent cette ambiguïté qui nourrit l'amitié !

• ÊTRE AMIE AVEC UN GARÇON AMOUREUX DE VOUS

Il est fin, intelligent, drôle et généreux. Il est amoureux de vous, mais vous n'êtes pas amoureuse de lui: vous aimez parler avec lui, vous passez ensemble des moments agréables, vous sentez entre vous une complicité. À condition d'être suffisamment adroite et généreuse, vous pouvez vous faire un ami d'un prétendant éconduit! Restez honnête. Ne jouez pas la coquette. Même si l'intérêt qu'il vous témoigne vous flatte (c'est humain), efforcez-vous de vous montrer le plus sincère et le plus ouverte possible. Si vous n'en êtes pas capable, et à moins qu'il insiste (à ses risques et périls!), il vaut mieux arrêter la relation car vous le feriez souffrir inutilement.
Un garçon d'abord attiré par vos charmes, séduit par vos qualités humaines, même si ses plans ne marchent pas comme il l'avait prévu, peut aussi avoir envie de garder des liens avec vous. Une ambiguïté peut persister longtemps dans une telle relation, mais au fur et à mesure que le temps passe elle devient un jeu, elle s'émousse et elle ne porte plus à conséquence. Si la relation est assez forte pour résister à la disparition du désir (d'un côté comme de l'autre), on devient alors de vrais amis.
Inversement, on peut aussi finir par tomber amoureuse d'un garçon qu'on traitait comme un ami! Les sentiments varient souvent sans logique, et les relations humaines sont riches de surprises.

• DEVENIR AMIE AVEC SON « EX »

Vous ne pouviez pas croire que c'était possible, et pourtant ce sont des choses qui arrivent ! Une relation amoureuse peut se transformer en une amitié profonde et solide. Là, il n'y a plus d'ambiguïté de désir. Il reste l'essentiel : l'affection qui vous unit l'un à l'autre. Ce n'est pas toujours facile de le faire admettre par l'extérieur : la nouvelle petite amie de votre « ex » aura de bonnes raisons de vous détester. Vous pouvez aussi ne pas avoir une folle sympathie pour elle. Et inversement, votre petit ami actuel peut très bien ne pas supporter votre ancien compagnon !

Il faut alors user de diplomatie, ménager les uns et les autres. Ce n'est pas la peine de faire de la provocation, d'infliger à l'un la présence de l'autre ou de vanter auprès de votre nouvel amoureux les vertus du précédent. La discrétion s'impose : arrangez-vous pour vous voir tous les deux et garder entre vous ce qu'il y a de précieux, sans manières ni complications excessives...

• AVOIR UN AMI

On peut raconter presque tout à un ami ; certaines filles confient même leurs secrets les plus intimes. Avec un garçon, il n'y a pas la même complicité qu'entre filles, il y a autre chose : un garçon peut vous éclairer, vous aider

par le regard masculin qu'il porte sur les événements, il comprend et analyse les choses de manière différente. Il vous donne son point de vue d'ami, mais aussi son avis de garçon. Et inversement, vous lui apportez votre vision féminine de la vie. C'est un échange très rare mais très enrichissant.

Comme dans une relation d'amitié avec une fille, il peut y avoir avec un ami des problèmes de jalousie, de possessivité, de trahison et de déception (*voir ci-dessus*). Il faut aussi être capable de supporter l'intrusion d'un tiers dans votre relation. Le jour où votre ami rencontre une fille dont il tombe amoureux, vous pouvez avoir le sentiment de moins exister pour lui (et vice versa). Là encore, il s'agit d'apprendre à «gérer» la situation avec le plus de tolérance et de générosité possible: passez sur les petits dérapages et préservez l'essentiel, si vous le pouvez.

Être amie avec une personne plus âgée

Contrairement à ce que certains croient, l'amitié n'a pas d'âge. Il n'y a pas d'un côté les vieux et de l'autre les jeunes. En vieillissant, on s'aperçoit d'ailleurs qu'on peut parfaitement avoir un ou une amie d'une autre génération.

Quand on se sent dans une période fragile, on peut être rasséréné par la présence à ses côtés d'un ou d'une amie plus âgés. Une compréhension s'établit, une écoute plus attentive souvent. L'expérience de quelqu'un d'autre ne peut pas vous servir directement (on fait toujours ses expériences par soi-même), en revanche, elle peut vous éclairer.

Avec un ami plus âgé que vous, la situation se complique parfois. Vous pouvez vous sentir rassurée par lui comme vous le seriez par un père, et cela vous trouble. Inversement, il peut se sentir attiré par votre jeunesse. À cette amitié se mêle alors, parfois, un sentiment amoureux.

La simplicité et la clarté apparentes d'une situation peuvent ainsi céder la place à quelque chose de plus flou, de plus « cafouilleux », et on ne sait plus comment s'en sortir. Si vous vous sentez embarrassée, emberlificotée dans une situation que vous ne désirez pas, le mieux est de jouer franc-jeu, d'exposer clairement votre point de vue à votre ami, d'exprimer vos sentiments et vos souhaits, sans vous laisser impressionner : ce n'est pas parce qu'il est plus âgé que votre ami a forcément raison !

Les garçons

Ils sont là, ils existent, et vous découvrez l'importance qu'ils ont dans votre vie ! C'est très réjouissant et en même temps c'est un peu perturbant. Mais vous ne savez pas toujours comment vous y prendre avec eux. Vous avez envie de leur plaire, mais vous ne voulez pas qu'ils croient que vous avez envie de leur plaire. Vous avez envie d'être reconnue, appréciée, approchée, sollicitée, mais parfois vous éprouvez aussi le besoin de garder vos distances. Vous êtes pleine de désirs et de contradictions. C'est nouveau et c'est très riche : vous êtes en train de découvrir, parmi eux, votre place de femme.

Vivre avec eux

Vivre avec des hommes, en tant que femme, au début, ce n'est pas toujours facile. Il arrive qu'on ait des difficultés à s'adapter à de nouveaux modes de relations, à régler son comportement, à se situer. On n'agit pas toujours comme on le voudrait, on a parfois des attitudes qui ne correspondent pas à ce qu'on est au fond. On cache sa timidité, ses craintes, ses complexes derrière des façades, des protections, et il faut souvent du temps pour arriver à se débarrasser de tout ça. Comprenez bien que les garçons sont dans la même situation que vous. Eux

non plus ne savent pas forcément bien comment vous aborder. Eux aussi ont des complexes, des doutes, des timidités. Eux aussi se protègent derrière de fausses apparences. En un mot, dans le registre «Qui suis-je? Où vais-je?» vous êtes ex aequo!

• LA RÉPUTATION

Au lycée, dans les groupes, les réputations se font facilement. Il suffit que vous ayez un certain type de comportement pour qu'on vous colle immédiatement une étiquette, parfois lourde à porter. L'image que les autres ont de vous peut vous rendre malheureuse parce que vous savez qu'elle ne correspond pas à la réalité de ce que vous êtes. Mais c'est pourtant celle que vous leur donnez ! Pourquoi vous montrer différente de ce que vous êtes ?

Encore une fois, vous devez comprendre que les autres ne voient de vous que ce que vous voulez bien leur faire voir. Vous êtes donc toujours responsable de l'image qu'ils ont de vous. C'est à vous de la rectifier, d'en changer si elle ne vous satisfait pas. Personne ne peut le faire à votre place.

Soyez sûre d'une chose : plus vous serez en accord avec vous-même, moins vous accorderez d'importance à ce que les autres pensent ou disent de vous. Vous ne chercherez plus chez eux votre propre définition, et ce sera un pas de plus vers la liberté.

On vous traite d'«allumeuse»

Vous refusez de sortir avec un garçon, alors pour se venger, il fait courir le bruit que vous êtes une «allumeuse».

Rigolez, traitez ça par le mépris : laissez dire, c'est nul. Vous n'avez rien à vous reprocher, et les autres s'apercevront bien que c'est faux. Les embêtements surgissent quand ça commence à être vrai.

Les « allumeuses » séduisent, mais elles ne vont pas jusqu'au bout de leur séduction. Autrement dit, elles ne tiennent pas leur « promesse ». Elles attirent un garçon, elles semblent s'intéresser à lui, elles lui font miroiter, par leur attitude, une foule de bonnes choses, et puis quand le garçon tombe dans leurs filets, elles disent : « Niet ! » « Allumer tous les mecs », c'est répéter avec tous les garçons ce type de comportement.

« Allumer » un garçon, c'est un jeu agréable. S'amuser à séduire, y parvenir, sur le moment c'est valorisant. Tout le monde a besoin de vérifier son pouvoir de séduction, seulement il vaut mieux le faire en connaissance de cause. Séduire quelqu'un qui vous plaît pour engager une relation avec lui, c'est normal. Mais vous amuser à provoquer des garçons qui ne vous plaisent pas, c'est aller audevant de beaucoup d'ennuis. D'abord, ils n'apprécient pas forcément votre petit jeu, et c'est bien naturel : personne n'aime être pris pour un idiot.

En vous comportant ainsi, vous les blessez et vous pouvez susciter chez eux des réactions qui vous dépassent (colère, violence, mépris...). Après, ce n'est pas toujours facile de rétablir la situation.

Vous jouez avec vos apparences, vos désirs, vos craintes. Jeter son dévolu sur n'importe qui, c'est une façon de se rassurer sur son image. C'est manifester aussi la peur qu'on a de s'investir dans une relation. « L'allumeuse » ne s'engage pas, sans doute parce qu'elle a peur de cet engagement. Ce n'est pas une honte d'avoir peur. C'est même normal. Alors pourquoi vous le cacher ?

Si vous en avez assez qu'on vous traite d'« allumeuse », essayez de réfléchir à tout cela. Dites-vous que vous pouvez parfaitement séduire sans pousser le jeu trop loin, rester dans les justes limites qui vous permettent d'entretenir avec les autres des relations agréables et vraiment valorisantes. Vous serez toujours belle, toujours charmante, et en plus vous gagnerez naturellement ce que vous recherchez tant : l'estime et la reconnaissance des autres.

On vous traite de « pute »

Un garçon qui multiplie les aventures est un Don Juan. Une fille qui en fait autant est une « pute ». C'est une insulte, très basse et très injuste, mais la société est ainsi faite (même au lycée !), et vous n'y pouvez rien. L'important pour vous n'est pas de vous attacher à ce que disent les autres (même si c'est odieux), mais d'être en accord avec votre comportement.

Il ne faut pas culpabiliser : vous pouvez avoir des aventures successives, cela fait partie des initiations. Les autres peuvent dire ce qu'ils veulent, laissez « tomber la neige », vous savez, vous, ce qu'il en est. Là où il faut commencer à vous interroger, c'est quand ce besoin de « collectionner » les conquêtes devient systématique et ne vous satisfait pas.

Une « pute », comme ils disent si élégamment, c'est une fille qui ne refuse rien, qui sort facilement avec les garçons, qui fait l'amour aussi facilement avec eux. Une « pute couche avec plein de mecs ».

Quand on est adulte, on peut choisir sa vie, avoir une conduite très libre, on en a normalement conscience et, si possible, on en assume les conséquences. À votre âge, on n'a pas suffisamment de maturité et d'expérience pour être aussi « libre » et pleinement consciente des conséquences, ou de l'absence de conséquences, d'un tel comportement.

Souvent, on adopte une attitude très libre par défi. C'est un défi lancé à votre éducation, à vos parents, à l'ordre établi, aux règles. Il y a des moments où on a besoin de ça. Malheureusement, c'est assez vain. Personne ne trouve jamais la qualité à travers la quantité, et au bout du compte vous pouvez être déçue. Et c'est vous qui êtes malheureuse.

Mieux vaut arrêter ce jeu s'il vous abîme, et trouver un autre moyen de vous affirmer : définir vos propres valeurs, adopter une conduite qui vous convient à vous avant de chercher à tout prix la provocation. Car qu'est-ce qui se passe dans votre cas ?

Vous vous croyez libre, or vous êtes seulement prisonnière d'une image. Les garçons vous croient légère, insensible, or vous ne l'êtes pas. Ils finissent par vous traiter comme vous-même vous vous traitez, sans attention, sans égards, avec négligence et grossièreté. Vous en souffrez énormément et c'est un cercle vicieux : plus vous souffrez, plus vous donnez une mauvaise image de vous, et plus les autres s'attachent à cette image. Ils en jouent.

À votre âge, les garçons aussi sont fragiles et peu sûrs d'eux. Ils prétendent qu'ils aiment les filles « libérées », mais au fond ça leur fait peur et ils vous jugent pour mieux se protéger. La plupart du temps, ils n'ont pas la finesse ni la maturité nécessaires pour voir ce que cache votre comportement. Derrière l'indifférence se dissimule souvent beaucoup de sensibilité.

À travers les excès de légèreté, on cherche souvent, sans oser se l'avouer, quelque chose d'important, de précieux : l'amour, la tendresse, la considération.

On multiplie les expériences pour rechercher cela, et en même temps on ne le trouve pas. Pourquoi ? Il y a beaucoup de raisons à cela. Parfois, on a une si mauvaise image de soi qu'on n'imagine pas être digne de respect et de vrais sentiments, alors on adopte une attitude destructrice qui attire le mépris des autres et provoque aussi le mépris de soi-même. On maltraite son corps, on maltraite son cœur, on se maltraite soi-même.

Quand il en est ainsi, on est très malheureuse et on ne sait plus comment s'en sortir. Dans ces cas-là, il faut en parler à quelqu'un, une amie, un adulte qui saura vous comprendre et vous aider.

Rien n'est irréversible, rien n'est irréparable. On a le droit de faire ses expériences, d'agir d'une certaine manière, après on change, on évolue, c'est ça qui est bien. On cesse de faire n'importe quoi avec son corps, avec son cœur; on apprend à les réconcilier et à les faire parler en harmonie.

Vous êtes l'éternelle bonne copine

Vous, les garçons vous aiment bien. Ils vous ont adoptée. Ils vous considèrent comme leur égale et vous confient leurs histoires de cœur. Vous êtes leur « pote ». Ça a des bons côtés : vous avez plein de copains, vous rigolez avec eux, ils sont sympas avec vous. Les autres filles vous envient ces relations si simples, vous êtes un peu la mascotte du groupe.

C'est une situation confortable et vous pouvez en profiter pleinement. Seulement voilà, parfois vous en avez assez d'être l'éternelle bonne copine et vous aimeriez bien qu'on vous considère comme une femme avant de vous considérer comme une « pote ».

Vous avez certainement tout fait pour qu'il en soit ainsi! Vous vous êtes montrée disponible et désintéressée, vous avez dû faire ressortir votre côté « chic chic sympa » en oubliant de mettre en valeur votre féminité. Peut-être est-ce parce que vous en avez un peu peur ? Vous préférez encore entretenir des relations de « copinage » avec les garçons plutôt que de vous exposer à des rapports de séduction qui modifieraient leur attitude à votre égard.

Les garçons

Ce n'est pas la peine de vous forcer à changer radicalement. Vous pouvez parfaitement garder une attitude simple et directe, tout en mettant progressivement en valeur votre féminité.
Vous pouvez de temps en temps les surprendre, préférer boire tranquillement un café plutôt que jouer au foot à l'intercours, abandonner parfois jean, tee-shirt et baskets au profit d'une petite robe ou d'une jupe un peu sexy. Vous pouvez alterner les franches rigolades avec des sourires plus raffinés et plus mystérieux. Bref, essayez de dévoiler un peu plus de votre coquetterie, faites parler votre sensibilité féminine, signifiez avec délicatesse aux garçons que vous aussi vous avez besoin des égards et des attentions qu'ils semblent réserver aux autres filles. Cela n'enlèvera rien à la relation que vous aviez avec eux, mais vous vous sentirez davantage reconnue et vous vous en porterez mieux.

Vous êtes la « bosseuse coincée »
Généralement, pour eux, les deux vont ensemble. Vous êtes plutôt bonne élève, alors vous êtes « bosseuse ». Vous êtes plutôt réservée, alors vous êtes « coincée ». Ce sont des raccourcis un peu simplistes. Ce n'est pas parce que vous travaillez bien que vous ne pensez qu'à vos études. Et ce n'est pas parce que vous avez dédaigné certaines avances que vous êtes « coincée ».

Les garçons

Au fond de vous, vous aimeriez bien être plus admise par les garçons, mais vous sentez qu'ils vous ont cataloguée une fois pour toutes et vous n'osez pas aller vers eux. Sans doute que pour une part votre attitude sert de rempart contre l'extérieur. Pourquoi ? Là encore, les raisons sont multiples. Vous n'êtes pas sûre de vous, vous avez des complexes... C'est un cercle vicieux. Devant des filles comme vous, qui cachent leur timidité derrière une attitude « sérieuse », les garçons se montrent souvent maladroits. Vous vous êtes créé une protection, ils le sentent, et ils ne savent pas comment faire pour vous aborder. En plus vous êtes mignonne, jolie, alors ils friment pour cacher leur propre timidité. Ça marche, puisque ce comportement vous intimide encore plus !

Le mieux que vous ayez à faire dans ces cas-là, c'est d'essayer de sortir de votre réserve. Ce n'est pas toujours facile, parce qu'il faut alors ouvrir peu à peu cette barrière de protection que vous avez mise autour de vous. Souvent, on ne va pas vers les autres parce qu'on craint d'être mal accueilli. Les autres prennent cela pour du mépris, un énorme malentendu s'installe.

C'est dommage de s'en tenir là parce qu'on passe à côté les uns des autres. Alors faites un effort sur vous, montrez aux garçons que vous n'êtes pas aussi inabordable qu'ils le croient. Témoignez-leur de l'attention, riez un

peu plus à leurs blagues (même si parfois c'est un peu lourd), en un mot flattez-les. Vous verrez, ils vous accueilleront très bien. Vous continuerez à bien travailler, mais vous ne serez plus la « bosseuse » ; vous vous montrerez toujours exigeante dans vos choix, mais vous ne serez plus la «coincée», vous abandonnerez simplement vos crispations premières et vous apprendrez petit à petit à vous décontracter.

La relation amoureuse

L'amour, tout le monde en veut, tout le monde le cherche, tout le monde en parle. On en a fait des milliers de livres, des centaines de films. C'est un sujet inépuisable parce que c'est la grande aventure de la vie. Pourtant, on peut rêver sur tel ou tel amour, attendre le grand amour, prôner l'amour unique ou ne jurer que par la diversité des amours, tout cela reste des mots, des images. Quand on vit une histoire d'amour, on se retrouve toujours en proie à des émotions, à des sensations qu'on n'avait pas imaginées. On se surprend soi-même. On est confronté à la réalité de l'amour, avec ses bonheurs, ses joies, son exaltation, mais aussi, quand ça ne se passe pas bien, avec ses déceptions, ses déchirements et ses chagrins.

Aimer, être aimée, trouver un équilibre amoureux, ça s'apprend aussi. Il y a des «ratés», des amours qui n'en sont pas, des amours qui coincent, qui heurtent, qui frustrent, qui blessent; mais il y a aussi des amours «glorieuses», des amours qui vous grandissent, qui vous épanouissent, qui vous apprennent à donner et à recevoir, à voir l'autre, à accepter sa différence et à l'aimer pour ce qu'il est.

L'amour, on ne sait jamais à l'avance ce qu'il sera. Mais on s'y engage, quitte à se tromper et à recommencer. Car d'abord et avant tout, aller vers l'amour, c'est aller vers la vie.

• LA RENCONTRE

La rencontre, c'est comme au jeu. C'est la case «Départ». C'est l'endroit à partir duquel on s'engage. On met toutes ses forces pour connaître l'autre, on va au-delà des apparences, des idées reçues, des principes. On est face à quelqu'un qu'on a envie de découvrir, auquel on a envie de se confier. La rencontre est une attraction: deux êtres se croisent, s'attirent, s'arrêtent et se rejoignent. Une ren-

contre, ça peut être fulgurant, c'est le « coup de foudre ». Cela peut aussi être une lente découverte.
Avant d'arriver à une vraie rencontre, il arrive qu'on doive emprunter des chemins contrariés. Il y a des hasards de rencontre, mais il y a aussi des décisions de rencontre. Il y a des rencontres simples et des rencontres compliquées, des rencontres naturelles et des rencontres qu'on favorise. Quels que soient les chemins qui mènent à la rencontre, elle garde toujours son côté magique, et c'est heureux ! Une rencontre se fait ou ne se fait pas, elle échappe au bout du compte à toute préméditation, et c'est bien ce qui fait toute sa valeur.

Rencontres...

On peut, pour s'amuser, étudier certaines « stratégies » de rencontre, mais dites-vous bien qu'il s'agit toujours d'exemples un peu « clichés » et que souvent, ces petites recettes ne pèsent pas bien lourd à côté des évidences que propose la vie. En voici quelques exemples :

Je l'ai remarqué, il ne me regarde pas

Lui, avec sa mèche sur son œil bleu et son air insolent, vous l'avez tout de suite repéré. Seulement voilà, il rit avec ses copains, il plaisante avec d'autres filles et il ne vous prête pas plus d'attention qu'à une plante verte. Ça vous rend malade, évidemment, d'autant que vous êtes justement persuadée que c'est l'homme de votre vie.

Dès lors, trois questions se posent à vous :

Comment lui montrer qu'il me plaît ?

Les lois de la séduction ne changent pas tellement malgré la « libération sexuelle », et toute l'habileté consiste à ne pas le lui montrer d'emblée. Il faut être plus fine que ça et vous débrouiller pour que ce soit lui qui vienne vers vous. Il ne faut pas le « draguer » ouvertement, mais faire en sorte qu'il vous drague, ce qui revient à le draguer en douceur, sans qu'il s'en aperçoive.

Comment attirer son attention ?

C'est déjà plus subtil : ce n'est pas la peine de vous planter devant lui à la sortie d'un cours en lui décochant une œillade digne de la plus fatale des femmes fatales, ça ne marchera pas, sauf si vous le faites avec humour (ce dont vous n'êtes pas forcément capable) et qu'il en a (ce qui n'est pas certain !).

Le mieux, si vous n'êtes pas trop timide, c'est de l'aborder sans chichis pour un motif anodin : un sujet d'interro, un horaire de cours, une explication que vous n'avez pas comprise si vous êtes dans la même classe. Ce n'est pas la peine de vous maquiller outrageusement pour faire le premier pas, agissez comme si ce garçon vous était simplement sympathique. Montrez-vous comme vous êtes : naturelle (même si vous avez répété le scénario vingt-cinq fois dans votre tête) et décontractée (même si vous sentez une tension dans tout votre corps, il ne le verra pas). Répétez-vous que c'est un garçon comme les autres, sympathique sans plus, ça vous aidera à surmonter votre timidité. Sous ses airs affranchis, il est peut-être lui aussi très timide, et il a besoin que vous fassiez le premier pas pour s'intéresser à vous.

S'il vous paraît inabordable, faites-vous copine avec l'un de ses copains (ou l'une de ses copines), par la force des choses, vous finirez par lier connaissance avec lui.

Évitez de passer par les intermédiaires, ou alors soyez sûre de votre messager. Assurez-vous qu'il ou elle ne se montrera pas trop « lourd(e) » et ne déformera pas votre message. Le mieux d'ailleurs, c'est que cette personne ne fasse pas part de vos désirs au garçon en question, mais qu'elle suscite son désir à lui : ainsi, plutôt que de lui dire : « Tu sais Nathalie aimerait bien sortir avec toi », il vaut mieux qu'elle lui dise « Nathalie est vraiment une fille rare » !

Comment faire pour lui plaire ?

Franchement, il n'y a pas de recette. La séduction est un jeu, c'est vrai, mais au bout du compte elle relève d'une alchimie qui échappe aux préméditations.

Vous pouvez toujours vous intéresser à lui sincèrement (« Ah ! oui, il joue au hand-ball ? » « Ah ! bon, il est passionné d'informatique ? » « Tiens, il a horreur des cheveux courts chez une fille ? »). L'important quoi qu'il arrive, c'est de rester vous-même. Mettez vos qualités en valeur.

Soyez vive sans être bruyante, bavarde sans être soûlante, intelligente sans être bêcheuse, drôle sans être clown, attentive sans être polarisée sur lui, admirative sans être béate, disponible sans être immédiatement prête à tout, séduisante sans être séductrice, enfin « irrésistible malgré vous ». Si avec tout cela vous ne lui plaisez pas, c'est qu'il ne vaut pas la peine que vous vous arrêtiez à lui !

Trêve de plaisanterie : vous devez rester comme vous êtes, avec vos qualités qui sont nombreuses et vos défauts qui sont multiples. On peut aider une rencontre, on ne peut pas la forcer, et ce n'est pas la peine de vous y user.

Vous pouvez aussi jouer les grandes indifférentes. Ça marche quelquefois. C'est le jeu du chat et de la souris, mais c'est toujours un jeu et il est bon que les choses cessent à un moment ou à un autre.

Indépendamment de toutes les stratégies, il est impossible d'obliger quelqu'un à s'intéresser à vous. Prenez-en votre parti et ne trempez pas votre oreiller de larmes si ça ne marche pas : un autre garçon ne tardera pas à se présenter, qui sera, lui, évidemment capable d'apprécier votre valeur à sa juste mesure !

Je l'ai remarqué, il m'a remarquée, mais il n'ose pas faire le premier pas

C'est souvent le cas. Vous êtes aussi timides l'un que l'autre, ou alors la timidité de l'un bloque l'autre. Vous avez beau multiplier les sourires et les ronds de jambe, vous pensez que vous n'arriverez jamais à articuler un demi-mot sans rougir ou bafouiller, alors vous préférez rester chacun de votre côté.
Vous pouvez aussi être tentée de cacher votre timidité derrière une feinte indifférence, auquel cas vous avez tout faux : cette attitude le paralysera encore plus.
Au début, ces petits signes qui précèdent la rencontre sont très agréables. Vous avez affaire à quelqu'un de sensible, et c'est plutôt prometteur. Mais vous ne pouvez pas en rester là éternellement. Alors s'il le faut, prenez sur vous.
Après tout, vous êtes sûre que vous l'intéressez et vous n'avez pas besoin de jouer un rôle. Vous bafouillez, vous rougissez, quelle importance ! C'est aussi ça qui lui plaît chez vous. À partir de ce moment-là, dites-vous que tout vous est permis. Allez vers lui, parlez-lui, montrez-vous le plus ouverte et le plus douce possible, calme (même si vous ne l'êtes pas) et attentionnée. Offrez-lui de prendre un chocolat après le cours, il sera enchanté.
Si ça vous gêne de vous avancer autant, débrouillez-vous pour qu'il le fasse, proposez les choses indirectement. Au lieu de lui demander : « Tu veux prendre un chocolat après le cours de maths ? » Dites-lui : « Ce cours de maths m'a déprimée, j'ai rien compris, je prendrais bien un bon chocolat chaud pour me remonter le moral. » Il ne résistera pas à l'envie de vous l'offrir !

Je lui plais, il me plaît, mais je n'ose pas

Quelquefois, vous pouvez être vraiment paralysée face à quelqu'un qui vous plaît, du coup vous faites tout de travers. Il a beau avoir pris les devants, il se heurte à un refus. Vous faites celle qui s'en fiche, qui est très occupée, qui a trop de travail, qui doit aller chez le dentiste, bref qui n'est jamais disponible. Vous dites non, et puis après vous vous en mordez les doigts. Vous vous répétez : « Mais que je suis bête ! Je ne recommencerai pas », et puis vous recommencez jusqu'à ce qu'il se lasse, croyant que vous vous fichez éperdument de lui, ce qui est entièrement faux ! Si vous tombez sur un garçon suffisamment mûr et sûr de lui, il saura décrypter vos fausses raisons et s'en attendrir. Mais si lui-même est timide, il aura le plus grand mal à passer outre. Dans le registre des grandes timides, il y a aussi celles qui ne se séparent jamais de leur copine. Il vous propose de prendre un pot après le cours, d'aller au cinéma samedi, de manger avec vous à la cantine, vous lui répondez : « D'accord, mais j'emmène Nadine, elle est toute seule en ce moment. » Il acceptera une fois, deux fois... au bout de la cinquième fois, il commencera à en avoir assez et il aura raison ! Sans compter que Nadine aussi se lassera de jouer les « paravents ».

On peut être timide sans être mijaurée. Si votre timidité vous handicape au point de ne pas pouvoir vivre ce que vous avez vraiment envie de vivre, il est temps de vous en apercevoir. Souvent, on finit par croire à ces faux prétextes, on s'y laisse prendre et on se renferme. C'est dommage parce qu'on perd alors des occasions de vivre des choses agréables. Dans ces cas-là, il faut arriver à faire un effort sur vous-même et essayer d'aller plus de l'avant. Vous ne risquez rien, seulement de vous tromper, et il n'y a absolument rien de grave à cela !

Je lui plais, mais il ne me plaît pas

Ne pas plaire à quelqu'un qui vous plaît, c'est désagréable ; mais plaire à quelqu'un qui ne vous plaît pas, ce n'est pas agréable non plus. Il faut arriver à le lui faire comprendre sans le blesser, sans le vexer, sans lui faire ce que vous n'aimeriez pas qu'on vous fasse. Un garçon qui tombe follement amoureux de vous sans que ce soit réciproque peut vous exaspérer, surtout si justement vous lui trouvez tous les défauts de la terre ! Comme par hasard, ce sera justement celui-là que vous jugerez niais, collant, sans charme... Même s'il n'est pas comme ça dans la réalité, il vous apparaîtra ainsi. Il est pourtant plus juste de faire preuve d'un peu de compréhension et de générosité. Ce n'est pas la peine de vous moquer de lui avec vos copines ou d'autres amis, de

l'envoyer promener méchamment, ni de le mépriser ouvertement. Pourquoi se montrer méchante gratuitement ? Ça ne vous glorifie pas, et lui est blessé, alors...
Faites comprendre à ce garçon qu'il ne vous plaît pas d'une manière « amoureuse », mais que vous voulez bien le considérer comme un copain. Ne le rejetez pas en bloc, reconnaissez-lui ses qualités. Ça ne vous enlèvera rien et lui recevra un peu de réconfort.

Je ne rencontre pas de garçon

Ça c'est comme les gens qui disent « je n'ai pas de copains » ou « je n'ai pas d'amis ». C'est généralement parce qu'ils ne font pas l'effort d'aller vers les autres, de s'ouvrir. Si vous ne rencontrez pas de garçon, c'est peut-être que tout simplement vous ne savez pas les voir. Vous attendez le Prince charmant auprès duquel tout garçon de votre entourage fait figure de pâle avorton. Ou bien vous considérez abusivement que personne n'est assez bien pour vous.
Il peut y avoir dans cette conduite beaucoup de timidité inavouée, et là aussi vous préférez rester dans votre coin avec vos rêves et vos illusions plutôt que de vous confronter à la réalité. C'est compréhensible. On peut avoir peur de sortir de sa carapace, il n'y a rien de honteux à cela. D'un autre côté, rester seule dans son coin n'est peut-être pas la meilleure solution.
Pour vous donner du courage, dites-vous que tous les autres sont logés à la même enseigne : ils ont les mêmes besoins et les mêmes peurs que vous, même s'ils le montrent moins. Ils ont tous envie d'être aimés et de rencontrer l'« âme sœur », même si apparemment ils vous semblent plus légers. Alors ne vous renfermez pas sur vous-même, ouvrez grands vos yeux et vos oreilles, et vous verrez que vous êtes entourée de garçons qui ne demandent qu'à faire votre connaissance.

Je m'en fiche des garçons

Il se peut que vous ne portiez pas à ces messieurs un intérêt très poussé. Pour vous, il sont là, c'est bien, mais vous ne vous sentez ni l'envie ni l'humeur d'aller vers eux et vous préférez rester avec vos copines. Entre filles, vous vous sentez bien, vous vous comprenez, et pour l'instant vous n'avez besoin de rien d'autre. Évidemment, il peut s'agir, là aussi, d'une timidité excessive qui vous pousse à vous réfugier dans un monde « sans risques ». Tant qu'on reste dans son coin, au moins, certains problèmes ne se posent pas.
Mais si vous êtes heureuse comme ça, ne forcez pas votre nature, chaque chose vient en son temps.

Les garçons

Aimer

Parler de l'amour comme ça, c'est difficile. Comme tout sentiment intime, l'amour est tout en secret, en finesse, en nuances, en complications. Le sentiment d'amour est propre à chaque individu et on ne peut pas le poser brutalement sur la table en disant : « Voilà, regardez, l'amour c'est ça. »

Des écrivains, des philosophes, des psychologues et des psychanalystes ont écrit de nombreux livres sur l'amour. C'est bien parfois de les lire, parce qu'ils expliquent et analysent ce qu'on ressent dans une situation amoureuse, et l'approfondissement est toujours un enrichissement.

Mais dans le domaine de l'amour, les livres ne peuvent pas remplacer l'expérience, qui seule apporte des réponses (ou montre qu'il n'y a pas de réponse !) à nos interrogations.

Aimer, qu'est-ce que c'est ?

C'est en tout cas la question à laquelle tout être humain est confronté à un moment de sa vie. Comme tout ce qui touche aux sentiments, on ne trouve pas de réponse à priori. Pour savoir ce que c'est qu'aimer, il faut aimer. Quand on aime, on s'en rend compte.

Chacun vit l'amour à sa façon, avec ce qu'il est, et on peut dire qu'il y a autant de définitions du verbe aimer qu'il y a d'individus.

Vous aurez beau avoir lu tous les livres d'amour de la terre, vous aimerez toujours à votre manière.

À quoi reconnaît-on qu'on aime ? Quel effet ça fait d'aimer ? Vous seule pourrez répondre à toutes ces questions.

Donner un sens général au verbe « aimer », c'est peut-être dire ceci : Aimer, quoi qu'il arrive et quelle que soit la façon dont on le vit, c'est toujours sentir en soi un espace qui s'ouvre, c'est se sentir porté vers l'autre, c'est l'accepter dans toute sa différence, c'est découvrir un monde.

Au commencement, c'est aussi s'éloigner de ses parents pour se découvrir soi, indépendante, autonome.

Quand l'histoire commence

Il y a évidemment autant de « types » d'histoires d'amour qu'il y a d'individus.

Quand on vit une histoire d'amour la première fois, on a l'impression de se transformer, que toute sa vie est en train de changer. On éprouve des sensations, des émotions qu'on n'avait jamais éprouvées auparavant. On a des pensées qui ne nous étaient jamais passées par la tête. On est riche de toute cette nouveauté, on se sent libre dans un monde ouvert, on a l'impression d'être pleinement vivant.

Les garçons

La vie « ensemble »

Une histoire d'amour, ce n'est pas seulement une suite de clichés de l'état amoureux (*voir « le syndrome amoureux »*). Les états de grâce précèdent toujours les retours à la réalité (heureusement !). Contrairement à ce qu'on voudrait bien croire, l'amour ne se nourrit pas d'air pur et d'eau fraîche (en tout cas, pas à longueur de temps). Il s'inscrit dans la réalité de la vie, du quotidien. C'est ce qui fait sa valeur, sa solidité et sa force.

Une véritable relation amoureuse, c'est une lente construction, qui demande des concessions, des compromis. Elle nécessite de la tolérance, de l'indulgence, de l'attention, de la patience, le respect de soi-même et de l'autre, l'observation de la liberté de chacun. Une fois les premiers moments d'exaltation passés, on recommence à toucher terre, on apprend à associer sa vie amoureuse à ses propres activités : sa vie personnelle, sa vie étudiante, amicale, familiale. On apprend à aimer et à aimer dans la durée.

Cet équilibre ne s'accomplit pas forcément de manière facile et naturelle. Au fur et à mesure que les jours passent, des questions surviennent, non plus relatives à

● Aimer, c'est toujours sentir en soi un espace qui s'ouvre, c'est se sentir porté vers l'autre, c'est l'accepter dans toute sa différence, c'est découvrir un monde.

l'amour en général, mais à votre relation en particulier. Parfois, vous pouvez avoir la tête encombrée de questions que vous croyez fondamentales alors qu'elles sont inutiles et vous empêchent d'évoluer librement dans votre relation. Il faut alors apprendre à faire le tri.

Les fausses questions

On a beau savoir qu'on ne peut pas y répondre, tout le monde se les pose quand même. Ça fait partie du jeu. Spéculer sur l'avenir, la qualité d'une relation, c'est tentant, c'est souvent délectable, à condition que cela ne devienne pas un ressassement handicapant.

Les fausses questions, il faut s'en méfier. Quand on cherche à tout prix à sonder l'autre, à se sonder soi-même, on peut créer des complications qui n'existaient pas. Au lieu de vivre, on suppose, on anticipe, on fait des élucubrations, et on finit par faire part de son doute à l'autre!

Donc, sont à éliminer d'office, surtout si elles virent à l'obsession et qu'elles gâchent vos meilleurs moments, les questions du genre:

• Est-ce que ça durera toujours?

Personne n'en sait rien. Vous vous êtes juré «amour toujours», tant mieux! Mais n'essayez pas de vous assurer à l'avance d'une chose que seul le temps peut vérifier. C'est absurde! Profitez du moment présent, faites des projets si vous en avez envie, et ne vous crispez pas, vous verrez bien plus tard.

• Est-ce qu'il m'aime autant que je l'aime ? (Ou : Je l'aime plus qu'il ne m'aime.)
Vous n'avez aucun intérêt à vous poser cette question, sauf si vous voulez vous empoisonner la vie. Guetter et analyser ses moindres faits et gestes pour les mettre sur un compte déficitaire n'aboutira qu'à des calculs et des disputes inutiles.
Laissez-le vous aimer à sa manière. Si ça ne vous convient pas, il sera toujours temps d'aviser. Dans un couple, il est fréquent que les deux personnes n'aiment pas de la même manière ni avec la même intensité au même moment. Il se peut très bien que l'un aime « plus » que l'autre pendant quelque temps, puis que les rôles soient ensuite inversés. L'important n'est pas de savoir à quel degré exact il vous aime. L'important, c'est que sa façon de vous aimer vous rende heureuse. Il n'est pas nécessaire d'aller chercher au-delà des précisions que vous n'obtiendrez jamais.
• Et s'il m'aimait plus que je ne l'aime ?
Cette question a la même inutilité que la précédente, pour les mêmes raisons. L'important n'est pas de savoir à quel point vous l'aimez, si vous l'aimez moins que lui ne vous aime, mais de vous sentir bien dans cette relation. Une relation amoureuse, ce n'est pas un « challenge » où les deux doivent toujours être ex aequo, c'est un échange au sein duquel chacun trouve son compte, pour son bonheur et celui de l'autre.
• Comment savoir si vraiment je l'aime ? Si vraiment il m'aime ?

Les garçons

C'est sûr, vous n'aurez jamais de reçu signé «Aime vraiment pour toute la vie, avec les félicitations du jury». Alors pourquoi vous compliquer l'existence? Ne cherchez pas à savoir si véritablement vous aimez ou combien il vous aime : aimez et laissez-vous aimer. Le jour où vous n'aimerez plus, où il ne vous aimera plus (si ça arrive), vous finirez par vous en apercevoir.

• Et si un jour... je lui déplaisais? On se lassait l'un de l'autre? Il en aimait une autre? J'en aimais un autre? Etc. Dites vous bien une chose: tout est possible, mais le pire n'est jamais sûr. Alors vivez donc ce que vous avez envie de vivre et pour le reste adoptez la sage attitude du *wait and see*, «attends et vois».

Les «vraies» questions

Vous ne pensez qu'à lui, vous voudriez qu'il ne pense qu'à vous. Vous n'êtes heureuse qu'avec lui, vous voudriez qu'il ne soit heureux qu'avec vous. Vous ne pouvez pas vous passer de lui, vous voudriez qu'il ne puisse pas non plus se passer de vous... Et si les choses ne se déroulent pas exactement comme vous le voulez, vous souffrez.

Quelquefois, quand on aime quelqu'un, on a tendance à vouloir se l'«approprier». On a oublié que l'autre est différent de soi, qu'il pense, aime, agit et réagit différemment. On aimerait pouvoir le changer. On aimerait soudain qu'il soit un double de nous-même. Cette volonté

de modeler l'autre à notre image nous fait oublier qu'on l'aime justement pour toutes ses différences (même si parfois elles ne sont pas faciles à supporter!). Reconnaître les différences de l'autre, les accepter, c'est vraiment savoir aimer.

Bien sûr, il ne faut pas tout confondre. Il n'est pas question d'accepter tout et n'importe quoi! Il s'agit de construire avec votre chéri une relation fondée sur l'estime et le respect mutuels.

C'est plus facile à dire qu'à faire, certes, mais bon: faisons comme si !

L'indépendance

Être rivée au téléphone, obsédée de la boîte aux lettres, réglée sur «ses» horaires, ça n'a qu'un temps. On vous connaît : il a foot le mercredi après-midi de 14 heures à 17 heures ; si à 17 h 01 il ne vous a pas téléphoné, vous êtes au bord de la crise de nerfs, d'autant que pendant trois heures vous n'aurez fait qu'attendre son coup de fil ! Ça ne peut pas durer !

Non seulement vous vous minez, mais en plus vous l'étouffez.

L'amour ne doit pas se transformer en dépendance totale. Au contraire. Il doit vous aider à épanouir votre personnalité. Forte de votre amour, vous devez être débordante d'énergie, avoir un esprit d'entreprise, vous sentir riche et autonome. Même si c'est difficile au début, prenez sur vous et menez votre vie. Allez à votre cours de danse, prenez le thé avec vos copines, bossez votre dissertation, voyez des copains. Bref, menez votre vie!... Et laissez-lui mener la sienne. Quand vous vous retrouverez, vous aurez plein de trucs à vous raconter, à partager : votre relation en sortira bonifiée.

Si, en revanche, c'est lui qui a du mal à prendre un peu d'indépendance (ça arrive plus souvent qu'on ne le croit!), ne vous laissez pas faire (sauf si vous en avez envie). Montrez-lui gentiment l'exemple, en lui expliquant au besoin votre conception des choses.

La liberté

Indépendance et liberté font bon ménage; donc, pour une part, reportez-vous au paragraphe ci-dessus.

La liberté, c'est aussi savoir rester soi-même dans les rapports avec l'autre. Vous n'êtes pas obligée de partager toutes ses opinions. Vous n'avez pas non plus l'obligation d'être soumise à tous ses désirs. Il faut savoir faire

Les garçons

des concessions, mais dans certaines limites. Tout cela est un dosage savant qui s'apprend au fur et à mesure qu'on vieillit, avec l'expérience.
En attendant, comprenez bien que ce n'est pas parce que vous n'êtes pas d'accord avec lui sur tel ou tel point qu'il va vous quitter.
Et inversement, ce n'est pas parce que vous êtes toujours d'accord avec lui qu'il ne s'en ira pas! Être « béni-oui-oui » ne mène à rien, si ce n'est, à la longue, à se faire mépriser. Donc, si pour le garder, vous êtes prête à faire n'importe quoi et à vous « fondre » littéralement dans son moule, c'est un très mauvais calcul. D'ailleurs, si c'est lui qui a cette tendance-là, vous vous apercevrez aussi très vite que c'est insupportable!
Important: dans le domaine des relations sexuelles, la liberté c'est de pouvoir dire oui ou non et de faire ce dont vous avez envie. (*Pour toutes les questions relatives à la sexualité, reportez-vous au chapitre Relations sexuelles.*)

La jalousie
Quand on est amoureux, c'est normal d'être jaloux. Vous êtes jalouse, il est jaloux, quoi de plus naturel? L'embêtant, c'est quand ça finit par vous gâcher la vie.
La jalousie a des limites: s'il ne peut plus regarder une fille sans que vous le menaciez de rupture, si vous ne pouvez plus parler à un garçon sans qu'il menace de lui « casser la figure », ça devient invivable.
En plus, c'est un cercle vicieux. Plus l'autre pose des interdictions, plus on se sent frustré, et plus on a envie de passer outre!
Il a le droit d'avoir des copines, vous avez le droit d'avoir des copains. Chacun doit avoir son espace de liberté. C'est une question de respect mutuel. Évidemment, s'il se retourne systématiquement sur toutes les filles, si au café il vous parle sans quitter des yeux la petite blonde assise à la table derrière, vous pouvez lui faire comprendre que ce n'est pas très agréable pour vous. Quelle réaction

aurait-il si vous en faisiez autant? Même s'il vous dit qu'il vous aime, qu'au fond toutes ces filles il s'en fiche, faites valoir qu'il doit avoir pour vous, quand vous êtes ensemble, le respect que vous avez pour lui.
De la même manière, ce n'est pas la peine d'exciter sa jalousie en dansant un slow langoureux serré avec le bellâtre de la soirée!
Souvent on a envie de rendre l'autre jaloux, pour vérifier son amour. Ce n'est pas le meilleur moyen... S'il est naturel d'être jaloux quand on aime, la jalousie n'est pas forcément une preuve d'amour ! Elle peut être une manifestation d'orgueil, de possessivité. On peut être très jaloux sans pour autant éprouver de grands sentiments. Alors, ne vous y trompez pas !

L'exclusivité

Vous voudriez être toujours seule avec lui (ou inversement, il voudrait être tout le temps seul avec vous). S'il vous impose ses copains, vous êtes vexée, vous pensez immédiatement qu'il s'ennuie ou qu'il se lasse de vous... Du coup vous faites la tête à ses copains, il vous en veut et la soirée se termine mal (l'inverse est également vrai si vous voulez lui imposer vos amies).
Quand on s'aime, on a surtout envie d'être ensemble et c'est tout. Mais être amoureux, cela ne signifie pas se couper du monde et des autres. Les tête-à-tête peuvent alterner avec les dîners à quinze, les balades à deux avec les randonnées à plusieurs... Ce n'est pas parce que vous êtes amoureux que vous devez cesser toute vie sociale. Il y a du plaisir aussi à se retrouver ensemble avec les autres.
Évidemment, si vous sentez que c'est systématique, qu'il fuit soigneusement toutes les occasions de se retrouver seul avec vous, parlez-lui-en. Ne vous alarmez pas tout de suite. Cela ne veut pas forcément dire qu'il ne vous aime plus. Peut-être êtes-vous simplement tombée sur un «fana des copains», un garçon qui ne se sépare jamais de sa bande, auquel cas il va falloir jouer serré: accepter le groupe, mais imposer en douceur une intimité. Par exemple, ne dites jamais «J'en ai assez de tes copains!», mais plutôt «Ils sont vraiment adorables tes copains!» Ne dites pas «J'en ai marre de voir leurs tronches tous les samedis!» mais dites plutôt, «J'adore quand on voit tes amis un samedi sur deux, comme ça on en profite. En même temps, on peut avoir des moments tous les deux ensemble. C'est formidable!»... Bref, usez de diplomatie!

• FACE AUX PARENTS

Quand on habite chez ses parents, il n'est pas toujours facile de vivre son amour comme on en aurait envie. Il y a des autorisations à obtenir, des règles à respecter.

Dire à ses parents qu'on a un petit ami

Aussitôt fait ne rime pas forcément avec aussitôt dit: vous n'êtes pas obligée de crier la bonne nouvelle sur tous les toits. Tout dépend des relations que vous avez avec vos parents. C'est à vous de juger si vous avez envie ou non de les mettre dans la confidence.

Généralement, les parents ne sont pas idiots, et ils voient très vite quand leurs enfants sont amoureux. Dans ces cas-là, il y a des parents discrets, qui ne posent pas de questions et attendent que leurs enfants parlent d'eux-mêmes. Et puis il y a les parents curieux, qui « viennent aux renseignements ». À vous d'évaluer ce que vous avez envie de dire, si vous éprouvez le besoin de vous confier. Il s'agit de votre vie privée, et vous êtes libre de la préserver. À l'inverse, si vous désirez en parler, il ne faut pas vous en priver.

Les difficultés commencent si vos parents ne supportent pas l'idée que vous ayez un petit copain à votre âge. Dans ce cas, il n'y a que deux solutions: ou bien vous leur cachez l'affaire jusqu'au moment où vous ne pourrez plus le faire; auquel cas il faudra alors vous expliquer avec eux, ce qui n'est peut-être pas la meilleure option; ou bien vous les mettez dès à présent devant le fait accompli, gentiment, doucement, avec finesse, et en leur montrant que vous savez prendre vos responsabilités. Parlez d'abord à celui de

vos deux parents qui vous semble le plus ouvert et adoptez la stratégie sentimentale. Ne lui dites pas brutalement «Tu sais, je prends la pilule», mais plutôt «Tu sais, j'aime quelqu'un...», en lui faisant comprendre que ce n'est pas se soustraire à son autorité que d'être amoureuse. Dans le domaine de vos sentiments, vos parents ne peuvent pas avoir d'autorité.
À moins d'avoir affaire à des parents vraiment rigides, si vous leur faites part de vos sentiments, ils finiront sans doute par mieux comprendre.

Présenter son amoureux à ses parents
Au début, on craint souvent l'opinion de ses parents. Comment vont-ils le trouver? Que vont-ils en penser? Et on n'a pas envie de s'exposer à leurs critiques.
Les réactions des parents dépendent de leurs caractères, des conceptions qu'ils ont, et il est impossible d'en tirer des généralités. Dans l'absolu, si votre histoire dure, il faudra bien Le présenter à votre famille.
À moins qu'ils ne soient particulièrement rigides et fermés, les parents sont souvent soulagés de rencontrer enfin le garçon qui fait battre le cœur de leur fille. Si ça ne les rassure pas toujours, ils savent au moins à quoi s'en tenir.

Dormir avec lui à la maison
Votre relation est durable. Vos parents le connaissent. Bref, il est «admis» par toute la famille. De là à dormir avec lui sous le même toit, c'est une autre histoire. Et il faut déjà avoir des parents très libéraux pour que la question même se pose.
Quand vos parents sont là, ça dépend d'eux. Certains pensent que, pour l'équilibre de chacun, leurs enfants doivent vivre leur sexualité ailleurs que sous le toit familial. D'autres hébergent facilement le petit ami de leur fille, surtout si celui-ci leur plaît.
Reste à savoir ce dont vous avez envie tous les deux. Après tout, êtes-vous bien sûr de désirer mêler votre vie intime à celle de la famille?
Vos parents peuvent aussi «couper la poire en deux»: d'accord il reste dormir mais on fait son lit sur le canapé du salon. Pourquoi pas? Après tout, c'est plutôt sympathique.
Évidemment, quand les parents sont absents, le problème ne se pose pas dans les mêmes termes. Vous pouvez aller chez vous ou chez lui plus librement. C'est normal. Qui n'a pas ramené son petit ami à la maison pendant que les parents étaient en week-end?

Les garçons

Mes parents ne l'aiment pas
Bien sûr c'est votre vie, c'est votre choix et vous êtes en définitive la seule à pouvoir en juger. Mais si vos parents se permettent de vous faire une réflexion, ne vous braquez pas. Les parents n'ont pas toujours raison, mais ils n'ont pas toujours tort non plus. Parfois, ils se rendent compte avant vous de choses que vous n'aviez pas vues. Mais ils peuvent aussi se tromper. Vivez votre vie, vous verrez bien vous-même. S'ils se sont trompés, tant mieux, vous le leur prouverez.
Si jamais la tournure des événements leur donne raison, ce n'est pas la peine de vous accabler en vous répétant: «Ah! mes parents avaient raison, j'aurais mieux fait de les écouter!» Ce n'est pas la peine non plus de culpabiliser s'ils vous disent: «Tu vois, on t'avait prévenue.» Les parents sont là pour consoler, s'ils le peuvent, et non pas pour s'ériger en tribunal. De toute façon, vous aurez vécu ce que vous aviez envie de vivre, et vous êtes seule à pouvoir en tirer les conséquences.

Mes parents l'« adorent »

Ce garçon plaît tant à vos parents qu'ils l'ont « adopté » comme un nouveau membre de la famille. Tant que tout se passe bien entre vous, c'est parfait (à condition de rester vigilants et que la vie familiale ne prenne pas le pas sur votre vie privée). Les choses se compliquent si par exemple, vous ne vous entendez plus avec ce « garçon de rêve ». Il arrive souvent, dans ces cas-là, que les parents prennent curieusement parti pour le petit ami de leur fille : « Comment ! Un garçon si charmant !... » Soulagés jusque-là de vous voir en si bonne compagnie, ils s'inquiètent à l'idée que vous puissiez tout laisser tomber et voguer vers l'inconnu pour ramener « on ne sait pas qui ». Cette situation est souvent très difficile à vivre. Non seulement vous devez assumer votre décision, mais en plus il vous faut faire face à l'incompréhension de votre entourage. Restez ferme. Vous ne faites pas votre vie en fonction de vos parents, et si malgré toutes ses qualités vous ne vous entendez plus avec votre amoureux c'est votre affaire. Vous êtes la seule à pouvoir en juger. Si vos parents ne le comprennent pas, expliquez-le-leur.

• QUAND L'HISTOIRE FINIT

De la même manière qu'il y a toutes sortes d'histoires, il y a toutes sortes de ruptures. Des ruptures qui soulagent ou qui laissent plus ou moins indifférent ; des ruptures violentes, d'autres qui se font en douceur ; des ruptures faciles ou, au contraire, difficiles ; des ruptures qui blessent légèrement et des ruptures qui provoquent un véritable chagrin d'amour. Les séparations ne sont pas toujours à la mesure des histoires qu'on a vécues. Une grande histoire d'amour peut s'achever beaucoup plus facilement qu'on le croit et, au contraire, une histoire qui ne paraissait pas capitale peut se terminer dans le drame... Il n'y a pas tellement de logique. C'est le grand mystère des sentiments.

De toute façon, quand une histoire d'amour qui a été importante pour vous se termine, même si c'est vous qui l'avez décidé, c'est souvent triste et difficile à vivre. Une chose est sûre : quel que soit le temps que ça prend, on s'en remet toujours.

Je ne l'aime plus

Depuis quelque temps, son sourire ne vous émeut plus, sa façon de parler vous irrite, vous vous ennuyez avec lui, il vous énerve, vous préférez la compagnie d'autres garçons... Bref, vous ne l'aimez plus.

S'apercevoir qu'on n'aime plus quelqu'un n'est pas une découverte agréable. On aurait eu envie que ça dure, et puis le temps en a décidé autrement. Dans ces cas-là, ça ne sert à rien de poursuivre une relation et il vaut mieux avoir le courage de rompre.
Rompre, c'est toujours difficile. S'il est attaché à vous, vous allez lui faire de la peine et on a parfois du mal à admettre qu'on peut rendre l'autre malheureux, mais c'est inévitable. Rompre, c'est aussi accepter de prendre le risque d'être seule (sauf quand on quitte un garçon pour un autre).
Il n'y a pas de manière idéale de rompre. On agit comme on peut, avec le moins de fracas possible. De toute façon, ce sera douloureux. Ne vous dites pas que vous êtes méchante ou monstrueuse, vous êtes simplement honnête, vous n'y pouvez rien. N'imaginez pas non plus que l'autre sera inconsolable, il s'en remettra. La seule chose que vous pouvez faire, c'est préserver le respect que vous avez pour lui, éviter que ce soit trop moche. Mais cela ne dépend pas que de vous, c'est aussi à lui d'admettre la réalité.

Il ne m'aime plus

Cesser d'aimer, c'est dur. Mais ne plus être aimée quand soi-même on aime encore, c'est extrêmement douloureux. Il vous quitte, et vous n'imaginez pas la vie sans lui. Dans ces cas-là, vous pouvez avoir tendance à vous accrocher à lui, à le rappeler, à tenter par tous les moyens de le faire revenir vers vous, quitte à vous traîner à ses pieds. Disons-le tout de suite : ça ne sert à rien qu'à vous faire du mal. En amour, il faut parfois mettre

son orgueil de côté, mais quand ça sert à quelque chose, et certainement pas dans cette situation-là.
S'il vous a dit qu'il ne vous aimait plus et qu'il persiste, vous ne devez pas vous user à lui démontrer le contraire. C'est inutile de le retenir par la manche en implorant: «Mais je t'aime, moi!» Ce n'est pas pour autant qu'il restera, ça rendra les choses encore plus brutales, et vous serez encore plus malheureuse.
De la même manière qu'on ne peut pas se forcer à aimer quelqu'un, vous ne pouvez obliger personne à vous aimer. Il faut donc vous y résoudre, et admettre qu'il ne vous aime plus. C'est déjà une première étape de franchie, et c'est le mieux que vous puissiez faire pour vous-même. Accepter, ce n'est pas éviter le chagrin, mais c'est permettre une consolation.

• LE CHAGRIN D'AMOUR

Vous avez l'impression d'une injustice immense, d'une trahison. Vous pensez que votre vie est foutue, que vous ne vous en remettrez jamais. Vous n'aimerez plus jamais personne, vous ne ferez plus jamais confiance à personne, d'ailleurs vous faites une croix sur les garçons, l'amour, l'espérance, le bonheur, sur tout. La vie vous paraît cruelle, abominable. Vous vous enfermez dans votre chagrin. Vous pleurez, pleurez, vous n'en finissez pas de tremper vos mouchoirs. Vous êtes dans la tristesse, le dépit. Vous ne vous aimez plus vous-même. Vous vous demandez ce que vous faites sur terre. Vous croyez toucher le fond du désespoir. C'est ce qu'on appelle avoir un chagrin d'amour.
Quand on éprouve une vraie déception amoureuse, la

douleur est telle qu'on croit toujours être la seule à connaître ce malheur. On croit aussi que ce sera un chagrin interminable. Ce n'est pas vrai. Tout le monde dans sa vie a connu au moins un chagrin d'amour. Et tout le monde s'en est remis ! Sur le moment on ne veut pas le croire, mais c'est pourtant la vérité.
Quand les sentiments pour l'autre ont été intenses, on n'échappe pas au chagrin. D'ailleurs, il faut le vivre pour pouvoir vraiment s'en remettre. Mais il ne faut pas s'y complaire trop longtemps. Cette histoire avec lui est finie, mais cela ne veut pas dire que votre vie à vous est finie. Et au fond vous le savez. La nature est mieux faite que vous ne le pensez, et la vie reprend toujours le dessus. Quand on vit un chagrin d'amour, pour s'en sortir le plus vite possible il y a des trucs à faire et des trucs à ne pas faire.

Ce qu'il vaut mieux ne pas faire

- Relire ses lettres en pleurant sur cet amour défunt : rangez-les quelque part, ça vous fera des souvenirs pour plus tard. Si vous trouvez insupportable de les garder, déchirez-les. Après tout, vous en recevrez d'autres !
- Contempler sa photo en versant des torrents de larmes sur son charme inégalable : déchirez-la si ça vous fait du bien ou rangez-la avec ses lettres.
- Contempler vos album-photos en regrettant le bon vieux temps comme si vous pouviez y revenir : cessez la torture, ce ne sont que des souvenirs ! (Même traitement que ci-dessus...).
- Enfouir votre nez dans l'écharpe qu'il a oubliée chez vous un jour pour respirer son parfum : celle-là, vous pouvez la jeter.
- Écouter et réécouter la musique sur laquelle vous vous êtes connus, aimés, embrassés, promis amour-toujours.
- Penser, chaque fois que le téléphone sonne, que c'est lui qui vous appelle.

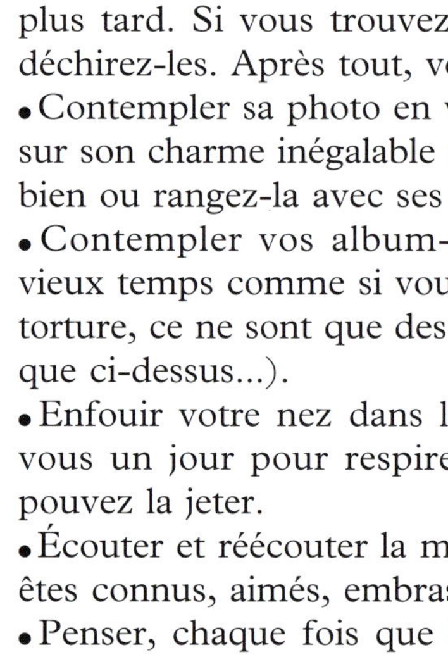

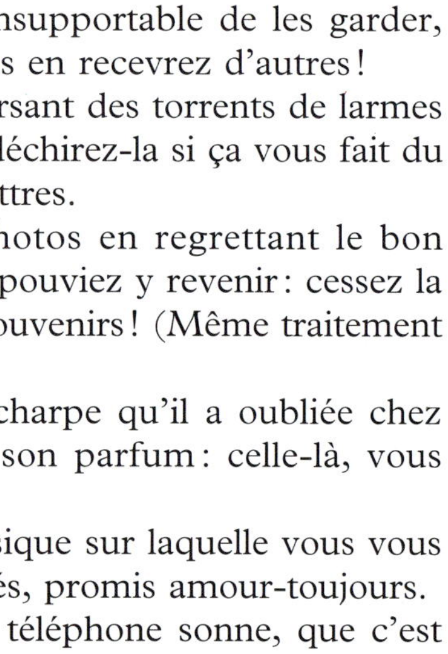

• Vous enfermer chez vous des dimanches entiers en restant en pyjama à errer d'une pièce à l'autre.
• Contempler votre visage bouffi de larmes dans la glace en vous répétant : « Ma pauvre fille, je comprends pourquoi il t'a quittée. Tu es tellement moche ! »
• Rater systématiquement toutes vos interros en vous disant : « De toute façon, je suis tellement nulle, ce n'est pas étonnant qu'il m'ait larguée. »
• Contempler la rue depuis votre sixième étage en pensant : « Si je sautais, il serait bien embêté. »
• Téléphoner sans arrêt chez lui pour entendre sa voix, puis raccrocher.
• Chercher à comprendre pourquoi et pour qui il vous a quittée.
• Chercher à savoir auprès de ses copains ce qu'il fait, où il va, avec qui il est, ce qu'il pense, ce qu'il devient : ce n'est pas comme ça que vous l'oublierez.
• Comparer tous les autres garçons à lui.

Ce qu'il vaut mieux faire

• Pleurez et criez si vous en avez besoin, mais ré-a-gis-sez !
• Parlez à vos amies autant que vous le voulez, elles sont là pour vous écouter et vous aider. Avec elles, vous pouvez vous effondrer, elles sont là pour vous consoler.
• Profitez-en : faites-vous dorloter par ceux qui vous aiment.
• Offrez-vous ou faites-vous offrir des petits plaisirs : un éclair au chocolat, une visite chez le coiffeur, la robe à fleurs que vous convoitiez pour cet été (ou, si c'est l'hiver, un nouveau pull-over), des promenades dans des endroits que vous aimez avec les gens que vous aimez, cette magnifique barrette qui coûte une fortune mais tant pis...
• Occupez-vous de vous : changez de coiffure, de chaussures, de parfum. Soignez votre apparence, maquillez-vous, faites du sport. Réapprenez à vous aimer, à vous sentir une personne.

• Regardez-vous dans la glace et dites-vous : il le regrettera mais ce sera trop tard. D'ailleurs, c'est déjà trop tard !
• Potassez vos cours, écrivez dans votre journal et dites-vous : en plus, je suis brillante.
• Sortez : voyez vos copains, acceptez les invitations à des soirées, allez au cinéma, divertissez-vous...
• Regardez autour de vous : des tas de garçons n'attendaient que cette occasion pour venir vous consoler. Sans tomber forcément dans leurs bras, profitez-en et offrez-vous le plaisir de les laisser vous courtiser.
• Enfin, pensez-y : si vous étiez restée avec lui, vous ne vous seriez jamais aperçue du charme de ce garçon brun, là, au fond de la classe, qui ne cesse de vous regarder ! Autrement dit : si Marcel ne vous avait pas quittée, jamais vous n'auriez rencontré Arthur.

Les chagrins d'amour diffèrent en intensité selon les situations. On peut être très malheureuse d'être quittée, on peut aussi être très malheureuse de quitter l'autre.
Que ce soit vous, lui, ou les deux, qui soyez à l'origine de la rupture, il est des tristesses dont vous ne pouvez pas faire l'économie. Même si sur le coup, c'est affreusement douloureux, il faut savoir qu'un chagrin contient toujours une consolation, et que la fin d'une chose est toujours le début d'une autre.
Et puis toutes les ruptures ne sont pas forcément douloureuses. Il y a aussi des séparations « légères », qui n'affectent pas outre mesure. Il ne faut pas à l'inverse vous culpabiliser de vous sentir « libérée » !

• LES AVENTURES

À votre âge, il n'y a pas que des « vraies » histoires. Au contraire. Vous pouvez très bien être amoureuse trois jours et puis ne plus l'être, pour recommencer à soupirer le mois d'après. Dans le domaine des sentiments, rien n'est prévisible et rien ne doit être une obligation. Vous n'êtes pas tenue, surtout à votre âge, de vivre une histoire d'amour sérieuse. D'ailleurs, ça ne se commande pas ! Certaines personnes vivent un grand amour à quatorze ans, d'autres à seize, d'autres encore à vingt, quarante ou soixante ans ! Il n'y a pas de limite d'âge dans ce domaine. S'investir dans une relation, c'est à la fois un concours de circonstances et le commencement d'une certaine maturité. Cette maturité varie en fonction des individus. Au début au fond, on n'est pas forcément prête à vivre une histoire d'amour. On a simplement envie d'expérimenter, et c'est naturel. À chaque âge ses plaisirs. Le flirt, les relations de courte durée font partie des expériences agréables à vivre quand on en a envie. On tâtonne toujours avant de trouver, il n'y a aucune honte à cela. Une vraie relation s'établit quand on en ressent le besoin, l'évidence, quand chacun s'y sent prêt, et cela arrive généralement beaucoup plus tard ! Il ne faut donc pas faire de complexes si vous voyez autour de vous des copains et copines former déjà de vrais petits couples alors que vous, vous ne vous « fixez » pas de la même manière. Il n'y a pas de modèle à suivre en la matière. Chacun vit en fonction de sa propre évolution.

• Vous pouvez aussi parfaitement ne pas avoir envie d'aventures. Vous préférez attendre de rencontrer un garçon qui vous plaira vraiment pour vivre quelque chose d'important. Là aussi, même si vous voyez les autres vivre différemment, il ne faut pas vous inquiéter. Vous ne devez vous forcer à rien. Dans la vie chacun va à son rythme, il n'y a pas de normes imposées. Quand vous vous trouverez devant le garçon qui vous plaira, vous ne ressentirez plus aucune hésitation et vous vivrez avec lui ce que vous désirez vivre. L'important, c'est de ne pas contrarier votre nature !

Le syndrome amoureux

Impossible, vous imaginez bien, de faire une énumération de tous les « symptômes » de l'état amoureux. Encore une fois, ils dépendent des individus. Malgré tout, on peut s'amuser à en citer certains :
Attention : clichés ! Ceci n'est pas à prendre au pied de la lettre !

Vous rougissez, pâlissez, tremblotez, palpitez, bafouillez, transpirez quand :

- ❑ Vous le voyez.
- ❑ Les autres mentionnent son nom.
- ❑ Il téléphone.
- ❑ Il s'approche de vous.
- ❑ Vous y pensez !

Point culminant de cet état émotionnel :
« Je le vis, je rougis, je pâlis à sa vue ;
Un trouble s'éleva dans mon âme éperdue ;
Mes yeux ne voyaient plus, je ne pouvais parler ;
Je sentis tout mon corps et transir et brûler. »
Vous voyez, Phèdre n'est pas seulement un sujet barbant d'explication de texte !
Ne trouvez-vous pas, dans l'état qu'elle décrit, une étrange similitude avec vos propres émotions ?

Vous passez votre temps à vous rappeler les moments où vous étiez ensemble.

- ❑ Ah ! son sourire.
- ❑ La façon dont il porte son blouson.
- ❑ Sa démarche.
- ❑ Et comment il se gratte la tête.
- ❑ Son regard !
- ❑ Et quand vous êtes allés vous promener.
- ❑ Et quand vous avez pris l'autobus.
- ❑ Et quand vous vous êtes arrêtés pour acheter des gâteaux.
- ❑ Et quand il vous a embrassée.
- ❑ Et comment il vous a regardée.
- ❑ Et comment il vous a pris la main.
- ❑ Et quand il vous a murmuré ceci.
- ❑ Et quand vous lui avez dit cela.
- ❑ ... Etc.

Juste conséquence des choses : vous ne pensez qu'à lui.

- ❑ Vos moments d'intense concentration sur vous, lui, votre histoire, alternent cependant avec des instants de rare ébahissement devant toute la beauté qui vous entoure : les gens sont « merveilleux », tous les lieux sont « poétiques », les chiens sont « presque des êtres humains » et le monde est « sublime ».
- ❑ Ou alors, au contraire, la laideur de l'humanité magnifie votre amour : dans ce monde « pourri », océan de « misère, d'injustice, de terreur et de pauvreté », vous formez ensemble « le seul îlot du bonheur ».
- ❑ Vous ne pouvez plus voir une image de baiser, d'étreinte, sans penser à « lui » et substituer aux personnages de fiction Marcel et vous-même en chair et en os.
- ❑ Vous ne pouvez pas vous empêcher de lui trouver des ressemblances avec les plus beaux acteurs américains.
- ❑ Vous griffonnez machinalement son nom ou des petits cœurs en marge de vos dissertations.
- ❑ Soudain, dans le métro, dans la rue, dans la file d'attente de la boulangerie, une brusque émotion vous envahit, et vous versez quelques larmes pour des raisons qui vous échappent.
- ❑ Le téléphone n'est plus un simple outil de communication, il est l'objet magique autour duquel se cristallise toute votre ardeur. Sonne-t-il ? C'est le messager de la joie. Reste-t-il muet trop longtemps ? Il est annonciateur des plus grands désastres.
- ❑ La boîte aux lettres est la réserve de tous les trésors.
- ❑ Si c'est votre concierge qui distribue le courrier, vous lui témoignez l'attention qu'on porte aux êtres dotés d'un pouvoir surnaturel, susceptibles d'accomplir pour vous tous les miracles.
- ❑ Vos vêtements ne vous habillent plus, ils vous parent.
- ❑ Vous qui aviez toujours les cheveux attachés, vous les laissez désormais flotter sur vos épaules.

Pour lui vous abandonnez (momentanément !) :

- ❑ Vos baskets s'il préfère les escarpins.
- ❑ Votre jean s'il vous trouve mieux en jupe.
- ❑ Votre rouge à lèvres s'il aime les bouches naturelles (ou votre bouche naturelle s'il aime les lèvres rosées).
- ❑ Votre passion pour les livres s'il préfère la télé (et inversement).
- ❑ ... Etc.

Le Travail

Dans cette vie où le temps s'aménage, il y a un temps pour tout : un temps pour le travail, un temps pour le loisir. L'un ne va pas sans l'autre. Trouver un bon équilibre de vie, c'est savoir organiser son temps en fonction des contraintes imposées et de ses choix personnels.
Votre rythme de vie dépend de votre caractère : certaines personnes ne supportent pas l'inactivité et ont besoin d'être sans cesse occupées par leur travail ; d'autres, au contraire, considèrent le travail comme une obligation, et seule la perspective des loisirs les pousse au labeur ; d'autres encore, plus sages, parviennent à trouver leur plaisir partout.
Aujourd'hui malheureusement, trop souvent, le travail est devenu un luxe. La crise économique, la croissance du chômage, les progrès technologiques qui contribuent à substituer au travail des hommes le pouvoir des machines entraînent nos sociétés à réfléchir sur la notion de travail, et donc de loisir.

Est-il possible pour l'homme, jusqu'à présent défini par son travail, de vivre en travaillant moins ? L'homme est-il capable, sans se sentir perdu, d'assumer une plus large part de temps libre ? Telles sont, entre autres, les questions que pose l'évolution de nos sociétés.
Vous savez, les sociétés, c'est un peu comme les hommes, elles ne changent, ne grandissent et ne mûrissent qu'au prix de graves crises ! Et c'est comme à l'échelle individuelle, à la fois douloureux et passionnant...
Il paraissait difficile d'aborder les thèmes de travail et de loisir sans mentionner cet état de fait et ces éventuelles perspectives.
Pour vous, il s'agit maintenant de vous préparer le mieux possible à affronter le monde tel qu'il sera, ni meilleur ni pire qu'avant, mais simplement autre.

Les études

Vos parents, vos profs, tout le monde vous le répète à longueur de temps, et cela vous assomme : « Travaille », « Tu ne travailles pas assez », « Il faut travailler mieux que ça », « Tu ne sais pas travailler », « C'est bien, tu as bien travaillé », « Tu sais, le monde est difficile, dans la vie il faut travailler »...

Tout ça, vous le savez.

Vous savez aussi que s'ils vous tannent avec ça c'est « pour votre bien ». C'est aussi parce qu'ils sont inquiets ; pourtant, en pensant vous communiquer une ardeur au travail ils ne vous transmettent que leur anxiété ! Résultat, vous êtes stressée, même quand vous n'avez aucune raison de l'être.

Ne vous laissez pas envahir par la crispation, faites ce que vous devez faire et re-la-ti-vi-sez.

Si vous vous laissiez aller, vous savez pertinemment que vous auriez de bonnes raisons pour ne pas travailler :

- Vous êtes fatiguée ;
- Vous êtes amoureuse ;
- Vous êtes préoccupée par plein d'autres problèmes ;
- Vous pensez que ça « leur » fera les pieds (à tous ceux qui vous abreuvent de leur morale) ;
- Vous avez décidé que la vie était trop courte pour vous ennuyer. Ou alors au contraire, vous vous dites : « La vie

est longue, j'ai bien le temps de m'y mettre, pour l'instant je veux m'amuser».

• Le travail n'est plus une valeur «sûre», d'où le fameux leitmotiv: «Travailler? Pourquoi faire? Pour se retrouver au chômage? Merci bien!»

Évidemment, on peut voir tout en noir ou en gris...

Mais vous n'êtes pas du genre à vous laisser aller, et vous avez bien compris, sans qu'on vous le répète à longueur de journée, les quelques bonnes raisons qu'on a de travailler:

• Travailler, c'est s'enrichir, s'exprimer, se révéler, c'est participer à la vie collective, c'est aussi apprendre à équilibrer sa vie. Dans le travail, comme dans tous les autres domaines de l'existence, il y a toujours une part de contrainte et une part de plaisir et de satisfaction. Arriver à accepter et à conjuguer les deux, c'est trouver une harmonie bien à soi, c'est se donner toutes les chances de s'épanouir plus tard dans sa vie professionnelle, de trouver sa place dans la société.

• Travailler, quoi qu'il arrive, c'est se prendre en charge;

• Travailler, c'est le meilleur moyen d'avoir la paix, c'est œuvrer pour sa propre liberté: vous manifestez dès à présent une indépendance vis-à-vis de vos parents, qui n'ont pas à vous surveiller avec des questions irritantes du style: «Tu as fait tes devoirs?» En retour, ils se montrent plus libéraux à votre égard.

• Travailler, c'est un excellent remède contre l'ennui, l'anxiété et la morosité.

Enfin, voici une réflexion avec laquelle vous ne pouvez qu'être d'accord: «Je n'aime pas le travail, nul ne l'aime; mais j'aime ce qui est dans le travail l'occasion de se découvrir soi-même, j'entends notre propre réalité, ce que nous sommes à nos yeux, et non pas en façade» (Joseph Conrad, écrivain).

Bon, c'est sûr: sans compter la maternelle, et sans sauter une seule classe, si tout se passe bien jusqu'au bac, vous en prenez pour douze ans. Évidemment, ça paraît long! Mais ce que vous pouvez aussi vous dire, c'est que vous profitez du temps béni de l'apprentissage. Un apprentissage gratuit, multiple, durant lequel vous n'êtes pas obligée de gagner votre vie. Profitez-en!

Les années de lycée, c'est le moment où vous apprenez à apprendre, à travailler, à tester vos capacités. C'est le moment où vous apprenez à vous connaître, à vous

mesurer aux autres. On vous juge, on vous note, mais on vous excuse aussi, on vous explique, on s'occupe de vous. Vous découvrez vos points forts et vos points faibles. Indépendamment de la discipline, des règles imposées, vous commencez à comprendre doucement ce pourquoi vous êtes faites, et ça c'est très agréable.
Le lycée, c'est comme tout, pour y trouver le meilleur, il suffit de comprendre comment ça fonctionne.

Organiser son travail

Tout l'art de bien travailler consiste, d'une part, à ne pas se laisser déborder et, d'autre part, à transformer le plus possible la contrainte en plaisir. Pour cela, une règle d'or: l'or-ga-ni-sa-tion.

• PLANIFIEZ VOTRE TRAVAIL :

• On ne se rappelle jamais les choses embêtantes, alors notez bien tout sur votre agenda ou votre cahier de textes. Et barrez le travail déjà fait, c'est très encourageant!

• Si vous avez pour le jeudi une interro d'histoire, un devoir de maths et une dissertation à rendre, n'attendez pas le mercredi soir pour tout faire.

• Fixez-vous des échéances pour chaque chose, et échelonnez votre travail en fonction de vos priorités. Si vous avez du mal en français, commencez votre dissert à l'avance : vous serez moins crispée. Au lieu de réviser toute votre interro d'histoire la veille, travaillez-la un peu chaque jour. Si un devoir est vraiment une corvée, réservez-vous un après-midi entier pour le faire, après vous en serez débarrassée.

• N'hésitez pas à réviser vos cours avec vos parents, sœurs, frères ou copains.

• Observez la règle d'or qui est de faire toujours son travail à l'avance (surtout si les jours œuvrés comprennent le week-end). Si vous avez un devoir «ultra-chiant» à faire pour le lundi matin, ou une interro à réviser, n'attendez pas le dimanche soir pour le faire.

Primo, le dimanche est déjà un jour spécial, mais si en plus il faut travailler ce soir-là, ça fiche carrément le cafard.
Secundo, il y a toujours le «film du dimanche soir» qu'on veut voir à la télé. On se dit qu'on travaillera après. Mais après le film, on est crevé. Résultat: on ne fait rien de bien.
Tertio, le dimanche soir, pour toutes ces raisons, doit être un moment privilégié de détente avant d'attaquer la semaine.

Les études

• RATIONALISEZ VOTRE TRAVAIL

• N'apprenez pas votre interro d'histoire la veille pour le lendemain : c'est trop d'un coup pour votre mémoire, elle n'enregistrera pas correctement les informations. Calculez le nombre de chapitres que vous avez à apprendre et, en fonction de la date de l'interro, établissez un planning : tant de chapitres par jour. Révisez le tout plusieurs fois la veille, cela vous paraîtra du vu, revu et corrigé !

• Faites des fiches : sans rédiger, notez point par point les éléments essentiels de vos leçons. Conservez vos fiches, elles constitueront une aide précieuse pour toutes les révisions.

• Travaillez différemment selon les matières :
Retenez formules et chiffres en maths, physique et chimie...
Privilégiez le plan en histoire : la compréhension des événements, leurs causes, leurs conséquences et la façon dont ils s'articulent dans le temps. Ça ne sert à rien de savoir des dates par cœur si on ne comprend pas à quoi elles correspondent !

• Ne partez pas sur les chapeaux de roue dans une dissertation, sans avoir préalablement réfléchi au plan : quels arguments dans quelle partie, pour arriver à quelle conclusion. L'inspiration tourne court quand elle n'est pas bien dirigée, et vous risqueriez de vous retrouver en panne à la deuxième page. Si vous n'avez vraiment aucune inspiration, commencer par faire un plan vous donnera des idées pour le contenu.
Vous pouvez aussi noter, comme elles viennent, toutes vos idées, même les plus incongrues. Vous les trierez ensuite en fonction de votre sujet et vous les organiserez de manière qu'elles définissent un plan. Ça marche bien, et c'est parfois très original.

• N'hésitez pas à utiliser les dictionnaires.

• Dans tous les cas, si vous ne comprenez pas quelque chose, n'hésitez pas à demander des explications, plusieurs fois s'il le faut, jusqu'à ce que cela vous rentre bien dans la tête.

• TRANSFORMEZ LES CORVÉES EN PLAISIRS

• Dites-vous qu'apprendre, c'est vous enrichir.

• N'hésitez donc pas à approfondir un sujet qui vous plaît. Ne vous limitez pas aux matières scolaires. Faites vos propres recherches, sachez faire de l'« extra-scolaire ». Les bibliothèques ne sont pas, comme certains le pensent, des endroits poussiéreux et rébarbatifs. Apprenez, si vous ne le savez pas, à vous y installer et à les utiliser comme des « salons » de lecture où il fait bon vivre.

• Alternez travail personnel et travail collectif : organisez de temps en temps des séances de travail ou de récitation avec un(e) ou deux ami(e)s avec pause-goûter à l'appui. Quand il fait beau, vous pouvez travailler dans un jardin.

• Faites bon commerce de vos compétences mutuelles : si vous butez sur les équations, révisez les maths avec Zoé, qui est incollable. En échange, vous l'aiderez pour la dissert.

• Alternez également autant que possible labeur et loisirs.

• Fixez-vous des échéances : je travaille de telle heure à telle heure, et après je vais voir Gertrude, ou Chloé ou Gontran, ou les trois...

• JOIGNEZ L'ASTUCE À LA PRUDENCE

« Mettez vos profs dans votre poche »

Il ne s'agit pas d'être fayote mais d'être maligne. Les « profs » ne sont pas une catégorie de gens « à part ». Ils sont comme tout un chacun : plus on leur témoigne de l'estime et de la considération, plus ils en ont pour vous, et plus vous obtenez d'eux. Les profs ne sont pas là non plus uniquement pour vous embêter. Il y a des profs ennuyeux et d'autres qui sont passionnants ; il y en a que vous aimez, d'autres qui vous indiffèrent, d'autres que vous avez envie de chahuter...

Les profs, c'est comme les autres gens : il y en a avec lesquels on s'entend et d'autres avec lesquels on ne s'entend pas.

Certaines d'entre vous peuvent avoir une vision un peu caricaturale, une tendance à oublier que les enseignants sont aussi des

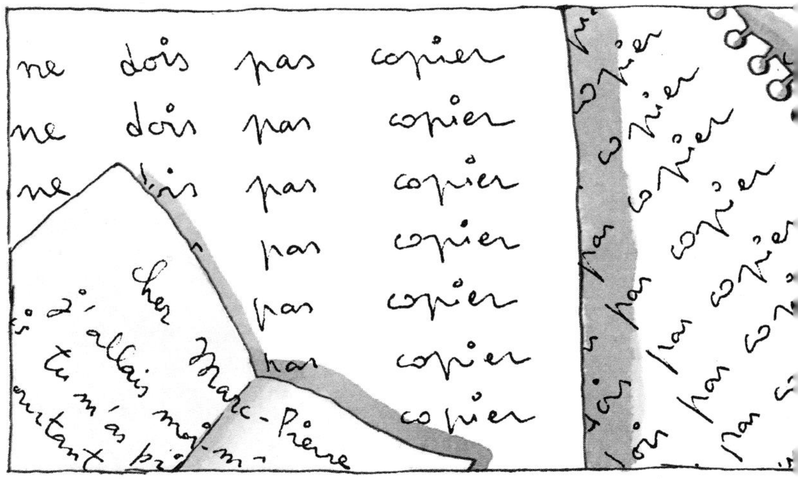

êtres sensibles et qu'on peut avoir avec eux des relations simples et intéressantes. Certes, ils vous notent, mais ce n'est pas uniquement pour vous sanctionner. C'est aussi pour vous approuver ! Une relation profs-élèves, comme toute autre relation, est aussi un échange : ils vous enseignent quelque chose et vous recevez cet enseignement. Parfois, recevoir un enseignement nécessite un effort sur soi (on n'y pense pas assez souvent !) : ouvrir ses oreilles, son esprit, se montrer capable d'entendre et de comprendre. C'est un échange qui peut être précieux. Il y a des « profs », des paroles de prof dont on se souvient toute sa vie !

En tout cas, que ce soit naturel ou stratégique, il faut adopter avec vos professeurs un comportement qui vous met en valeur, les incite à vous trouver sympathique et surtout à se rappeler qui vous êtes.

• Quand vous entrez ou que vous sortez de la classe, ne faites pas comme s'ils n'existaient pas. Ne lancez pas un salut à la cantonade, adressez-leur un vrai bonjour et un vrai au revoir, comme si vous ne voyiez qu'eux pendant quelques secondes.

• Témoignez régulièrement (dans la mesure du possible) de l'intérêt pour leurs cours : vous pouvez bavarder de temps en temps avec vos voisins, à condition d'intervenir à propos pendant les cours. Une petite réflexion, une question suffisent pour leur montrer que vous existez et qu'ils existent.

• N'hésitez pas à dire ce que vous pensez, si quelque chose vous choque, ou si vous n'êtes pas d'accord avec ce qui est dit : on a le droit de discuter, et si vos profs n'ont pas toujours tort ils n'ont pas toujours raison non plus.

• N'hésitez pas à parler avec eux à la fin du cours, à leur

poser des questions, à leur montrer, si vous en avez envie, votre volonté de développer certains sujets.
EXEMPLE :
Si vous étudiez Racine en français, mentionnez la pièce qui justement se donne en ce moment, et demandez-leur si vous ne pourriez pas aller la voir avec la classe. Faites simplement connaissance avec eux (en tout cas avec ceux que vous aimez bien), ils seront ravis et cela vous apportera toujours quelque chose de positif.

Les formules SOS

COPIER

Qui ne l'a pas fait au moins une fois ? Le tout est de le faire discrètement et « honnêtement ». Mieux vaut copier sur un copain ou une copine qu'on a prévenu, et qui est d'accord, plutôt que de se mettre comme par hasard à côté du premier de la classe le jour de l'interro. Évidemment, tout cela n'est pas un système, et ce genre de dépannage doit rester exceptionnel ! Si copier apporte un soulagement immédiat (on échappe à la sanction), cela n'apporte jamais aucune satisfaction profonde (on ne sait pas mieux après ce qu'on ignorait avant !). Vous aurez beau avoir, grâce à la gentillesse de l'un ou l'autre, un 18 en maths, vous n'aurez pas pour cela mieux compris l'enchaînement d'une équation, alors à quoi sert de vous donner autant de mal pour si peu de chose ?
Vous pouvez aussi, ce qui arrive souvent, copier sur quelqu'un des résultats qui sont faux ! De quoi avez-vous l'air dans ces cas-là ? Privilégiez donc la confiance en vous plutôt que la ruse, comprenez que vous travaillez pour vous et non pas pour les bonnes notes.

Enfin, apprenez à compter d'abord sur vous-même plutôt que de vous en remettre aux autres. C'est moins fatigant et c'est valable pour toute la vie.
Que les autres copient sur vous ensuite, c'est leur affaire. Mieux vaut ça que le contraire.
Si le cas se présente que l'on fasse discrètement appel à vos lumières, laissez faire. Si quelqu'un que vous n'aimez vraiment pas essaie de copier sur vous, vous pouvez toujours l'en empêcher mais discrètement aussi. Ne mettez pas ostensiblement votre main en cache devant votre devoir, ça fait trop nul; jouez plutôt celle qui est fatiguée, et appuyez-vous sur votre coude en dissimulant votre feuille avec votre avant-bras, en toute innocence...
LES ANTISÈCHES
Même chose que le paragraphe précédent. Qui de sa vie n'a jamais rusé et eu recours aux chiffres clés et formules phares malicieusement inscrits sur la face interne de la main, du bras, du mollet, de la règle, de la gomme, sur les petits papiers savamment glissés dans les trousses?
Vous l'avez compris: classique, archaïque, l'antisèche relève davantage du mythe que de la réalité. Son emploi est donc à manier avec précaution. Bien sûr, il y a toujours des grands frimeurs de l'antisèche, mais que veulent-ils prouver? Ne soyez pas dupes. Tricher, ça paraît excitant, c'est un défi à l'autorité, mais ce n'est jamais satisfaisant. Là encore le secours des antisèches ne peut être que provisoire et exceptionnel. D'un point de vue «scolaire», le jour de l'examen, elles ne seront plus là pour vous aider. D'un point de vue plus général, elles ne flattent pas l'image qu'on a de soi: au fond, on n'est pas très content de soi, on sent bien que cela rend les choses vides de sens. Et puis, plus on ruse et moins on a confiance en soi, c'est un cercle vicieux.
Apprenez donc en premier à faire confiance à votre esprit et à votre mémoire. Dites-vous bien aussi qu'il vaut mieux se confronter au fait qu'on ne sait pas ou qu'on comprend mal quelque chose, plutôt que de se croire imbattable grâce à d'habiles subterfuges.

La cérémonie des bulletins
Quand ils sont bons, tout va bien. Quand ils sont moyens, vous pouvez toujours vous débrouiller. Mais quand ils sont mauvais, vous êtes embêtée. Si ce n'était que pour vous encore, ça irait. Vous encaisseriez, vous vous diriez: «Bon, j'ai fléchi ce trimestre, ça ira mieux le trimestre prochain.» Mais l'ennui avec les bulletins, c'est

qu'il faut les faire signer par les parents, et ce n'est pas toujours un moment très réjouissant.
Vous pouvez vous sentir infantilisée par leurs réactions. Vous, vous travaillez pour vous (c'est souhaitable !), et ça vous énerve de les voir s'arracher les cheveux à la moindre note en dessous de la moyenne. Mais que voulez-vous, tous les parents s'inquiètent toujours pour leurs enfants. Les bonnes notes en classe sont déjà pour eux une promesse d'avenir. Vous ne les changerez pas, et c'est avec cette donnée-là qu'il faut savoir les prendre. Sur le moment, vous pouvez toujours adoucir un peu les choses :

- Si votre bulletin est bon, pas de problème. Vous pouvez leur brandir sous le nez n'importe quand. Le ciel est bleu, le soleil brille. À la limite, si vous avez une faveur à leur demander, c'est le moment !
- Si vous avez des bonnes notes dans certaines matières et des mauvaises notes dans d'autres, faites évidemment valoir les bonnes. N'hésitez pas à marquer les points forts : « Vous n'êtes que trois dans la classe à avoir obtenu une aussi bonne note au contrôle de maths » ; et à relativiser les points faibles : « Le prof d'histoire a fait une interro surprise, ce n'est pas très honnête de sa part. Tout le monde s'est planté. » Quand les bons points équivalent aux mauvais, il suffit de promettre à vos parents que vous ferez davantage d'efforts dans les matières « à risques ». Demandez-leur conseil ou de l'aide si vous en avez besoin. Tout rentrera dans l'ordre.
- Si vous avez des mauvaises notes partout, ne montrez pas votre bulletin à vos parents dans un moment où ils sont stressés. Pas la peine non plus de vous gâcher un week-end en leur montrant l'étendue du désastre le

samedi à midi. Ne choisissez pas non plus le moment où tout le monde part travailler pour leur agiter le brûlot sous le nez en leur disant que vous avez complètement oublié de le leur faire signer avant : cela ne fera que renforcer leur mécontentement. Non, repérez plutôt un moment calme dans une journée, et tenez vous prête vous-même à affronter une discussion.

Au lieu de penser à la réaction de vos parents, pensez d'abord à vous. S'ils s'énervent, essayez autant que possible de ne pas vous braquer. Au contraire, assumez la responsabilité de ce bulletin. Assumer, cela ne veut pas dire vous culpabiliser ou vous ronger les sangs en silence ; cela signifie réfléchir, trouver les raisons qui, à votre avis, sont à l'origine de ces mauvaises notes régulières. Un mauvais bulletin accidentel, ce n'est pas grave, ça arrive. Un mauvais bulletin régulier, c'est plus ennuyeux. Si vous travaillez mal, c'est qu'il y a des raisons. Si vous pouvez en parler avec vos parents, n'hésitez pas, vous trouverez peut-être ensemble des solutions.

Il peut arriver aussi, pour différentes raisons, que vous ne puissiez pas ou que vous ne vouliez pas leur en parler. À ce moment-là, demandez conseil à quelqu'un d'autre, un adulte, un professeur en qui vous avez confiance, la conseillère d'orientation de votre lycée...

Baisser les bras, vous complaire dans l'angoisse ou dans les «Je suis nulle, je n'arriverai jamais à rien» n'aboutit effectivement à rien. Des mauvais résultats, quand ils ne sont pas dus à la paresse ou à une absence de travail (facilement remédiables !), sont souvent le signe d'un manque de confiance en soi. Parfois, le simple fait d'en parler à quelqu'un contribue à arranger les choses.

Même si, après avoir fourni les efforts requis, vous pensez que vous n'êtes «pas faite pour les études», vous trouverez forcément une autre voie qui vous conviendra davantage. Peut-être savez-vous même déjà ce qui vous plaît, auquel cas il ne faut pas hésiter à le dire !

• Apprenez également à tourner les appréciations des professeurs à votre avantage :

Vous n'êtes pas «dissipée», vous êtes vivante.

Vous n'êtes pas «bavarde», vous avez le sens de la communication.

Vous n'êtes pas «insolente», vous êtes franche.

Vous n'êtes pas «impertinente», vous avez simplement le sens de l'humour.

Vous n'êtes pas «paresseuse», vous êtes posée, etc.

• Dans tous les cas, ce n'est pas la peine de vous risquer à :

● Travailler, c'est le meilleur moyen d'avoir la paix, c'est œuvrer pour sa propre liberté.

Les études

Signer votre bulletin à la place de vos parents: ils finiront par s'étonner de ne rien recevoir.
Trafiquer les notes: transformer un 8 en 18 ou un 1 en 10, ça finit toujours par se voir ou se savoir.
Au lieu de gagner une indépendance, ces deux stratégies visent au bout du compte à vous infantiliser. Vous vous soumettez davantage à l'autorité de vos parents en pensant y échapper qu'en l'affrontant franchement. Après tout, vous travaillez pour vous; vous êtes responsable de vos résultats quels qu'ils soient. Les communiquer à vos parents, en parler avec eux, c'est leur montrer que vous êtes autonome, que vous savez vous prendre en charge même si vous n'êtes pas la meilleure élève de la classe!
Dans les cas difficiles, évitez d'aggraver la situation en pleurant, criant, trépignant, hurlant à l'injustice. Ne vous laissez pas non plus envahir de tourments inutiles: «Je suis une fille ingrate, je fais de la peine à mes parents...» Essayez de garder votre sang-froid. Ouvrez vos oreilles: vos parents peuvent peut-être vous aider. Dites-vous et dites-leur au besoin qu'il n'y a pas de problèmes sans solution, et que cette solution vous aimeriez bien la trouver avec eux si c'est possible.

• RELATIVISEZ VOTRE TRAVAIL : LES EXAMENS

Tout le monde a passé des examens, et tout le monde s'en est remis. Les examens scolaires ne sont pas d'ailleurs les plus difficiles, et on peut dire qu'au cours de la vie professionnelle, plus tard, on n'arrête pas de passer des examens: on est jugé, évalué, sanctionné d'une manière souvent bien plus radicale et cela paraît naturel. C'est le lot commun à chacun d'entre nous. Un examen, il ne faut pas s'en faire une montagne. Ce n'est pas toute votre personne que vous engagez, il n'y va pas de votre vie!
Dites-vous bien aussi que vous n'êtes en compétition avec personne. Un examen n'est rien d'autre que l'évaluation de vos capacités dans certaines matières à un certain moment de vos études. On est souvent un peu en dessous de son niveau le jour d'un examen, c'est normal. On pense toujours qu'on aurait pu faire mieux. Mais tant pis! Le principal est quand même d'être reçu. Parfois, on n'est pas prête pour passer certains examens, alors on les rate. Mais ce n'est pas grave, on peut recommencer, et si on a pris la mesure de son échec, si on a compris pourquoi on a échoué cette fois-ci, généralement la fois d'après on réussit.

Comment prépare-t-on un examen ?
D'une seule manière : en travaillant avec méthode et régularité. Si vous ne savez pas comment vous y prendre, sachez que certains magazines spécialisés sortent au bon moment des numéros « spécial examens » (*L'Étudiant, Le Guide des études*, supplément du mensuel *Phosphore*), dans lesquels vous trouverez tous les meilleurs conseils sur les méthodes de travail à suivre. Vous pouvez vous y reporter.

Le trac
Vous ne dormez pas la veille d'un examen, quand ce n'est pas plusieurs jours avant ; vous n'arrivez pas à manger, vous avez les mains moites, le cœur qui bat à cent à l'heure, une boule dans la gorge ou à l'estomac ; vous allez toutes les cinq minutes aux toilettes ; vous avez mal au ventre, parfois même vous avez vos règles alors qu'elles n'étaient pas prévues à cette date : vous avez le trac.
Le trac est un trop-plein d'adrénaline, hormone du stress, qui se manifeste généralement avant et pendant toutes les épreuves que l'on juge importantes pour soi. C'est normal d'avoir le trac avant un examen, et le jour de l'examen. C'est normal d'avoir un ou plusieurs des symptômes cités ci-dessus. Ce n'est pas la peine de vous en inquiéter en prime. Le trac est aussi un stimulant. Souvent, on croit qu'on n'y arrivera jamais tellement on semble paralysé. On est persuadé qu'on a oublié tout ce qu'on a appris, et puis au moment de l'épreuve, on se découvre une énergie imprévue, on s'aperçoit qu'on réagit très bien, les connaissances reviennent naturellement et on retrouve une vivacité et une rapidité d'esprit étonnantes. C'est aussi ça l'effet du trac !

Rater un examen
Ça arrive à tout le monde, ce n'est pas « la mer à boire ». Bon, d'accord, vous avez loupé cette fois, cela ne signifie pas que vous êtes une ratée de la vie, bonne à rien et inutile. Non, vous n'êtes pas nulle. Non, le monde n'est pas injuste. Non, vous ne déshonorez pas vos parents (et dans tous les cas, ne vous laissez pas assaillir et culpabiliser par leur déception).Vous n'étiez simplement pas prête, c'est tout. L'important, c'est que vous arriviez à comprendre pourquoi. Vous n'avez pas assez travaillé ? C'est le sujet sur lequel vous aviez fait l'impasse qui est tombé ? Vous n'étiez pas assez motivée, concentrée ? Vous vous êtes répétée je vais échouer, je vais échouer et

Les études

du coup vous avez été recalée ? À vous d'étudier la question. Parfois, un excès de trac peut aussi faire perdre ses moyens à quelqu'un. C'est alors un peu plus que du simple trac. À ce moment-là, il faut en parler à un médecin pour que cela ne recommence pas la prochaine fois.

Choisir une orientation

Le travail, à votre âge, ça peut être les études, mais pas forcément. Tout du moins les études « classiques ». On a tous un caractère, une forme d'esprit et des talents différents, et nous ne sommes heureusement pas doués pour les mêmes choses. S'acharner dans une voie ne servira à rien si vous vous y ennuyez et sentez que vous n'êtes pas faite pour ça.

Inversement, rechigner pour un oui ou pour un non et baisser les bras à la moindre difficulté ne valent guère mieux. Il ne faut pas non plus vous affoler à l'idée d'être engagée dans une voie qui ne vous convient pas, sans retour possible.

On met parfois du temps à se connaître, à savoir ce pour quoi on est fait. Les années de lycée vous accordent ce temps-là, mais il n'y a pas que le lycée et les études supérieures comme garantie de réussite ! Dans le choix d'une orientation, trois choses comptent : ne jamais se résigner et tenter de faire toujours ce qu'on a envie de faire, ne pas tricher avec ses capacités (se dire, par paresse ou par timidité, qu'on n'est pas capable alors qu'on l'est), ne jamais gâcher ses talents.

Arrêter ses études après la troisième ou aller jusqu'au bac ? Que faire après le bac ? Quel métier choisir pour l'avenir ?

Des organismes sont là pour vous informer sur toutes les possibilités d'orientation après la classe de troisième, de seconde ou après le bac.

Certains ouvrages, brochures et publications consacrés à ces questions, vous aideront dans vos choix, il suffit de vous renseigner. Adressez-vous au conseiller d'orientation de votre établissement ou bien auprès d'un CIO (Centre d'information et d'orientation). Dans chaque CIO vous pourrez avoir un entretien avec un conseiller d'orientation ; vous y trouverez tous les documents que vous souhaitez consulter.

ADRESSES UTILES

Pour connaître l'adresse du **CIO** le plus proche de chez vous, renseignez-vous auprès de **l'Onisep (Office national d'information sur les enseignements et les professions) :**
50, rue Albert, 75635 Paris Cedex 13.
Tél : (1) 40 77 60 00.
Minitel : 3615 code Onisep.
Vous pouvez aussi taper sur votre Minitel « 3615 Edutel ».

À lire : tous les ouvrages de la collection *L'Étudiant pratique*.

Les petits boulots et l'argent

Ils vous apprennent à vous débrouiller, ils vous font connaître d'autres personnes, des milieux différents, ils vous donnent une certaine idée de l'indépendance (c'est toujours satisfaisant de gagner un peu d'autonomie financière...). Enfin si vous estimez que votre argent de poche est insuffisant, rien ne vous empêche d'arrondir vos fins de mois en faisant preuve d'esprit d'initiative.

L'école est obligatoire jusqu'à seize ans, mais vous pouvez travailler pendant votre temps libre et avec l'autorisation de vos parents.

Attention : avant d'accepter toute proposition de travail, il faut toujours vous renseigner sur les tarifs pratiqués. Sachez que pour tous les emplois salariés (à temps partiel ou saisonniers), la base de rémunération ne peut être fixée en dessous du SMIC, soit 35 F l'heure environ. Pour les autres « petits boulots », les tarifs sont négociables et varient en fonction des moyens des gens qui vous emploient et de vos exigences. Un baby-sitting est payé entre 30 et 35 F l'heure, un cours particulier davantage (jusqu'à 80 F l'heure).

Les petits boulots et l'argent

Le baby-sitting
Il y a forcément dans votre entourage des enfants en bas âge. N'hésitez pas à utiliser vos relations (amis de parents, voisins, copains) pour trouver une «clientèle». Vous pouvez aussi mettre des petites annonces avec votre numéro de téléphone chez les commerçants de votre quartier.

Les leçons particulières
Si vous êtes particulièrement forte dans une matière, faites-en profiter les autres! Il y a toujours parmi les amis des parents ou les voisins un enfant à qui il faut faire répéter ses leçons. Au besoin, mettez des petites annonces chez les commerçants.

Animatrice dans un centre aéré ou monitrice de colonie de vacances
Si vous aimez vous occuper des enfants, organiser des jeux, vous pouvez vous adresser à votre mairie au début de l'année pour trouver un emploi d'animatrice.
Attention: les animateurs ou moniteurs sont triés sur le volet! Ils doivent généralement être titulaire du Bafa (brevet d'aptitude aux fonctions d'animateur). Pour passer ce diplôme, il faut avoir dix-sept ans révolus et disposer d'un budget d'environ 4 000 F à investir dans des stages de formation.

Vendeuse
Si vous vous sentez la fibre commerçante, vous pouvez trouver un emploi de vendeuse à mi-temps ou pour quelques heures par semaine. Adressez-vous au service du personnel des grands magasins ou des centres commerciaux de votre ville. Vous pouvez aussi opter pour la convivialité des petits commerçants qui embauchent souvent des «extras» le samedi après-midi ou en période d'affluence.

Serveuse
Si vous aimez l'*american way of life*, sachez que les fast-food engagent des lycéens et des étudiants en fonction de leurs horaires et de leur disponibilité. Rémunération au SMIC (35 F l'heure environ).

Hôtesse d'accueil
Soyez aimable, souriez, et vous ferez l'affaire. Tous les grands Salons professionnels emploient régulièrement des hôtesses pour renseigner et guider les visiteurs.

À LIRE

Le Guide du Job-Trotter pour trouver un stage ou un job à l'étranger.
Pour obtenir ce guide, écrire à :
JAP/Job-Trotter 34-38, rue Camille-Pelletan, 92300 Levallois-Perret

Les petits boulots et l'argent

• STAGES DANS DES ENTREPRISES

Publicité, communication, marketing, informatique, édition... si vous voulez voir d'un peu plus près ce qui se passe dans les secteurs qui vous plaisent, vous pouvez faire une demande de stage rémunéré avec l'agrément de votre école. Pour cela, choisissez les entreprises qui vous intéressent et envoyez-leur un curriculum vitae (CV) avec une lettre de motivation, précisant les raisons pour lesquelles vous sollicitez ce stage.

Renseignez-vous avant par téléphone pour savoir à qui exactement vous devez adresser votre courrier.

• Vous pouvez également vous lancer dans le marketing téléphonique, la distribution de prospectus, les enquêtes par téléphone (voir petites annonces des journaux).

VOUS POUVEZ AUSSI :

• Vous occuper d'une personne malade ou âgée (renseignez-vous auprès de votre mairie) ;

• Proposer vos services aux parents, voisins, parents de copains : faire les courses, le ménage, repeindre une pièce, entretenir le jardin, promener le chien... (attention tout de même, sachez aussi rendre des services sans tout monnayer !) ;

• Vendre vos livres de classe de l'année dernière à la foire aux livres du lycée ou vos vieilles affaires personnelles à la brocante du quartier... Attention : ne dévalisez pas votre maison et n'allez pas vendre n'importe quoi.

ADRESSES UTILES

• Animatrice dans un centre aéré
Pour tous renseignements, téléphonez au **CEMEA (Centre d'entraînement aux méthodes d'éducation active) :** 76, bd de la Villette, 75019 Paris. **Tél. :** (1) 40 40 43 43. **Minitel :** 3615 code CEMEA. Le **CEMEA** dispose de 32 antennes dans toute la France.

• Hôtesse d'accueil
Adressez-vous à des agences spécialisées ou directement au **ministère du Commerce et de l'Artisanat :** 41, quai Branly, 75007 Paris.

Les petits boulots et l'argent

EXEMPLE : la vieille broche de votre mère qui appartenait à Tante Héloïse et que vous êtes la seule à considérer comme une babiole sans importance !

Gagner un peu d'argent, c'est très satisfaisant. Ça change aussi la vision qu'on a de la vie. Les plus gâtés réalisent que l'argent n'est pas un dû ; les autres, au contraire, que ce n'est pas une impossibilité. Dans tous les cas, on apprend à en reconnaître la valeur et à s'en occuper.

Le temps où vous mettiez vos économies dans un cochon rose, une grenouille ou une petite maison en porcelaine est définitivement révolu, et il faut désormais songer aux choses sérieuses.

Quand on a un peu d'argent, on peut le dépenser aussitôt, c'est une philosophie ; on peut aussi le placer sur un compte en banque et apprendre à le gérer ou à le voir fructifier avec plaisir, c'en est une autre ! L'ouverture d'un compte en banque s'effectue avec l'autorisation de vos parents.

Vous pouvez ouvrir un compte épargne qui vous rapportera des intérêts ou un compte courant avec chéquier et carte bancaire : voyez cela avec vos parents et renseignez-vous auprès des organismes bancaires. Les limites d'âge et les autorisations varient en fonction de ceux-ci.

ADRESSES UTILES

Pour toute information concernant les études, l'orientation, la recherche d'emploi, les petits boulots, l'insertion professionnelle, adressez-vous au **CIDJ (Centre d'information et de documentation de la jeunesse) :** 101, quai Branly, 75740 Paris Cedex 15.
Tél. : (1) 44 49 12 00.
Minitel : 3615 code CIDJ.
Si vous habitez en province, adressez-vous au CIJ qui dépend de votre ville ou de votre région.
Pour avoir l'adresse du CIJ, demandez au CIDJ.

Les loisirs

« Le loisir, voilà la plus grande joie et la plus belle conquête de l'homme » (Rémy de Gourmont). Songez qu'il fut un temps où les loisirs n'existaient pas (les congés payés datent seulement de 1936) et réjouissez-vous : vous avez la chance de vivre à une époque où le loisir est reconnu comme faisant partie intégrante de la vie, où il constitue même une préoccupation dans l'organisation de la société.

Le loisir, c'est la libre disposition de votre temps et vous l'utilisez comme vous le souhaitez. Le loisir, ça peut être le repos, l'activité, les deux combinés. Parfois, « il est doux de ne rien faire quand tout s'agite autour de soi ». Le « loisir imaginatif », la paresse et la rêverie, a du bon. On n'est pas toujours obligé de « faire quelque chose », même si on est entouré de gens « super-actifs ». De temps en temps, ne rien faire est nécessaire et il faut s'accorder ces petites périodes de repos sans culpabiliser. D'autres fois, on a simplement envie de se distraire, de s'amuser, d'oublier tous les devoirs de la vie et de profiter de ses plaisirs. On peut aussi avoir envie de bouger, de s'exprimer : le loisir « actif » permet de découvrir ce qu'on aime, de se découvrir soi-même, d'exploiter ses talents, d'admirer ceux des autres, de regarder ce qui se fait, ce qui se passe autour de soi. Dans le temps des loisirs, on s'ouvre au monde, on le regarde autrement, sans les contraintes habituelles, les « il faut », les « tu dois », les « c'est bon pour »... On écoute ses envies. On a, ouverte devant soi, une infinité de possibilités.

La culture

Ne vous méprenez pas : la culture, ce n'est pas le sérieux, la lourdeur d'un savoir froidement accumulé. La culture, c'est ce qui vous donne la possibilité de laisser parler votre sensibilité, vos émotions, c'est ce qui vous ouvre aux divers domaines de l'activité et de la création humaines.

La culture, ce n'est pas apprendre des choses par cœur, se transformer en encyclopédie vivante, c'est apprendre les choses avec son cœur, avec plaisir, apprendre à les apprécier, à les comprendre, à se les approprier pour s'enrichir soi-même, à sa manière. La culture, c'est vivant. C'est ce qui contribue à développer votre réflexion personnelle, la profondeur de vos sensations, c'est aussi ce qui vous accompagne dans le désir de faire des choses. Quelquefois, on sent en soi un bouillonnement, un foisonnement confus, qu'on ne sait pas toujours comment exprimer.

À travers le talent des autres, on apprend à reconnaître ses propres talents et à se donner les moyens de les exploiter. À travers le travail, les œuvres des autres et les émotions qu'elles nous procurent, on apprend à tracer son propre chemin, on découvre des plaisirs nouveaux, une capacité d'invention ou de contemplation, on se sent grandir.

La culture varie selon les gens. Il n'y a pas « une » culture, une seule façon de s'adonner à la culture. Il y a toutes sortes de cultures et autant de façons de s'enrichir. C'est à vous de trouver celle qui vous convient. La culture n'est pas limitée aux seules œuvres d'art ou de l'esprit, elle peut se trouver ailleurs, dans les promenades, les voyages, la passion pour la couture, la cuisine, la mer, la montagne, le jardinage, l'informatique, les sciences, le bricolage, n'importe où !

En somme, on peut appeler culture tout ce qui contribue à approfondir le regard que vous portez sur le monde.

On ne peut pas évoquer ici les multiples centres d'intérêt des uns et des autres. On peut citer les grandes disciplines « classiques » qui constituent autant de moyens d'accès à la culture.

Les loisirs

• LES ARTS

Littérature, musique, danse, peinture, sculpture, théâtre, cinéma, l'art est un moyen d'explorer et d'exprimer le monde. L'artiste possède sa propre vision des choses, qu'il communique à travers son art. Quand vous lisez un livre, observez un tableau, écoutez une musique, regardez un film, vous entrez en correspondance avec l'univers de l'artiste. En même temps, vous confrontez votre univers au sien. Et cette rencontre vous enrichit. Écouter, lire, regarder, c'est collaborer. Par sa propre invention, l'artiste nous rend inventifs.

Vous percevez une œuvre avec votre sensibilité, avec ce que vous êtes ; dans toute œuvre, vous mettez du vôtre. On aime un livre, un film, un tableau, une musique, parce qu'ils nous ressemblent, nous intriguent ou nous interrogent, parce qu'ils traduisent notre monde intérieur, nous apprennent quelque chose sur nous et sur la vie. Ils nous font avancer. C'est pour cette raison que nous n'avons pas tous les mêmes goûts, que nous n'aimons pas tous les mêmes choses.

Une œuvre vous émeut parce que vous vous y reconnaissez, parce qu'elle exprime par les mots, les couleurs, les sons, les formes, les images, ce qu'il y a au fond de vous et dont vous n'aviez pas conscience. Elle vous révèle à vous-même. Avant de lire ce livre, d'écouter cette musique, de voir ce tableau, ce film, vous ignoriez qu'il y avait au fond de vous cette pensée, cette émotion, ce sentiment, cette image, cette vision, cette grandeur ! C'est l'œuvre avec laquelle vous êtes en communication qui la met au jour.

On est ému par l'art parce qu'il ouvre devant nous un monde qu'on n'aurait pas cru possible. Et en ouvrant cet espace, il nous fait progresser dans la compréhension et la perception des choses.

L'art approfondit nos émotions, développe nos sens, précise notre pensée, forme notre jugement. Il fait de nous des individus plus riches parce que plus vivants.

Les loisirs

La littérature

Vous avez déjà un mal fou à terminer les livres inscrits au programme cette année, ce n'est pas pour lire autre chose par-dessus le marché ! Ce n'est pas que ça vous ennuie de lire, non ! Mais presque. En plus, vous n'avez pas le temps. Tout simplement. Vous avez autre chose à faire.

Dire qu'il faut du temps pour lire, c'est faux : entre les transports, le goûter, les intercours, le bain, le coucher, qui n'a pas une demi-heure par jour à consacrer à la lecture ? Et une demi-heure, c'est déjà bien !

Dire que la lecture vous ennuie, ce n'est peut-être pas tout à fait vrai. Vous partez seulement du principe que les livres imposés sont en majorité ennuyeux. Ils le sont peut-être, mais c'est peut-être aussi l'usage qu'on en fait qui est ennuyeux. Toujours vouloir décortiquer, expliquer, analyser, de la ligne tant à la ligne tant... C'est sûr que ça ne vous rend pas la lecture très marrante ! Du coup, pour vous, tous les livres sont ennuyeux !

Essayez de voir les choses autrement, d'une manière moins scolaire ! Ôtez au livre son côté culture obligatoire et reconnaissez-lui son côté vivant.

Un livre, c'est comme un vêtement, cela s'essaye, il faut en trouver un qui vous correspond, qui vous va bien, avec lequel vous êtes parfaitement à l'aise, dans lequel vous retrouvez une partie de vous-même.

Un livre, avant d'être un texte qu'il faut comprendre, c'est avant tout une énergie. Il faut apprécier son style, son rythme, sa vitalité. Tant que vous n'avez pas rencontré un livre qui vous plaît pour ces qualités, vous ne pouvez pas affirmer que vous n'aimez pas lire. Ce serait comme quelqu'un qui dirait : « Je n'aime pas les tomates ! » alors qu'il n'en a jamais mangé... Il faut goûter pour savoir, et goûter à sa manière, sans contrainte. Un livre qu'on aime, c'est une vraie compagnie. On se sent bien avec. On le transporte avec soi. On est content de le retrouver. C'est toujours un réconfort, un plaisir très précieux.

Les loisirs

On peut aimer tous les styles et toutes les formes de littérature : le roman, la poésie, les essais, les biographies. Les histoires policières, les aventures, les romans d'amour, la science-fiction, même la BD...
On peut lire dans le train, dans le métro, dans les salles d'attente, au café, partout. On peut savourer un livre, en lire quelques pages ou le dévorer d'une traite. On peut lire un peu, beaucoup, ou énormément. On peut aussi ne pas lire du tout, mais vous l'aurez compris, c'est dommage !
Si vous n'avez pas beaucoup de livres chez vous, vous pouvez en emprunter à la bibliothèque de votre lycée ou vous inscrire à une bibliothèque municipale, c'est gratuit. Promenez-vous parmi les rayonnages, ouvrez des livres, lisez quelques lignes, refermez-les s'ils ne vous plaisent pas, picorez... vous n'êtes pas obligée d'en choisir un ce jour-là. Vous pourrez revenir, regarder de nouveau. Allez à votre rythme. Vous pouvez commencer un livre et ne jamais le terminer, vous pouvez commencer plu-

sieurs livres en même temps, vous pouvez également mettre un temps fou à lire un livre, c'est aussi comme ça qu'on apprend à se familiariser avec les livres, à lire autrement, à se forger le goût.
Si vous ne savez pas quoi lire, les bibliothécaires ou les professeurs de français sont là pour vous conseiller et discuter avec vous.
Vous aider à choisir de bons livres, c'est aussi, en principe, le métier des libraires. N'hésitez pas à bavarder avec eux. Ils vous feront découvrir des choses. Les bons libraires savent très bien choisir les livres intéressants, ceux dont on ne parle pas forcément à la télévision, et ils finissent par connaître les goûts de leurs clients.

La musique
Rares, très rares sont les gens qui n'aiment pas la musique.
La musique, tout le monde en écoute, sans faire d'efforts. À tel point qu'elle est aujourd'hui présente par-

Les loisirs

tout : chez vous, dans les magasins, les supermarchés, les voitures, le métro, les salles d'attente. On vit dans la musique, on ne l'entend même plus. Elle devient comme un petit filet d'eau tiède qu'on nous distille à longueur de temps et qui finirait presque par nous endormir. C'est important de remarquer ça, c'est une façon de réagir, de ne pas vous laisser faire. Vous pouvez vous permettre d'être passive à condition de le choisir. Mais quand vous entrez dans un supermarché et qu'une musique sirupeuse vous met la cervelle en compote, la première façon de lutter contre, c'est au moins de vous en apercevoir.

Sans être une puriste, vous pouvez rendre à la musique ce qui appartient à la musique ! Variété, jazz, rock, classique, vous avez vos musiques préférées, qui correspondent à votre sensibilité, qui vous font plaisir, que vous écoutez dans votre bain, sur lesquelles vous rêvez, vous vous sentez comme transportée. Il suffit de capter votre station préférée sur la bande FM, la musique vous rappelle des souvenirs, elle vous fait imaginer l'avenir, elle rend votre âme romantique !

On peut parfaitement être une adepte d'une certaine musique et s'en contenter. Mais on peut également avoir envie de découvrir davantage la musique, d'essayer de la comprendre.

Écouter vraiment la musique, ça demande une attention, une concentration, souvent une éducation. Il faut apprendre à discerner le jeu des sons, l'emploi des temps ; il faut apprendre à être critique avec ce qu'on entend. On n'est pas obligé d'aller au concert pour écouter de la musique, on peut parfaitement en écouter chez soi, s'accorder quelques moments où on ne fait que ça. Si vous n'avez pas beaucoup de disques chez vous, inscrivez-vous à la discothèque municipale et demandez conseil auprès d'une personne compétente.

Quand on aime la musique, on a souvent envie de jouer d'un instrument.

Mais attention, ne faites pas de caprices. Les instruments coûtent cher, les leçons aussi, et pour apprendre à jouer d'un instrument il faut être très motivée ! C'est long, c'est difficile, cela demande de la patience et de la persévérance. Passer par les conservatoires municipaux est beaucoup moins onéreux. Ces établissements ont souvent un système de prêt d'instruments. Ils dispensent un enseignement de qualité mais dans un cadre très contrôlé. Renseignez-vous auprès de votre mairie.

Le chant

Tout le monde vous le dira, le chant est très «libérateur». La voix est l'expression de l'âme; en la mettant au grand jour, en apprenant à la placer, on apprend à mieux se connaître soi-même, à se maîtriser, on acquiert une certaine confiance en soi.

Prendre des cours de chant coûte cher, il faut le faire sérieusement et beaucoup travailler seule, en dehors des leçons. Vous pouvez aussi faire partie d'une chorale pour commencer. Vous n'apprendrez pas à travailler votre voix avec la même précision, mais vous en tirerez du plaisir.

Vous pouvez demander des renseignements ou des adresses de cours à votre professeur de musique ou bien vous renseigner auprès des conservatoires municipaux.

Pour vous amuser, vous pouvez aussi faire partie d'un groupe de rock.

La danse

C'est un sport (*voir chapitre Sport*), mais c'est aussi un art: celui du mouvement, de la représentation des émotions, des sentiments, par le corps. Quand on regarde des gens danser, on éprouve un sentiment de grande liberté.

Si vous avez envie de danser, n'hésitez pas! Sans vouloir devenir danseuse étoile, vous pouvez vous offrir ce plaisir de liberté. La danse va avec la musique. Vous découvrirez les rythmes qui vous correspondent, une façon de faire parler votre corps, de l'aider à respirer, à se dégager de ses entraves.

Danses moderne, classique, africaine, jazz, rock, si vous voulez danser, vous trouverez forcément une danse qui s'accorde à votre personnalité. Il y a toujours des cours, dans n'importe quelle ville, où vous pouvez vous inscrire. Certains conservatoires dispensent également des cours de danse, mais leur enseignement est généralement plus sérieux. Renseignez-vous auprès de votre mairie.

Le théâtre

En classe, vous étudiez Racine, Corneille, Molière, Ionesco… Bon. Mais le théâtre ne se réduit pas à une explication de texte. Le théâtre, c'est un texte, mais c'est avant tout un spectacle, une représentation. C'est un travail collectif : le metteur en scène, les acteurs, le décorateur, la costumière, le travail de régie (son, lumière), tout participe à la création de l'œuvre. Quand on a la chance de pouvoir aller au théâtre, on perçoit son côté «magique».

Les loisirs

Chaque représentation est un moment unique. Une pièce peut être jouée mille fois, ce ne sera jamais la même chose. Rien n'est figé. Les acteurs ne diront pas leur texte, ne bougeront pas exactement de la même manière. Chaque représentation est soumise au hasard, à la surprise. C'est vivant. Pour aller au théâtre, il faut aimer ça. Mais pour aimer ça, il faut y être allé plusieurs fois !
Ce n'est pas toujours facile d'aller au théâtre. Il faut réserver les places à l'avance, ça coûte généralement assez cher, c'est fastidieux.
Si vous y allez avec votre école, tant mieux ! Sinon, vous pouvez prendre des abonnements dans certains théâtres. Les tarifs sont moins chers pour les moins de dix-huit ans, alors profitez-en ! Quand on aime le théâtre, on a souvent envie d'en faire. Outre que cela vous donne l'occasion de connaître de beaux textes, le théâtre vous apprend à travailler avec les autres. Si vous êtes timide, c'est un excellent moyen d'apprendre à vous exprimer. Monter un spectacle est une entreprise très excitante, c'est une bonne école du rire, de l'effort et de la persévérance.
Si vous vous sentez la fibre « dramatique », vous pouvez vous inscrire au club de théâtre de votre lycée. S'il n'y en a pas, vous pouvez en créer un — pourquoi pas ? — en sollicitant l'appui d'un professeur de français que vous aimez bien.
Renseignez-vous également auprès des services culturels de votre mairie : ils vous transmettront les adresses des clubs de théâtre, cours privés, MJC où exercer vos talents.

Le cinéma

Le cinéma fut inventé par les frères Lumière il y a presque un siècle pour divertir les foules. On allait au cinématographe en famille comme on allait à la foire ou au cirque.
Depuis, la technique du cinéma s'est perfectionnée. Il associe le texte, l'image, la musique, le jeu des acteurs, la mise en scène... Ce n'est pas pour rien qu'on l'appelle le septième art !
C'est toujours un divertissement, mais c'est aussi un terrain d'expérimentation. Il y a de grands films comme il y a de grands livres. Il y a de grands réalisateurs, comme il y a de grands auteurs, de grands peintres ou de grands musiciens.
Aller au cinéma représente une vraie sortie. Voir un film au cinéma, ce n'est pas la même chose que de le regarder à la télévision. Au cinéma, on est nombreux dans une salle, on lève la tête vers un grand écran, les lumières s'éteignent et on regarde la même chose. On

Les loisirs

● *Les Nuits fauves*, de Cyril Collard.

rit, on pleure, on a peur, on éprouve des émotions ensemble, avec tous ces gens qu'on ne connaît pas. C'est une ambiance particulière, une vraie cérémonie. Quand les lumières se rallument, on a l'impression d'être resté un moment hors du monde. Ce n'est pas un hasard si les amoureux aiment aller ensemble au cinéma !

À la télévision, on est seul ou en petit comité devant son poste, les films sont souvent coupés par la publicité, ou ils sont amputés d'une partie de leur image pour pouvoir tenir sur le petit écran. On ne voit pas les films de la même manière au cinéma qu'à la télévision, et pour cause !

Certains lycées disposent de ciné-clubs. Ça vaut le coup d'y aller, ils passent souvent des grands classiques, et c'est un excellent moyen de commencer à vous faire une petite culture cinématographique. Vous pouvez aussi consulter régulièrement les programmes et vous renseigner sur les films que vous ne connaissez pas. Lisez certaines critiques, demandez l'avis de personnes compétentes. Vous n'êtes pas obligée de toujours vous précipiter sur la der-

nière superproduction dont tout le monde parle ! Il y a des tas de films à voir, des chefs-d'œuvre qui passent dans les petites salles, dans les grandes villes, ou dans des salles d'« arts et essais » dans les plus petites villes.
Si vous êtes une passionnée de cinéma au point de vouloir vous initier à l'art de la réalisation, et si vous avez la chance d'avoir une caméra vidéo (camescope) à portée de main, utilisez-la. Écrivez des petits scénarios et tournez-les avec vos copains.
Vous pouvez aussi participer à des stages de cinéma. Vous trouverez des propositions de stages dans les annonces des magazines spécialisés.

Les arts plastiques
Peinture, sculpture, photographie... Pour découvrir les œuvres plastiques, apprendre à les connaître, à les aimer, il n'y a pas trente-six solutions, il faut en voir, en voir et encore en voir.
Rien ne vaut le contact « physique » avec ces œuvres pour éprouver leur force, appréhender leurs formes, sentir leurs couleurs et leurs matières.
Pour bien regarder un tableau, une sculpture, il faut se placer devant, prendre le temps de les contempler, de les contourner, de bouger avec.
Où peut-on les voir ? Principalement dans les musées, les galeries et les expositions. Débrouillez-vous pour y aller. Les tarifs sont moins chers pour les moins de dix-huit ans, alors profitez-en ! Si vous n'habitez pas les grandes villes, organisez des expéditions « culturelles » à plusieurs, un après-midi ou un week-end. Vous pouvez aussi demander à votre professeur de dessin de vous organiser des sorties « instructives » : au lieu de plancher avec votre fusain ou vos gouaches sur la reproduction de tel tableau célèbre, vous pourriez peut-être aller contempler l'original de plus près, ce ne serait pas une mauvaise idée.
Vous pouvez aussi écumer le rayon beaux-arts de votre bibliothèque municipale. Certains livres d'art sont très bien faits, et voir de belles reproductions c'est déjà mieux que rien.
On peut avoir une envie très forte de représenter le monde par l'image, le travail des traits, des formes, des volumes. Dessiner, peindre, sculpter, c'est une façon de projeter ses pensées, ses émotions, son inspiration, dans la matière. C'est apaisant, réjouissant, alors pourquoi vous en priver ?

Vous pouvez travailler seule, chez vous. Vous pouvez aussi vous inscrire à des cours. Là on vous dira quel matériel utiliser, vous apprendrez à mieux maîtriser certaines techniques, vous serez corrigée. L'ambiance des ateliers est généralement très agréable, très conviviale.
Pour trouver l'adresse d'un cours, renseignez-vous auprès de vos professeurs ou des services culturels de votre mairie.

• LES DIVERTISSEMENTS

Le loisir, c'est aussi savoir «se la couler douce». Vous avez le droit et même le devoir de ne pas avoir envie de fournir d'efforts de temps en temps. Vous pouvez ne rien faire (quoique ce ne soit pas si facile!) ou faire des « trucs idiots » du moment que ça vous fait plaisir. Vous connaissez cette fameuse phrase: «La bêtise est la décontraction de l'intelligence»?
Le tout est de faire la part des choses entre une décontraction consentie (on choisit de faire des «trucs idiots» parce qu'on n'a rien envie de faire d'autre, ça c'est gai) et une décontraction subie (on fait des «trucs idiots» parce qu'on ne sait pas quoi faire d'autre, et ça c'est triste).

Les loisirs

La télévision

Elle fait partie de notre époque, au même titre que le téléphone, le fax, le Minitel. La télévision est pourtant sujette à controverses. Certains (et ils sont de plus en plus nombreux) en ont assez de la télévision : c'est fatigant, ça fait du bruit, c'est rarement intéressant, c'est du temps gâché. Quand on est planté devant la télévision, on ne pense pas, on n'avance pas. On vit mieux sans télévision, disent les uns. On ne peut pas vivre sans télévision, rétorquent les autres. Pour vous, il s'agit moins d'être pour ou contre la télévision que d'apprendre à vous en servir de manière qu'elle vous soit profitable.

Paradoxalement, on peut dire qu'on peut regarder n'importe quoi à la télévision à condition de le regarder bien. Bien regarder la télé, c'est être le plus possible conscient de ce qu'on y voit. Ainsi, quand vous êtes en forme, vous pouvez vous livrer à un petit exercice :

- Vous regardez un jeu où les gens viennent pour gagner de l'argent. Vous pouvez vous interroger : pourquoi ces gens viennent-ils à la télé pour gagner de l'argent ? Pourquoi sont-ils parfois aussi émus ou excités ? Quelles valeurs ce jeu véhicule-t-il ?
- Vous regardez une émission où des gens viennent exposer leurs problèmes. Au lieu de vous délecter seulement de leurs récits, vous pouvez chercher plus loin : pourquoi viennent-ils à la télé exposer leurs problèmes devant tout le monde ? Qu'est-ce que ça leur apporte ? Trouvent-ils des solutions ?
- Vous regardez une « série débile ». À quoi cette « débilité » est-elle due ? À la simplicité de l'histoire ? À l'indigence des dialogues ? Au côté cliché des personnages ? Pourquoi ces personnages sont-ils des stéréotypes à vos yeux ?

- Quand on vous montre certaines images aux informations, vous pouvez aussi vous demander pourquoi on choisit justement ces images-là, et à quoi ça peut correspondre.
- Quand on vous pré-

sente certaines émissions de variétés, vous pouvez vous demander pourquoi vous ne les appréciez pas, pourquoi on propose au public ce type de distractions.
En fait, ce qu'il y a de bien avec la télé, c'est que même quand elle n'est pas « intéressante », elle l'est quand même.
Tout simplement parce qu'elle montre le monde dans lequel on vit, et qu'elle le montre parfois malgré elle.
Bien regarder la télé, c'est aussi savoir choisir ses programmes : ne pas systématiquement regarder la télé parce qu'elle est allumée, mais au contraire l'allumer pour regarder quelque chose de précis.
C'est aussi parfois s'astreindre à regarder des émissions qu'on ne regarderait pas instinctivement. Ces émissions dites « intellectuelles » qui sont seulement intelligentes, dites « soporifiques » (mais est-ce que ce qui est intelligent est soporifique ?), et dont vous vous apercevrez très vite qu'elles sont seulement mieux faites que les autres, mieux filmées, plus riches et plus vivantes.
Bien regarder la télé, c'est savoir profiter aussi des plaisirs qu'elle offre : les bons petits films qui remontent le moral, les vrais bons films de cinéma (même si ce n'est pas la même chose qu'au cinéma), certains reportages ou documentaires où les gens s'expriment vraiment, où l'on apprend vraiment quelque chose sur leur vie (consultez les programmes, il y en a régulièrement), les émissions qui détendent et amusent, les pubs...
Reconnaissons aussi les joies du zapping : quand on en a vraiment marre de tout, on peut se vautrer devant son petit écran, la télécommande à la main, et sauter pendant une heure d'une image à l'autre, d'un bruit à l'autre, d'une parole à l'autre. Pour finir, on a la tête en puzzle, on n'a rien retenu, mais au moins on a oublié toutes nos préoccupations. Il n'y a vraiment que la télé qui accomplit de tels miracles !
Enfin, bien regarder la télé, c'est aussi savoir ne pas la regarder : résister à l'envie de l'allumer systématiquement ; faire soi-même ses petites expériences : une semaine, un mois sans télé, pour voir l'effet que ça fait...

La radio
Elle est souvent au centre de bien des conflits ! Vos parents poussent de grands cris parce qu'ils en ont assez d'entendre résonner les décibels dans toute la maison, mais pour vous, on l'a vu, la bande FM est un réconfort permanent (vous n'êtes pas les seules, tout le monde !).

C'est bien normal. Vous pouvez écouter toutes les musiques que vous voulez, mais rappelez-vous de temps en temps que la radio est aussi un excellent moyen d'apprendre des choses. Là encore, vous pouvez faire preuve d'un peu de curiosité et d'ouverture d'esprit. Sans demeurer en permanence branchée sur les fréquences que vous connaissez, tournez de temps en temps le bouton et écoutez d'autres choses. La radio, c'est comme la télé, il faut savoir y prendre ce qu'il y a d'intéressant. Évidemment, à la radio, il n'y a pas d'images qui vous aident à soutenir votre attention, et il faut redoubler d'effort pour seulement é-cou-ter. Ça vaut le coup au moins d'essayer. Consultez les programmes de la radio (ils figurent dans certains magazines télé). Certaines fréquences (*France Inter*, *France Culture* par exemple) diffusent souvent des émissions au cours desquelles on traite vraiment certains sujets (historiques, politiques, religieux ; critiques de films, de livres) ; des artistes, des écrivains, des chanteurs, des philosophes, des scientifiques... viennent parler de leurs idées, de leur œuvre, de leur vie. En les écoutant, vous aurez l'impression de faire leur connaissance, d'approcher d'autres mondes. Ne soyez pas sectaires et dites-vous qu'une bonne émission de radio où des gens expriment leur pensée, cela peut être souvent aussi réconfortant que le dernier hit des musiques que vous aimez !

Les magazines

• Les magazines de mode

Certaines d'entre vous en font une consommation régulière, pourquoi pas ? Parfois, il n'y a rien de mieux pour la détente que de se vautrer sur son lit et de feuilleter des magazines. Le papier est agréable à toucher, les photos agréables à regarder et les textes agréables à lire. On y trouve des conseils et des idées. Quand on lit un magazine, on a l'impression que tout est facile, beau, léger, et ça fait du bien. Gardez tout de même en veilleuse un peu de votre esprit critique : en dépit de toutes leurs qualités, la plupart des magazines restent souvent très normatifs. Tout n'est pas à prendre au pied de la lettre dans ces revues. Ni les conseils de vie (chaque personne possède des particularités qui échappent aux traitements trop généraux des problèmes), ni les conseils de régime (*voir chapitre Alimentation*), ni les recettes de beauté : ce n'est pas parce que vous achèterez cette crème-ci ou cette crème-là que vous aurez la peau satinée du mannequin en page de couverture. À propos, sachez pour l'anecdote qu'il aura fallu au moins deux heures de maquillage pour que cette déesse ait la peau parfaite, elle est photographiée avec certaines lumières, et en plus les photos sont toujours retouchées ! Bref, pour vous rassurer, sachez qu'il n'y a plus grand-chose à voir entre la personne réelle et celle que vous voyez sur papier glacé. Il n'y a pas de miracle, mais c'est plutôt rassurant non ?

• Les journaux et les autres magazines

Si vous en avez assez de vous borner aux informations un peu codées de la télé, vous pouvez lire les journaux (une ou deux fois par semaine). Ce n'est pas la peine de vous contraindre à lire chaque jour un quotidien dans son intégralité ! Vous pouvez parfaitement ne lire que certains articles qui vous intéressent en vous contentant pour le reste de parcourir les gros titres.

Vous pouvez aussi parcourir les magazines d'information qui paraissent toutes les semaines et qui approfondissent parfois certains sujets.

Enfin dans notre société surinformée, il existe des magazines sur pratiquement tous les sujets : cinéma, photo, beaux-arts, littérature, histoire, géo, sciences, nature, voyages, archéologie, astrologie, astronomie, cuisine, informatique, décoration, philatélie... Rien ne vous empêche de vous abonner à un magazine qui s'accorde à votre passion. Quand on est étudiante, on peut avoir des tarifs préférentiels, renseignez-vous.

Les hobbies

On ne peut pas faire ici une liste de toutes les passions des uns et des autres. Mais quels que soient vos centres d'intérêt, il y a toujours des structures auxquelles vous pouvez vous adresser (ministères, associations, écoles, musées, organismes divers). Il suffit de ne pas avoir les « deux pieds dans le même sabot » et de savoir se servir de l'annuaire, du Minitel et du téléphone.

N'oubliez pas le CIDJ à Paris ou en province les CIJ qui renseignent sur à peu près tout !

Vous pouvez aussi vous adresser à la rédaction des magazines spécialisés qui vous intéressent (*adresse et numéro de téléphone en première ou dernière page*) et leur demander les renseignements que vous souhaitez.

Important : on ne peut pas parler de loisirs sans parler de sport. Le sport est évidemment une excellente activité à plus d'un titre, on ne va pas revenir dessus (*voir chapitre Forme*).

Les loisirs

L'engagement

Lorsqu'on a du temps libre, on peut aussi en consacrer une partie aux autres, aux grandes causes qui nous agitent le cœur. S'engager, c'est mettre en pratique ses idées, c'est s'affirmer en tant qu'individu.
Entre penser et dire, il y a souvent un décalage, mais entre dire et faire il y a souvent un monde! D'ailleurs, ce ne sont pas ceux qui disent le plus qui font le plus (vous connaissez le fameux «faites ce que je dis, mais ne faites pas ce que je fais»!). S'engager, c'est penser certaines choses, les dire parfois (quand c'est nécessaire), mais c'est surtout agir en accord avec ses pensées.
Cela peut être — mais ce n'est pas systématiquement — militer pour une grande cause (humanitaire, écologie, Croix-Rouge, recherche scientifique).
C'est aussi accomplir son devoir civique : n'oubliez pas que vous pouvez vous inscrire sur les listes électorales, et donc voter à partir de dix-huit ans. Voter, c'est participer à la «vie de la cité», c'est aussi agir sur les choses: c'est donc très important.

● S'engager, c'est intervenir quand l'attitude des autres vous choque: c'est ne jamais se taire devant une injustice, une violence, un abus de pouvoir.

L'engagement peut se manifester dans le choix d'une pratique religieuse : une façon de se relier à une histoire, de comprendre ses origines, de partager avec d'autres une certaine manière d'appréhender le monde.
L'engagement se révèle aussi dans votre façon de vivre. Il peut se traduire par un geste de temps en temps, une attitude quotidienne : être attentif à ce qui se passe près de soi. Voir, écouter, comprendre en quoi les autres ont besoin d'aide et les aider sans qu'ils aient à le demander. Tout simplement parce que cela vous paraît naturel. Si vous ouvrez les yeux, vous vous apercevrez que les occasions ne manquent pas, dehors, dans la rue, dans votre immeuble, chez vous même, de faire ce petit geste qui ne vous coûte pas grand-chose, mais qui soulage et réconforte tellement l'autre !
S'engager, c'est aussi intervenir quand l'attitude des autres vous choque : c'est ne jamais se taire devant une injustice, une violence, un abus de pouvoir. C'est refuser de faire partie de ces gens qui voient mais ne font rien, « qui savaient mais qui n'ont rien dit », par peur, par lâcheté ou plus simplement, par indifférence.
S'engager, c'est agir en fonction de sa propre morale, mettre quotidiennement sa volonté au service de ses idées, être pleinement fidèle à soi-même, un être humain à part entière.

Les vacances

Vous avez hâte qu'elles arrivent. Rien qu'à entendre le mot, vous avez déjà sorti vos lunettes de soleil. Quand on pense aux vacances, on y projette toujours un peu ses rêves, on se figure une « autre vie ». On sera dans un autre paysage (sublime !), on sera habillée autrement (déesse des plages !), on rencontrera des gens nouveaux (passionnants !), on s'arrachera de ses petits soucis et de sa vie quotidienne, on imagine qu'on sera soi-même différente de ce qu'on est d'habitude, plus décontractée, plus libre, plus vivante. Les vacances représentent un espace de liberté, de découvertes, et c'est pour cette raison qu'elles nous sont si précieuses.
Le temps où vous partiez systématiquement avec vos parents, le temps des colonies de vacances est révolu, et vous avez désormais envie de choisir des vacances qui vous ressemblent, c'est bien légitime.
Là encore, selon les moyens financiers dont vous disposez, selon la libéralité de vos parents, il va falloir habile-

Les loisirs

ment négocier. Ne vous braquez pas si vous n'obtenez pas immédiatement ce que vous voulez.
Les vacances, c'est comme tout, il y en a pour tous les goûts, et chaque type de vacances a quelque chose de bon.

• LES VACANCES AVEC LES PARENTS

Première chose déjà : ce n'est pas forcément « ringard » de partir en vacances avec ses parents ! Vous pouvez en avoir envie et aimer cela ! Ça ne veut pas dire que vous êtes « une « petite fille à sa maman », ça veut dire tout simplement que vous éprouvez du plaisir à partager certaines joies avec eux, et tant mieux !
Les problèmes commencent quand vous n'avez plus envie de partir avec eux et qu'ils ne le comprennent pas. Ce qu'il y a d'embêtant avec les parents, c'est qu'ils organisent des vacances pour vous faire plaisir sans vraiment penser que vous voudriez peut-être autre chose. Eux, ils sont habitués à partir en vacances « avec les enfants », et ils ne se rendent pas compte que vous n'êtes plus une enfant justement et que pour les vacances, aussi, vous réclamez une autonomie.
C'est bien légitime. Le tout est d'essayer de le leur faire comprendre gentiment et avec diplomatie :
• Pour la quinzième année consécutive, ils ont loué pour les grandes vacances une maison à Palavas-les-Flots : vous êtes en droit de leur expliquer que Palavas, c'est bien, que

vous y avez d'excellents souvenirs, mais que maintenant vous voudriez voir d'autres paysages. Vous pouvez transiger : leur proposer de passer quinze jours avec eux, mais faire autre chose le reste du temps. Vous pouvez aussi leur demander d'inviter quelques copains pendant quelques jours, ce sera déjà plus amusant...

• Comme chaque année, ils vous proposent un grand voyage à l'étranger. Même si vous avez la chance d'avoir des parents qui vous offrent de si belles vacances, sans « cracher dans la soupe », vous préférez désormais partir en camping avec des copains au fin fond de la Beauce, plutôt que de visiter le Mexique avec eux. Usez de délicatesse. Dites-leur que vous avez avec eux de merveilleux souvenirs de voyages qui vous resteront toute votre vie, mais que maintenant vous avez envie de partager vos vacances avec des gens de votre âge, que c'est nécessaire à votre équilibre ;

• Si vos parents estiment que vous êtes encore trop jeune pour partir avec des copains, soumettez-leur la solution des voyages en groupe, encore encadrés, mais où vous pouvez partir avec des amis ;

• Si vraiment ils s'obstinent à vouloir vous emmener avec eux, ne faites pas la tête ! Cette année encore, vous pouvez parfaitement vous amuser à Palavas. Si vous voyagez, dites-vous que voir des paysages, des villes, des visages étrangers sera toujours une expérience que vous ne regretterez pas plus tard.

Les loisirs

• LES SÉJOURS LINGUISTIQUES

Les parents sont satisfaits à l'idée que vous mettiez vos vacances à profit pour vous perfectionner dans une langue étrangère. De votre côté, vous savez pertinemment que les séjours linguistiques sont souvent une excellente occasion de bien rigoler.

Vous pouvez opter pour le séjour classique, et partir dans une famille en Grande-Bretagne, en Allemagne ou en Espagne.

Dans une famille, vous voyez de près comment les gens vivent, et si la famille est accueillante, c'est souvent une expérience très riche.

Attention : il peut arriver que vous ne tombiez pas dans une famille idéale. Si vous sentez quelque risque que ce soit à rester dans ce cadre (vous avez remarqué certaines violences, le père se montre un peu trop entreprenant à votre égard...), n'hésitez pas à le signaler immédiatement à vos parents et au responsable de l'organisation, et demandez impérativement à ce qu'on vous change de famille.

Vous pouvez aussi opter pour l'université d'été avec le logement dans l'établissement même.

N'oubliez pas que vous pouvez aussi goûter les charmes

de l'anglais en Irlande, à Malte ou aux États-Unis, et apprendre l'espagnol ou le portugais en Amérique latine ! De nombreux organismes proposent des séjours linguistiques à l'étranger. Vous pouvez demander la brochure au CIDJ ou bien vous renseigner auprès des copains qui ont expérimenté avant vous ce genre de voyages.

• PARTIR AVEC DES AMIS

Ça y est, vous avez l'autorisation de voler de vos propres ailes (pour quinze jours, mais c'est déjà ça de pris !).
Commencez par choisir avec soin les amis avec lesquels vous voulez partir. Ce n'est pas la même chose de partager quelques heures les bancs du lycée et de faire tente ou chambre commune. Chacun a ses petites manies. Quand on vit vingt-quatre heures sur vingt-quatre ensemble, d'autres liens se tissent, et on peut avoir autant de bonnes que de mauvaises surprises ! Placées dans un contexte inhabituel, certaines personnes se révèlent souvent très différentes de ce qu'elles sont ordinairement (vous aussi, d'ailleurs !) et vous pouvez être parfois très étonnée. Dans tous les cas, tolérance, sens des responsabilités et esprit de groupe sont requis. Ce n'est pas toujours facile, mais c'est souvent enrichissant, ça apprend la débrouillardise et ça laisse la plupart du temps d'excellents souvenirs, notre esprit étant ainsi fait que ce qui nous a paru un peu dur et pénible sur le moment se trouve toujours enjolivé avec le temps !
Avec des copains, vous pouvez visiter un pays sac au dos, loger chez l'habitant ou opter pour le camping, vous pouvez aussi louer une maison à plusieurs.

• LES STAGES

Vous pouvez aussi profiter de vos vacances pour faire des stages de tout ce que vous aimez : théâtre, musique, danse, sports...
Pour avoir des adresses de stages, demandez à vos professeurs ou renseignez-vous auprès des organismes de vacances pour la jeunesse.
Le CIDJ ou, si vous êtes en province, les CIJ vous fourniront également tous les renseignements dont vous avez besoin.

ADRESSES UTILES

Renseignez-vous auprès de l'office de tourisme du pays que vous avez choisi de visiter. Sachez aussi que, à part le camping ou le logement chez l'habitant, il existe des modes d'hébergement commodes et peu onéreux :

• **Les auberges de jeunesse.** Adressez-vous à la **FUAJ :** 27, rue Pajol, 75018 Paris. **Tél. :** (1) 46 07 00 01.
ou à la **LFAJ :** 38, bd Raspail, 75007 Paris. **Tél. : (1)** 45 48 69 87.

• **Les YMCA.** Adressez-vous à **l'Union chrétienne des jeunes gens (UCJG) :** 5, place de Vénétie, 75643 Paris Cedex. **Tél. :** (1) 45 83 62 63.

• **Les gîtes ruraux :** renseignez-vous auprès des offices de tourisme des régions que vous voulez visiter.

Index

Crédits photographiques

Notes

Notes

Notes

Notes

Remerciements

Note de l'auteur

Je remercie pour leur disponibilité et leur aimable collaboration les docteurs : Audran, médecin généraliste ; Flame, psychiatre ; Grunberg, nutritionniste ; Haïm, gynécologue ; Miller, dermatologue ; Peronnet, dentiste ; Van Surell, pneumologue.

Je remercie également pour leur participation le docteur Guerre-Lebhar et l'équipe du Centre de planification de Corbeil, le docteur Françoise Bernard, le Mouvement français pour le planning familial.

Je remercie aussi Karine, maquilleuse et Fabienne, styliste.

Enfin, je remercie tous ceux qui, à différents stades de la préparation de cet ouvrage, m'ont aidée et conseillée ; avec une attention particulière pour Catherine, Élisabeth, Fiona, Magali, Valérie, et les autres, qui à elles seules justifient l'attachement que j'ai porté à l'écriture de ce texte.

L'éditeur remercie particulièrement madame Martine Gruere, psychologue et directrice de l'École des Parents et des Éducateurs d'Île-de-France pour ses conseils.

Avec le soutien de la Fondation de France, l'École des Parents vient de lancer ÉCOUTE JEUNES, une ligne téléphonique destinée à aider les 13-25 ans à exprimer dans l'anonymat leurs interrogations et leurs doutes.

ÉCOUTE JEUNES
Tél. : (1) 44 93 44 94
du lundi au vendredi de 9 h 30 à 19 h 00.

ISBN : 2-73-242029-8
Dépôt légal : novembre 1995
Imprimé en Italie